KB119496

영유아교육기관 운영관리

| 이경희 · 정정옥 공저 |

Management of
Kindergarten and
Child Care Center

학지사

머리말

우리나라의 공식적인 영유아교육기관은 유치원과 어린이집이다. 유치원과 어린이집은 설립과 운영에 관련된 법규가 다르고, 운영 주체, 운영철학 및 운영 방법 또한 다양하다. 그러나 저출산이 심각한 국가적 당면 과제로 대두되고 여성의 일과 가정 양립을 지원하기 위한 다양한 정책들이 실시되어 오면서 영유아의 교육과 보육을 담당하는 유치원과 어린이집의 중요성은 더욱 높아지고 있다. 이와 더불어 질 높은 교육·보육서비스에 대한 요구가 높아지면서, 영유아교육기관 운영관리 전반에 대한 이론적 지식을 갖추고 영유아교육기관을 효율적으로 운영할 수 있는 실천적 역량 함양이 강조되고 있다.

이 책은 그동안 변화되어 온 영유아교육기관 운영관리를 위해 반드시 알아야 할 교육·보육 정책과 관련 최근 통계 자료를 제시하여, 유치원과 어린이집에 종사하고자 뜻을 두고 대학에서 전공하고 있는 학생과 현재 유치원과 어린이집에 근무하고 있는 원장과 교사 및 영유아교육기관 운영에 관심을 가지고 있는 관련 전문가들이 영유아교육기관을 운영·관리하는 데 도움을 얻을 수 있도록 하였다. 이를 위해 저자들은 강의 경험과 유치원과 어린이집 현장에서 원장 및 육아종합지원센터 센터장 경험을 토대로 실제적인 측면에서의 도움을 주고자 하는 데 중점을 두고 집필하였다.

이 책은 모두 13장으로 구성되어 있다. 제1장에서는 유치원과 어린이집 운영관리의 개념, 원리, 영역, 과정 및 영유아교육기관 현황 등과 같은 기본 사항을 소개하였다. 제2장에서는 유치원과 어린이집 설립과 관련된 법적 사항과 인가준비부터 인가까지의 과정에 대한 실제적 이해를 도모하기 위한 내용을 다루었다. 제3, 4장에서는 유치원과 어린이집의 물리적 환경인 시설, 설비 및 비품, 실내외 공간 구성과 교재·교구 관리와 관련된 내용을 제시하였다. 제5장에서는 원아모집과 학급 편성 방법을 제시하였다. 제6장에서는 유치원과 어린이집의 교직원 자격기준과 임용 및 교직원 관리에 관하여 다루었고, 제7장에서는 가족 및 지역사회와의 협력 관련 내용을 소개하였다. 제8장에서는 유치원과 어린이집의 교육·보육활동 관리를 다루었다. 제9, 10장에서는 영유아의 건강, 영양, 안전관리 문제를, 제11, 12장에서는 유치원과 어린이집의 사무와 재정관리 내용을 다루었다. 마지막 장인 제13장에서는 3차 평가주기 지표를 토대로 유치원평가와 제2차 평가인증 지표에 근거를 두고 어린이집 평가인증에 관한 내용을 다루었다.

　각 장에 대한 이해를 돕기 위해 사진 자료들을 첨가하고, 최근 자료들을 소개하기 위해 노력하였으나 여전히 미진한 부분이 많은 만큼 독자 여러분의 조언을 받아 계속 수정·보완하는 노력을 기울이고자 한다.

　끝으로 사진과 자료를 제공해 주신 인천재능대학교 부속 유치원과 이 책이 출판되기까지 도움을 주신 학지사 김진환 사장님과 편집부 직원 여러분께 감사의 마음을 전한다.

2014년 8월
저자 일동

차 례

제1장 영유아교육기관 운영관리의 이해

제2장 영유아교육기관 설립

Management of
Kindergarten and
Child Care Center

제**1**장

영유아교육기관
운영관리의 이해

저출산이 국가적 당면과제로 대두되어 영유아 교육·보육에 막대한 공적 자금
이 투입되면서 질 높은 교육·보육서비스 제공에 대한 요구가 높아지고 있다. 이
에 따라 영유아교육기관인 유치원과 어린이집 운영자들에게도 영유아 교육의 사
회적 책무성을 인식하고 보다 전문적이고 투명하게 기관을 운영할 것을 요구하고
있다. 따라서 예비교사들도 유치원과 어린이집 운영과 관리 전반에 관하여 충분
히 숙지할 필요가 있다. 이 장에서는 예비교사가 유치원과 어린이집을 운영하고
관리하는 데 필요한 기본 사항들에 대한 이해를 돕기 위해 먼저 운영관리의 개념,
원리, 영역 및 과정을 살펴보고, 유치원과 어린이집 현황을 알아보고자 한다.

1. 운영관리의 개념

영유아교육기관 운영관리의 개념은 학자들의 견해에 따라 다소 차이가 있다.
예를 들면, 운영관리를 시설의 목적과 목표를 효과적으로 달성하기 위한 인적·
물적·재정적 그리고 운영 방법적 조건을 정비하고 운용하는 일이라고 규정(김옥
련, 1993)하는가 하면, 기관이나 기구의 목적 달성을 위하여 사람, 자원 그리고 시
간을 효율적으로 계획·조정·운용·평가하는 일로 운영관리를 정의하는 학자
(Tyler, 1979)도 있다.

효율적인 운영관리는 기관이나 조직에서 설정한 목표 달성을 위하여 계획, 실
행, 평가의 순환과정을 거치게 된다. 다시 말하면, 유아교육기관의 운영관리 목표
를 기준으로 계획을 세우고, 그 계획에 따라 실행하며, 그 실행의 과정과 결과를
평가하고, 그 평가를 목표와 계획에 비추어 환류(feedback)시킴으로써 조직의 운
영관리를 보다 합리화·과학화하는 기법이라고 할 수 있다(임재택, 2001).

이상의 영유아교육기관 운영관리의 개념에 관한 학자들의 견해를 종합·요약
하면, 운영관리란 기관이나 집단이 추구하는 목적을 결정하고 그것을 성취하기
위해 물적·인적 자원을 적절히 배치하여 움직이는 일련의 과정을 관리하는 것
이다. 이 과정에서 최소의 비용과 노력으로 최대의 효과를 얻을 수 있는 효율적인

운영체계를 필요로 하게 된다.

영유아교육기관에서 이루어지는 활동은 크게 교육·보육프로그램 교수활동과 관리활동으로 분류할 수 있으며, 전자는 목적, 후자는 수단이라 하겠다. 즉, 영유아에게 질적인 교육·보육프로그램을 제공하는 교수활동이 목적이라고 한다면, 영유아교육기관 운영관리는 이 목적을 극대화하기 위한 수단의 개념으로 볼 수 있다. 결국 영유아교육기관의 운영관리란 영유아에게 질적인 교육·보육프로그램을 제공하기 위해서 영유아교육기관의 인적·물적 자원을 효율적으로 배치하는 모든 과정이라고 할 수 있다.

2. 운영관리의 원리

영유아교육기관을 효율적으로 운영하려면 몇 가지 기본 원리를 살펴볼 필요가 있다. 종래에는 원장 임의대로 목표와 계획을 세우고 교사는 그것을 단순히 전달받아 실행해 왔다. 또한 그 실행에 대한 평가도 형식적인 것에 지나지 않았다. 그러나 시대적·사회적 상황의 변화로 보다 효율적이고 합리적인 근거에 의거하여 투명한 기관 운영이 요구되고 있다. 영유아교육기관 운영관리의 기본 원리는 다음과 같다.

첫째, 타당성의 원리로 영유아교육기관의 모든 운영관리 활동이 그 설립 목적에 비추어 올바르고 적합해야 함을 의미한다. 즉, 영유아교육기관에서 바람직한 교육·보육계획을 수립하고 이를 달성해 나가는 모든 활동이 목적에 알맞게 타당해야 한다. 예를 들면, 영유아교육기관에서 행사를 하거나 현장견학 활동을 한다면 그 행사나 견학 활동은 영유아교육기관의 교육·보육목표 달성을 돕는 수단으로의 활동이 되어야 한다.

둘째, 민주성의 원리로 다양한 인간관계로 형성된 영유아교육기관의 모든 구성원들 간의 관계와 그 운영 과정이 민주적이어야 함을 의미한다. 즉, 운영 과정에서 독단적인 편견을 배제하고 교육·보육계획 시 모든 구성원의 광범위한 참여를 통하여 구성원의 의사를 반영하고 결정된 내용을 집행하는 과정에서 개인에게 권한이 집중되어 독단과 전횡으로 흐르는 것을 막는 것을 의미한다. 영유아교육기관 운영 전반에서 교사의 적극적 참여가 제한되면 교사는 무력감과 소외감을 갖게 되고 이로 인해 열의와 창의적 사고 등을 발전시키지 못하게 되며, 이는 영유아교육기관 운영에도 부정적 영향을 미치는 결과를 초래하게 된다.

셋째, 효율성의 원리로 영유아교육기관의 모든 운영관리 활동이 활용 가능한 노력과 경비로 최대한의 효과를 얻어야 함을 의미한다. 예를 들면, 교재ㆍ교구를 구입할 때 견고성, 교육적 효용성, 영유아 발달에의 적합성 등을 고려하지 않고 화려하고 비싼 것들을 구입하여 영유아가 활용하지 못하고 부모나 외부인에게 보여 주기 위한 전시용으로만 활용한다면 효율성의 원리에 부합하지 않는다고 볼 수 있다. 특히 영유아교육기관 운영 시 영유아 교육의 효과는 단기간에 나타나는 것이 아님을 염두에 두고 단순히 경제적인 효율보다는 장기간에 걸친 사회적인 효율을 고려하여야 할 것이다.

넷째, 적응성의 원리로 영유아교육기관 운영관리가 해당 기관의 현실적인 상황을 충분히 고려하여야 함을 의미한다. 즉, 급변하는 시대적ㆍ사회적 환경의 변화에 신축적으로 적응해 나가는 능력을 갖추어야 한다.

다섯째, 적응성의 원리와 상대적이라고 할 수 있는 안정성의 원리는 영유아교육기관 운영자는 변화를 수용하고 적응하는 한편, 영유아교육기관 운영철학이나 책무성 등은 유지하면서 장기적인 안목에서 영유아교육기관 운영의 안정성을 유지해야 함을 의미한다. 즉, 올바른 철학과 가치관을 바탕으로 장기적인 안목을 가지고 영유아교육기관을 운영하는 자세가 필요하다.

3. 운영관리의 영역

영유아교육기관 운영관리의 영역은 영유아의 유치원과 어린이집 생활이 원활하게 이루어지는 데 필요한 모든 사항들에 대한 관리영역이라고 할 수 있다. 즉, 영유아가 유치원과 어린이집에서 생활하면서 전인적인 발달을 이루도록 돕는 데 필요한 인적ㆍ물적 요인이 운영관리 영역과 관련된다.

표 1-1 영유아교육기관 운영관리의 영역 및 내용

영역		내용
인적 영역	교직원 관리	교직원 채용 및 임용, 해임에 관한 사항, 교직원의 자격, 교직원의 업무분담, 교직원 연수 및 훈련, 교직원 근무태도 및 근무평정, 교직원 재직기간 및 퇴직에 관한 사항, 교직원 보수 및 근무여건에 관한 사항, 결근과 이직에 대한 대책, 교직원의 개인적 사항과 전문적 활동에 관한 사항 등
	원아 관리	원아모집, 원아의 입학과 출석 및 퇴원 관리, 반 편성, 가정환경 조사, 원아 생활지도, 원아 관찰 및 기록, 신입원아 적응기록(어린이집), 안전지도, 건강지도, 급식 및 간식 지도, 위생지도 등
	부모 관리	학교운영위원회의 학부모위원 조직 및 활동 관련 사항(유치원), 어린이집운영위원회 조직 및 참여(어린이집), 부모 참여, 부모 참관, 부모 상담 등
	지역사회 인사 관리	방문자, 참관 및 실습생 관리, 자원봉사자 모집 및 운영관리 등
물적 영역	시설 · 설비 관리	유치원 · 어린이집 건물, 교실, 유희실, 실외놀이터, 보일러와 주차장 등의 생활시설 관리, 소방시설 등 안전시설 관리, 주변 환경 관리, 안전관리, 시설 · 설비의 보수, 유지 및 관리 등
	교재 · 교구 관리	교재 · 교구 구입 및 관리, 환경 구성 및 관리, 흥미영역의 구성 및 관리, 시청각 교재 구입 및 관리, 교재 · 교구대장 관리 등
	재정관리	교육비 · 보육비 수납 및 운영관리, 보조금 신청 및 관리, 전입금 관리, 기부금 관리, 차입금 관리, 이월금 관리, 예산 · 결산 관리, 감사 및 지도감독 등
	사무관리	사무분담 및 사무처리 조직 및 운영관리, 어린이집 지원시스템 관리, 정보공시 관리, 법정서류 관리, 보고서류, 기록서류, 통신, 문서 처리 사항 등
교육 · 보육 영역	교육 · 보육활동 관리	유치원 · 어린이집 운영계획서 작성 및 운영관리, 교육 · 보육 계획 및 운영, 일과계획 및 운영, 행사계획 및 운영, 현장체험 활동계획 및 운영, 특성화 활동 및 운영관리 등
	지역사회 관련 관리	지역사회 기관 및 단체와의 활동 계획 및 운영관리, 관련 행정기관과의 협력, 견학기관과의 활동 협력 사항, 유치원 · 어린이집 연합회 등

4. 운영관리의 과정

영유아교육기관의 운영이 합리성, 타당성, 투명성 및 효율성을 갖추고 이루어지기 위해서는 운영관리에 관한 관련 정부부처의 법적 기준과 관련 단체의 규정이나 규칙을 포함하여 운영 계획이나 방침을 영유아교육기관의 특성에 맞추어 수립하는 것이 필요하다. 운영관리는 어느 한 단계에서 작용하고 끝나는 것이 아니라, 계획부터 평가로 결과의 산출에 이르기까지, 나아가 지속적인 운영관리를 위해 다음의 새로운 계획을 수립하는 데 평가결과를 적용하는 순환적 과정을 거쳐 이루어진다.

운영관리의 과정은 다음과 같다(강문희 외, 2007).

1 의사결정(decision making)

운영관리의 첫 단계는 운영목표나 운영방침을 수립하는 일을 결정하는 것이다. 적기에 합리적인 결정 여부가 과업의 성패를 좌우하는 중요한 요인이 된다.

2 계획(planning)

여러 가지 조건과 의견을 모아서 목적·목표를 효율적으로 수행할 계획을 세우는 일로서 절차와 방법을 합리적이고 효과적으로 수행하기 위한 준비과정이다. 포함되어야 할 내용은 외부환경과 영유아교육기관의 여건 분석, 교육목표 및 운영목표 설정, 운영방침 설정, 활동계획의 작성, 목표와 계획에 대한 평가 등이다.

3 조직(organizing)

조직은 인적·물적 요소를 정비하고 활동들을 연결시킴으로써 모든 독립적인 부분들이 달성하고자 하는 목적을 효과적으로 성취하도록 하는 것이다.

4 의사교환(communication)

의사교환은 서로에 대한 이해를 도우며 경청, 설명, 정보교환, 의사소통, 기술적인 정보 사용이 포함된다. 인간관계 의사소통 기술은 운영자에게 필수적이다. 운영자는 교직원의 성취를 객관적으로 평가하며 강점과 약점에 관한 의사교환을 하는 것이 필요하다.

5 영향(influencing)

영향은 지휘, 설득, 지시의 결과로 나타나는 행동을 말한다. 이는 자발적이고 자율적으로 나타나는 것이 바람직하다.

6 조정(cordinating)

운영관리에 관여되는 여러 가지 측면, 즉 조직, 인사, 재정, 시설, 사무, 교육활동 등이 기관의 목표달성에 최적의 상태가 되도록 조화시키는 것이다. 영유아교육기관에서는 교직원 상호 간의 접촉을 통해 갈등을 해소해 나가도록 하며, 직원회의 등을 통해 조화를 도모하면서 최대한의 목표 달성을 위해 노력해야 한다.

7 평가(evaluating)

계획한 과업의 실천과정과 성과를 분석하고 검토하여 합리성과 효율성을 측정하는 것이다. 이는 각 단계의 전후와 중간에 정기적으로 실시하는 것이 바람직하다. 평가의 단계는 평가의 관점을 설정하고 자료를 수집하며 평가의 실시 및 결과처리를 하고 그 결과를 활용하는 과정을 거치게 된다.

↑ 송환(feedback)효과 ↑

[그림 1-1] 운영 과정의 순환

출처: 강문희 외(2007), p. 35.

5. 영유아교육기관 현황

우리나라의 공식적인 영유아교육기관은 유치원과 어린이집으로, 영유아교육기관 운영관리에 대해 공부하고자 한다면 먼저 이 두 기관의 성격을 이해할 필요가 있다. 유치원과 어린이집의 특징을 비교·요약하면 〈표 1-2〉와 같다.

표 1-2 영유아교육기관 현황 비교

구분	유치원	어린이집
근거 법률 및 성격	「유아교육법」(교육기관)	「영유아보육법」(사회복지기관)
관리 부처	교육부: 시·도교육청	복지부: 자치단체
이용대상 및 현황 (2012년 기준)	3~5세, 8천5백 개, 60만 명	0~5세, 4만 2천 개, 150만 명
운영시간	3~5시간+방과후과정(선택)	12시간(7:30~19:30)+시간연장 (선택)
정부지원 총액 (2013년 기준)	총 4조 원(지방교육재정교부금)	총 8.3조 원(국비 4.1조 원, 지방비 4.2조 원)
정부지원 교육비·보육비 (학부모/기관)	0세 75만 원, 1세 52만 원, 2세 40만 원, 3~5세 22만 원 　(39/36)　　　(35/17)　　(29/11)　　　(22/0)	
교육·보육 내용	공통 누리과정	표준보육과정(3~5세) * 공통 누리과정 포함
		표준보육과정(0~2세)
교사자격 양성	유치원교사 1, 2급 및 준교사 (전문대졸 이상, 학과제)	보육교사 1, 2, 3급 (고졸 이상, 학점제)
정보공시	2012년 9월: 유치원 알리미	2013년 12월: 아이사랑보육포털
	어린이집 유치원 간 공시항목 주기 등 세부사항 상이	
평가체계	의무적 평가	자율적 평가인증제
	평가항목은 유사하나 평가주체, 평가절차 등 상이	
재무회계규칙	어린이집, 유치원, 기관별 설립주체에 따라 운영 상이	
가격규제	원장 자율	시·도별 상한액
시설기준	1, 2층, 놀이터 160m²(40명 이하) 등	1층 원칙, 놀이터 3.5m²/명 등

출처: 국무조정실 국무총리비서실, 2014. 2. 14일자 보도자료.

Management of
Kindergarten and
Child Care Center

제**2**장

영유아교육기관 설립

1. 유치원 설립

2. 어린이집 설치

유치원과 어린이집을 설립하고자 할 때는 법적 기준을 토대로 사전에 여러 조건들을 세심하게 고려하여 타당성을 판단한 후 인가 절차를 진행해야 한다. 유치원과 어린이집 관련법이 수시로 개정되고 있는 만큼 설립하고자 할 때는 변경된 인가 관련 사항들을 숙지할 필요가 있다. 그러므로 이 장에서는 유치원이나 어린이집을 설립하고자 할 때 고려할 사항과 설치기준, 인가절차 및 유의사항에 관하여 살펴보고자 한다.

1. 유치원 설립

유치원은 다른 각급 학교, 즉 초등학교, 중학교 및 고등학교와 다른 여러 가지 특성이 있다. 유아의 교육활동은 발달적 특성상 다양한 교재·교구를 가지고 다양한 놀이경험을 통한 학습으로 이루어진다. 따라서 시설·설비나 교재·교구 등 교육환경이 다른 각급 학교와 매우 달라야 한다. 유치원을 설립할 때 이러한 유아의 발달적 특성과 유아교육의 특성을 알고 설립하는 것이 바람직하다. 유아교육과 유치원에 대한 풍부한 경험은 유치원을 설립할 때 큰 무형의 자원이 된다.

유치원은 학교기관으로 설립 및 운영이 기본적으로 「교육기본법」 「유아교육법」 「유아교육법 시행령」 「유아교육법 시행규칙」 「사립학교법」 「사립학교법 시행령」 「고등학교 이하 각급 학교 설립·운영 규정」에 근거한다.

1) 유치원의 법적 정의 및 유형

(1) 유치원의 정의

유치원은 「유아교육법」에 의하면 학교다. 「유아교육법」(법률 제12336호, 2014. 4. 29. 시행)에서 제2조 정의에 따르면, 유치원은 유아(만 3세부터 초등학교 취학 전까지의 어린이)의 교육을 위하여 이 법에 따라 설립·운영되는 학교를 말한다.

유치원은 학교이기 때문에 「교육기본법」(법률 제11690호, 2013. 3. 23. 시행) 제9조에 의하여 다음과 같은 학교교육을 하여야 한다.

① 유아교육·초등교육·중등교육 및 고등교육을 하기 위하여 학교를 둔다.
② 학교는 공공성을 가지며, 학생의 교육 외에 학술 및 문화적 전통의 유지·발
　전과 주민의 평생교육을 위하여 노력하여야 한다.
③ 학교교육은 학생의 창의력 계발 및 인성(人性) 함양을 포함한 전인적(全人的)
　교육을 중시하여 이루어져야 한다.
④ 학교의 종류와 학교의 설립·경영 등 학교교육에 관한 기본적인 사항은 따
　로 법률로 정한다.

(2) 유치원의 유형

「유아교육법」제7조에서는 유치원의 유형을 다음과 같이 구분하였다.

● **국립유치원**: 국가가 설립·경영하는 유치원
● **공립유치원**: 지방자치단체가 설립·경영하는 유치원(설립주체에 따라 시립유치
　원과 도립유치원으로 구분할 수 있다)
● **사립유치원**: 법인 또는 사인(私人)이 설립·경영하는 유치원

이와 같이 유치원은 만 3세부터 초등학교 취학 전까지의 어린이의 교육을 위하
여 국가나 지방자치단체가 설립·운영하는 국공립 유치원이나 법인 또는 사인(私
人)이 설립·운영하는 학교를 말하며, 우리나라 「교육기본법」에 따른 학교교육을
하여야 한다.

2) 유치원 설립 기준

(1) 설립에 관한 법적 사항

「유아교육법」제8조에 유치원 설립에 관한 법적 사항이 제시되어 있다.

① 유치원을 설립하려는 자는 시설·설비 등 대통령령으로 정하는 설립기준을

갖추어야 한다.

② 사립유치원을 설립하려는 자는 교육감의 인가를 받아야 한다.

③ 교육감은 제2항에 따른 인가 신청이 있는 경우에는 다음 각 호의 어느 하나에 해당하는 경우를 제외하고는 유치원 설립을 인가하여야 한다.

 1. 제1항에 따른 시설 · 설비 등 설립기준을 갖추지 아니한 경우

 2. 교육감이 대통령령으로 정하는 바에 따라 수립하는 유아수용 계획에 적합하지 아니한 경우

 3. 그 밖에 이 법 또는 다른 법령에 따른 제한에 위반되는 경우

④ 사립유치원을 설립 · 경영하는 자가 유치원을 폐쇄하려는 경우나 대통령령으로 정하는 대로 대통령령으로 정하는 중요사항을 변경하려는 경우에는 교육감의 인가를 받아야 한다.

(2) 유아수용 계획 적합성

유치원 설립 예정 부지가 있는 지역의 사회경제적 수준, 취학 연령에 해당하는 유아의 수, 기존에 이미 설립 · 운영되고 있는 유치원과 어린이집의 수 및 다니는 유아의 수를 조사해야 한다. 유치원에 다닐 유아의 수에 비해 유치원과 어린이집의 수가 과잉으로 공급된 상태라면 설립에 걸림돌이 될 수 있다.

「유아교육법」 제8조 및 동법 시행령 제17조에 따르면, 만 5세 이하의 영유아 보호자를 대상으로 3년마다 취학권역별로 유치원 취학 수요조사를 실시하여 유아수용 계획을 수립하여 운영하기로 되어 있다. 지방자치단체 교육청은 계획에 따라 유치원 설립의 승인 및 인가를 결정하는데, 해당 지역 유치원 수가 기준에 넘을 경우 인가되지 않을 수 있다. 그러므로 유치원 설립을 계획할 때 설립하고자 하는 지역의 교육청에 이 사항에 대한 고시가 되어 있는지 알아보아야 한다. 교육청에서는 행정 담당 지역을 권역별로 취학권역을 나누어 유아수용 계획에 따라 사립유치원 설립가능 여부 및 설립가능 시 수용할 수 있는 유아 수를 고시하고 있다.

(3) 설립예정지 주변 환경의 적합성

설립 희망 지역현장에 가서 지역적 특성을 조사할 때 「학교보건법」에 의거하여 걸림이 되는 건물이나 업종 여부를 알아본다. 유치원 근처에는 「학교보건법」(제6조

제1항 및 동법 시행령 제3조)에 따르면, 유흥업소, 숙박업소, 극장, 기타 유해업소가 없어야 한다. 유치원 출입문으로부터 직선거리 50m까지의 지역은 절대정화구역으로 유해업소가 금지되어 있다. 유치원 경계선으로부터 직선거리 200m까지의 지역 중 절대정화구역을 제외한 지역은 상대정화구역이다.

(4) 시설 · 설비 기준

■ 교사와 교지

교사의 안전 · 방음 · 환기 · 채광 · 소방 · 학생의 통학에 지장이 없는 곳에 위치해야 한다(「고등학교 이하 각급 학교 설립 · 운영 규정」 제6조). 교사용 대지의 기준 면적은 건축관련법령의 건폐율 및 용적률에 관한 규정에 따라 산출된 면적으로 한다(「고등학교 이하 각급 학교 설립 · 운영 규정」 제4조).

「고등학교 이하 각급 학교 설립 · 운영 규정」 제7조에 의거 유치원 교사와 교지는 당해 유치원을 설립 · 경영하는 자의 소유여야 하며, 교지 안에는 설립 주체 외의 자가 소유하는 건축물을 둘 수 없다.

표 2-1 고등학교 이하 각급 학교 설립 · 운영 규정

시설 기준 면적(단위: m²)			
구분	40명 이하	41명 이상	비고
교사	5×학생정원	80+3×학생정원	
체육장	160	120+학생정원	

② 교사

가. 교사는 교수 · 학습과 보건위생에 적합해야 한다. 조도(책상면)는 300lx 이상이어야 하고, 소음은 55dB 이하여야 한다. 온도는 18℃ 이상이어야 하며, 면적은 최소면적 200m²에 40명 초과할 때마다 원아 1인당 3m²씩 가산한다(「고등학교 이하 각급 학교 설립 · 운영 규정」 제3조 및 11조). 수질검사 결과 위생상 무해한 급수시설을 두어야 하며, 온수공급시설 및 급수시설을 갖추어야 한다(「고등학교 이하 각급 학교 설립 · 운영 규정」 제10조).

나. 교사 건물(서울특별시교육청 홈페이지, http://www.sen.go.kr)

- 건물의 1층 또는 2층을 사용하여야 하며, 다만 건물의 3층 이상을 사용할 경우 보통 교실은 최대 3층에까지 설치할 수 있고, 4층 이상은 교수·학습활동에 간접적으로 필요한 지원시설(자료실, 원무실 등), 체육장, 강당으로 활동할 수 있으며(단, 체육장, 강당은 4층까지로 제한), 유치원이 사용하는 전체 건물의 연결되는 중간층에 유치원 용도 이외의 시설은 설치할 수 없다.
- 유치원 시설로 3층 이상의 건물을 사용하는 경우에는 외부 바닥으로 통하는 직통계단 등 안전(피난)시설을 갖추고 「소방시설설치유지 및 안전관리에 관한 법률」에 따른 소방검사를 필한 경우에 한하여 허용한다(소방안전점검필증 첨부).
- 지하실은 유치원 시설로 사용할 수 없다. 다만, 유치원 시설안전관리기준 및 위생시설, 채광시설, 조명시설, 환기시설, 냉난방시설, 방음시설 및 소방시설 기준에 적합하고 건축물의 바닥이 지표면 아래에 있는 층으로서 바닥에서 지표면까지 평균높이가 해당 층 높이의 1/2 미만이고(「건축법」 제2조제1항제5호 준용), 유사시 대피 가능한 외부 출구가 2개 이상일 경우는 예외로 할 수 있다.
  이 경우에도 지하에 보통교실 설립은 불허하며, 교수·학습활동에 간접적으로 필요한 지원시설(자료실, 원무실 등)로 활용할 수 있다(조도측정 공인 시험성적서 및 실내공기질 시험성적서 첨부).
  설립인가 시 학급 수는 44m² 이상을 충족하는 보통교실 수로 인가하고, 인가 정원은 「고등학교 이하 각급 학교 설립·운영 규정」 제3조제2항에 따르되, 실제의 학급 편성·운영은 인가 학급 수 및 교육청 학급편성 기준에 따라 운영한다.

③ 체육장

- 체육장(옥외 체육장)은 배수가 잘되거나 배수시설을 갖춘 곳에 위치해야 한다. 그러나 인근 학교의 체육장이나 공동체육시설 등과 인접하여 공동사용이 가능하거나, 도심지나 도서벽지 등 지역 여건상 기준면적 규모의 체육장 확보가 어려운 경우 체육장의 기준면적을 완화하여 인가할 수 있다(「고등학교 이하 각급 학교 설립·운영 규정」 제5조).
- 실내체육시설, 즉 수영장, 체육관, 강당, 무용실 등이 있는 경우 실내체육시설의 바닥면적 2배를 체육장 기준면적에서 제외할 수 있다.

● 지하 체육시설은 원칙적으로 불허하되, 유치원 시설 안전관리기준(교육인적자원부, 2006) 및 위생시설, 채광시설, 조명시설, 환기시설, 냉난방시설, 방음시설 및 소방시설 기준에 적합하고, 건축물 바닥이 지표면 아래에 있는 층으로서 바닥에서 지표면까지 평균높이가 해당 층 높이의 1/2 미만이고(「건축법」 제2조제1항제5호 준용), 유사시 대피 가능한 외부 출구가 2개 이상일 경우는 예외로 할 수 있다.

단, 실내수영장은 유치원 시설 안전관리기준 및 위생시설, 채광시설, 조명시설, 환기시설, 냉난방시설, 방음시설 및 소방시설 기준에 적합하고, 유사시 대피 가능한 외부출구가 2개 이상일 경우 설치 가능하다(조도측정 공인 시험성적서 및 실내공기질 시험성적서 첨부)(서울특별시교육청 홈페이지, http://www.sen.go.kr).

４ 교재 · 교구 설비 조건

유치원을 설립하고자 하는 지역의 교육감이 정하여 고시한 교구를 갖추어야 한다.

５ 놀이시설

「어린이놀이시설 안전관리법」에 적합하도록 설치하여야 한다.

６ 어린이 활동공간 환경 안전관리 조건

어린이 활동공간에 설치된 시설의 소유자나 관리자는 환경안전관리기준을 준수해야 한다. 근거 법령은 「환경보건법」 제23조제4항, 동법 시행령 제16조제1호다.

표 2-2 어린이 활동공간 시설별 환경안전관리기준의 적용 항목

관리기준 적용 대상 자재		표면		유 해 원 소					방출오염물질			목재방부제				위생관리	
		내식성	내노화성	납	카드뮴	수은	6가크롬	비소	폼알데하이드	TVOC	톨루엔	크레오소트유	CCA	CCFZ	CCB	해충	미생물
사용재료(제1호)		●	●														
도료, 마감재료 (제2호)	실내			●	●	●	●		●	●	●						
	실외			●	●	●	●										
목재(제3호)												●	●	●	●		
모래 등 토양(제4호)				●	●	●	●	●									
합성고무 재질 바닥재(제5호)				●	●	●	●										
시설 및 바닥재 (제6호)																●	●

주) 1. TVOC: 총휘발성유기화합물
2. 크레오소트유: 목재방부제 1호 및 2호(A-1, A-2)
3. CCA: 크롬ㆍ구리ㆍ비소 화합물계 목재방부제 1호, 2호, 3호(CCA-1, CCA-2, CCA-3)
4. CCFZ: 크롬ㆍ플루오르화구리ㆍ아연 화합물계 목재방부제
5. CCB: 크롬ㆍ구리ㆍ붕소 화합물계 목재방부제
출처: 서울특별시교육청 홈페이지(http://www.sen.go.kr).

(5) 인가정원 결정

인가정원은 법적 규정에 따라 결정된다. 1단계로 법적 정원을 산정하고, 2단계로 교사의 조건에 따라 학급 수를 결정하며, 3단계로 최종 정원을 결정한다.

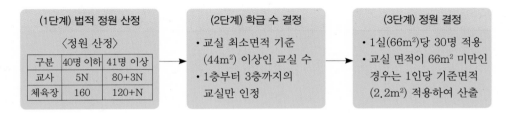

[그림 2-1] 인가정원 결정 절차

출처: 서울특별시교육청 홈페이지, '사립유치원 설립인가 공통 심사기준'(시행 2013.7.1.) 붙임자료

(6) 교직원 확보

「사립학교법」 제49조에 의거 결격 사유가 없어야 한다.

(7) 유치원 규칙 제정

유치원 설립 인가 시 유치원 규칙을 제정하여 제출하여야 한다. 유치원 규칙은 「유아교육법」 제10조의 내용에 충족되어야 한다. 유치원 규칙의 기재사항 및 제정절차는 「유아교육법 시행령」 제10조 각 호의 사항인 다음의 내용이 포함되어야 한다.

- 교육연한, 학기 및 휴업일
- 학급편제 및 정원
- 교육 내용
- 수업일수 및 수업 운영방법
- 입학, 재입학, 편입학, 전학, 휴학, 퇴학, 수료 및 졸업
- 수업료 · 입학금과 그 밖의 비용 징수
- 유치원규칙의 개정절차
- 그 밖에 해당 유치원의 지도 · 감독기관(이하 "관할청"이라 한다)이 정하는 사항

다음은 유치원 규칙 작성의 예다.

[유치원 규칙 작성 예시] (서울특별시교육청, 2013)

○ ○ ○ 유 치 원

제1장 총 칙

제1조 (목적) 이 규칙은 「유아교육법」 제10조와 동법 시행령 제10조의 규정에 따라 본원에서의 유아교육에 관해 필요한 사항을 규정함을 목적으로 한다.

제2조 (명칭) 본원은 (　　　)유치원이라 명한다.

제3조 (위치) 본원은 서울특별시 (　)구 (　)로 (　)에 위치한다.

제2장 교육연한 및 학년도·학기·휴업일

제4조 (교육연한 및 학년도) 본원의 교육연한은 1~3년으로 하고, 유치원의 학년도는 법 제12조제1항에 의거 3월 1일부터 다음해 2월 말일까지로 한다.

제5조 (학기) 본원의 학기는 매 학년도를 두 학기로 나눈다. 제1학기는 3월 1일부터 여름방학이 끝나는 날까지(원장이 정하는 날까지), 제2학기는 1학기 종료일부터 다음해 2월 말일까지로 한다.

제6조 (휴업일) ① 본원의 휴업일은 다음과 같다.

  1. 공휴일
  2. 여름·겨울, 학년말의 휴가
  3. 개원기념일
  4. 재량휴업일

  ② 제1항제2호의 휴업일은 제1항 제1호와 제3호, 제4호의 휴업일을 감안하여 수업일수를 매 학년 180일 이상 이수하는 범위 안에서 유치원장이 정한다.

  ③ 유치원장은 비상재해, 기타 급박한 사정이 발생한 때에는 임시휴업을 할 수 있다.

  ④ 휴업일이라도 필요하다고 인정하는 경우에는 수업을 하거나 실습을 할 수 있다.

제3장 학급편제 및 원아정원

제7조 (학급편제) ① 본원의 학급 수는 (　)학급으로 한다.

  ② 본원의 방과후과정반은 (　)학급으로 하되, 방과후과정반은 당해년도 1학기 편성학급으로 운영한다.

  ③ 본원은 일반반 (　)학급, 특수반 (　)학급으로 편성하여 운영한다. (필요기관)

(계속)

제8조 (원아정원) ① 본원의 원아정원은 (   )명으로 한다.

② 본원의 원아정원(   )명은 방과후과정반 원아정원 (   )명을 포함한다.

③ 본원의 한 학급 원아 정원은 인가정원 범위 내 서울특별시교육청 학급편성 기준에 따라 편성하여 운영한다.

④ 학기 중 결원이 발생할 경우 전체 대기자 순으로 결원을 보충한다.

제4장 교육과정 및 교육내용

제9조 (교육과정 및 교육내용) ① 법 제13조제1항에 의거 교육과정을 운영한다.

② 본원의 교육내용은 우리나라의 교육 이념과 추구하는 인간상을 바탕으로 국가 수준의 교육과정과 시교육청의 교육과정편성 · 운영 지침을 근거로 지역 실정에 맞는 창의적인 ○○유치원 교육과정을 편성 · 운영한다.

③ 유치원의 상황, 유아의 발달 수준에 맞추어 수준별 내용 간의 적절성을 고려하여 운영한다.

④ 특수학급 교육내용은 국가 수준 교육과정과 특수학교기본교육과정에 근거하여 자체 수립한 교육과정 지도내용으로 운영한다. (유치원의 실정에 따라)

⑤ 방과후과정반은 유아들이 가지는 신체, 심리적 부담을 배려하여 교육과 보육활동이 적절히 어울려진 오전, 오후의 연계성 있는 놀이와 활동으로 운영한다.

제5장 수업일수 및 수업운영방법

제10조 (수업일수) ① 본원의 수업일수는 법 시행령 제12조의 규정에 의거 매 학년도 180일 이상으로 하여 운영한다. 다만, 천재지변이나 연구학교 운영 등 교육과정 운영상 필요한 경우는 관할청의 승인을 얻어 10분의 1의 범위 안에서 수업일수를 감축하여 운영한다.

② 유치원장은 교육상 필요한 경우 보호자의 동의를 얻어 체험학습을 허가하고, 일정 기간을 수업일수로 인정한다.

제11조 (수업시간) ① 본원의 교육과정이 시작되는 시간은 ○시○○분으로 하며, 끝나는 시간은 교육과정운영계획에 정해진 종료시간에 따르되, 유아의 연령과 발달 수준, 계절, 학부모의 요구 등을 고려하여 융통성 있게 운영한다.

제12조 (방과후과정반 운영) ① 방과후과정은 기본교육과정 이후에 이루어지되 기본교육과정을 시작 시간으로 하여 8시간 이상 운영한다.

제13조 (수업운영방법) ① 교육상 필요한 경우 교육과정반 · 방과후과정반을 병합하여 수업할 수 있다.

② 교사는 학습자의 수준을 고려하여 개별화 학습을 강구하여야 하고, 다양한 놀이중심의 학습방법을 적용하여야 한다.

③ 교사는 수업의 효율성을 높이기 위하여 선진기기교재 및 정보통신매체를 활용한다.

④ 원장은 교육상 필요한 경우 체험학습을 허가한다.

(계속)

제14조 (수업연구) ① 교사는 다양한 수업이 되도록 부단한 연구를 하여야 한다.

② 교사는 교재 연구록을 작성하여 결재를 득한 후 수업에 임하여야 하며, 본원 교육과정 운영 계획에 의하여 수업을 공개하고, 수업연구 결과물을 원장에게 제출하여야 한다.

제15조 (수업장학) ① 원장과 원감은 교사들의 수업기술 향상을 위해 수시로 수업장학을 실시한다.

② 원장과 원감은 교내 순시를 통하여 교육과정이 정상적으로 운영되도록 지도 조언을 하고, 교사는 특별한 사정이 없는 한 이를 수용한다.

제16조 (건강검진 및 급식) ① 법 제17조제1항에 의거 유아에 대한 건강검진을 실시하고, 그 결과 치료를 요하는 유아에 대하여는 보호자와 협의하여 필요한 조치를 취한다.

② 법 제17조제2항에 의거 학부모와의 협의를 거쳐 원아에게 적합한 급식을 제공한다.

제17조 (원아평가) ① 원아평가는 원아의 발달정도에 대해 다양한 도구와 방법을 적용하여 실시하되 결과보다는 과정 중심의 수행평가에 역점을 둔다.

② 원아 평가는 학기 초에 평가의 영역, 평가의 방법, 평가도구의 제작, 평가의 시기 등이 포함된 평가 계획을 수립하여 원장의 승인을 얻은 후 시행한다.

③ 평가 결과는 원아 간 상호 비교나 서열화를 지양하고, 원아 개개인의 성장발달을 돕는 지도 및 학부모 상담 자료로 활용한다.

제18조 (생활기록부 작성 · 보관) ① 법 제14조에 의거 생활기록부를 작성한다.

② 유아의 발달 등을 종합적으로 관찰 · 평가하여 유아생활지도 및 초등학교 교육과의 연계지도에 활용할 수 있도록 하기 위하여 교육과학기술부장관이 정하는 기준에 따라 생활기록부를 작성 · 관리한다.

제6장 입학 재입학 전입, 편입, 휴학 및 졸업

제19조 (입학시기) 입학 시기는 연중으로 하며, 총 정원 수가 초과하지 않는 범위 안에서 중도 입학이 가능하다.

제20조 (입학자격) ① 본원에 입학할 수 있는 유아는 만 3세부터 초등학교 취학 직전의 유아로 한다.

② 입학 희망자가 정원을 초과할 경우 추첨에 의하여 원아를 선발한다.

제21조 (재입학) 만 3, 4세에 입학 유아와 만 6세아 중 초등학교 취학을 유예한 경우 유치원의 정원을 초과하지 않는 범위 안에서 재입학을 할 수 있다.

제22조 (편/전입) 공립, 사립유치원에서 본원으로 전입을 희망할 경우 정원 내에서 허가한다.

제23조 (휴원) 질병 등 기타 가정 사유로 휴학을 희망할 경우 원장이 휴원서를 받아 처리한다.

제24조 (퇴원) 원아가 다음의 각 호에 해당할 때 원장은 퇴원을 명할 수 있다.

① 보호자가 전 가족 이주나 가정 사정 등으로 퇴학을 요구할 때

② 수업료 징수결정 후 정당한 이유 없이 10일 이상 무단결석할 때

③ 질병 및 기타 사유로 본인 및 타 원아의 교육에 지장이 있다고 인정된 유아

제25조 (수료 및 졸업) ① 원장은 유치원아의 교육과정의 이수 정도 등을 평가하여 수료 또는 졸업을 인정한다.

(계속)

② 수료 및 졸업에 해당하는 출석일수는 법 제12조제3항 동법 시행령 제12조의 규정에 의한 수업일수의 3분의 2 이상으로 한다.

③ 유치원장은 당해 유치원의 교육과정을 이수하였다고 인정하는 만 5세 유아에 졸업장을 수여한다.

④ 유치원장은 당해 유치원의 교육과정을 이수하였다고 인정하는 만 3, 4세 유아에게는 수료장을 수여한다.

제7장 교직원

제26조(교원의 배치) ① 법 제20조제1항 동법 시행령 제23조제1항의 규정에 의하여 원장·원감 외에 학급마다 교사 1인 이상을 배치할 수 있다.

② 법 제20조제3항 동법 시행령 제23조제3항에 의거 방과후과정반에는 보조원을 둘 수 있다.

③ 시행령 제23조제4항의 규정에 의하여 보직교사(3학급 이상)를 둘 수 있다.

④ 그 외 세부 사항은 교육청의 보직교사 배치계획에 따른다.

제27조(사무직원의 배치) 시행령 제24조의 규정에 의해 사무직원을 배치하되 세부 사항은 교육청의 사립유치원 사무직원정원 배치기준(공립유치원은 서울시교육청 정원기준)에 따른다.

제28조 (교직원 연수) ① 원장은 교육개선 연구회, 학술연구회, 강연회 등의 각종 연수회를 개최하거나 참여하게 하여 수업의 질 향상 및 수업방법 개선에 노력한다.

② 원장은 교직원 연수에 필요한 인적, 물적 지원을 한다.

③ 교사는 교육과정 연수, 교수·학습방법 개선 연수, 동호인 연수 등에 능동적으로 참여하고 그 결과물을 원장에게 연 2회 이상 제출하여야 한다.

제8장 수업료 및 입학금 기타 비용 징수

제29조 (입학금) 본원은 서울특별시 학교 수업료 및 입학금에 관한 조례에 따라 원장이 입학금을 정하여 징수한다.

제30조 (수업료) ① 본원은 서울특별시 학교 수업료 및 입학금에 관한 조례에 따라 당해년도에 정해진 일정 금액의 수업료를 정하여 징수한다.

② 천재 또는 지변 등으로 인하여 수업료 납입이 곤란하다고 인정될 때는 서울특별시 학교 수업료 및 입학금에 관한 규칙에 따라 수업료를 면제하거나 감액할 수 있다.

제31조 (징수기일) 수업료는 해당월이 시작되기 10일 이전에 징수하여서는 아니 된다.다만,입학 최초의 수업료와 입학금은 학기가 시작되기 50일 전부터 징수할 수 있다.

제32조 (수업료의 반환) ① 수업료가 과오납된 경우에는 그 금액을 전액 반환한다.

② 다음 각 호의 1에 해당하는 경우(이하 "반환사유"라 한다)에는 별표의 기준에 따라 이미 납부한 수업료를 반환한다.

(계속)

　　1. 법령에 의하여 입학을 할 수 없거나 수업을 계속할 수 없는 경우

　　2. 입학허가를 받은 자가 입학포기 의사를 표시한 경우

　　3. 재학 중인 자가 자퇴 의사를 표시한 경우

　　4. 본인의 질병·사망 또는 천재지변이나 기타 부득이한 사유로 당해 유치원에 입학을 하지 아니하게 되거나 수업을 계속하지 아니하게 된 경우

제33조 (수업료의 면제) ① 유치원장이 정하는 기준(유치원 내규-선택)에 의해 수업료를 면제하거나 감면해 줄 수 있다.

제34조 (징벌) 수업료를 납부하여야 할 원아가 소정의 기간 내에 이를 납입하지 아니한 때에는 유치원장이 당해 원아의 입학허가를 취소할 수 있다.

제35조 (교육활동비) 유치원장은 유치원운영위원회를 거쳐 교육과정 운영에 의한 현장 학습비를 징수할 수 있다.

제36조 (성금 및 위문금) 유치원장은 교육상 필요하거나 유관기관의 요청이 있을 때에는 각종 성금, 위문금 등을 모금할 수 있다.

제37조 (비용 징수시기 및 회계처리) 교육활동비 및 기타비용의 징수 시기는 유치원장이 정하고 회계처리 절차는 회계업무 처리기준에 의한다.

제9장 유치원운영위원회

제38조(유치원운영위원회 설치) ①「유아교육법」제19조의3 및 동법 시행령 제22조의2에 따라 유치원운영위원회를 설치한다.

②「유아교육법」제19조의4 내지 제19조의6 및 동법 시행령 제22조의3 내지 제22조의12에 따라 유치원운영위원회의 기능 및 구성·운영 등에 관한 사항은 유치원의 운영위원회규정으로 정한다.

③ 최초로 제정되는 규정은 교직원전체회의의 검토를 거쳐 원장이 정한다.

제10장 규칙개정절차

제39조 (규칙개정절차) 규칙의 개정은 유치원장이 규칙개정안을 작성하여 유치원운영위원회(유치원운영위원회 구성 전에는 교직원회의)를 거쳐 관할청의 인가를 받아 이를 확정·시행한다.

부 칙

제1조 (시행일) ① 이 규칙은 공포한 날부터 시행한다.

제2조 (시행규칙) 이 규칙의 시행에 관하여 필요한 세부 사항은 유치원장이 정한다.

3) 유치원 인가 절차

(1) 사전정보 수집

유치원 설립의 가능성과 필요성에 대해 관계되는 인사를 방문하여 상담하거나 관련 기관이나 담당자에게 문의를 하여 되도록 구체적으로 정보를 수집한다.

(2) 설립 신청서류 제출

유치원 설립인가 구비서류 목록은 다음과 같다(서울특별시교육청, 2013).

① 설립인가 신청서 1부.

② 유치원 규칙 1부. ※ 〈별첨 2〉 유치원 규칙(표준안) 참조

③ 설립자가 사인인 경우 경비의 유지방법 1부.

④ 설립자가 법인인 경우 등기 및 출연금에 관한 증빙서류

    ④-1. 출연재산목록[기본재산(교육용, 수익용, 보통재산)] 각 1부.

    ④-2. 법인정관 사본 및 법인 이사회 회의록 각 1부.

    ④-3. 법인 등기부 등본 및 법인 인감증명서 각 1부.

⑤ 설립자 관련 제출 서류(법인인 경우 그 대표자의 것)

    ⑤-1. 설립자 인감증명서 및 주민등록등본 각 1부.

    ⑤-2. 설립자 이력서 1부.

    ⑤-3. 신원진술서 및 기본증명서 각 2부.

    ⑤-4. 성범죄경력조회 동의서 1부.

    ⑤-5. 설립자 각서 1부.

⑥ 유치원 시설·설비 관련 서류

    ⑥-1. 유치원약도(위치도, 지적도, 토지이용계획확인서) 1부.

    ⑥-2. 건축물 및 체육장 평면도(내부면적 기재) 각 1부.

    ⑥-3. 토지 및 건축물대장(평면도 포함) 각 1부.

    ⑥-4. 토지 및 건축물 등기부 등본 각 1부.

    ⑥-5. 유치원 교구·설비 보유현황 1부.

    ⑥-6. 시설설비 조서 1부.

⑥-7. 소방시설완공검사필증(방염후 처리성능검사 결과서) 1부.

　　소방 안전점검 확인서 1부.

　　전기 안전점검 확인서 1부.

　　가스 안전점검 확인서 1부.

⑥-8. 어린이놀이시설 설치검사 합격증 1부.

　　어린이놀이시설 안전교육 수료증(설치 후 6개월 이내) 1부.

　　어린이놀이시설 보험가입 증서(설치 후 30일 이내) 1부.

⑦ 유치원 원장 및 교원 임용 관련 서류

　⑦-1. 원장 취임승낙서 및 경력증명서(자격증 포함) 각 1부.

　⑦-2. 교직원 확보계획서(원장, 원감, 교사) 1부.

[유치원 설립인가 신청서 예시] (서울특별시교육청, 2013)

(가칭) ○○ 유 치 원

수신자 □□시○○교육지원청교육장(행정지원과장)

(경유)

제 목 (가칭)□□유치원 설립인가 신청

「유아교육법」 제8조 및 동법 시행령 제9조의 규정에 따라 붙임과 같이 유치원 설립 인가를 신청합니다.

붙임 : 1. 설립인가 신청서 1부.
    2. 유치원 규칙 1부.
    3. 설립자가 사인인 경우 경비의 유지방법 1부.
    4. 설립자가 법인인 경우 등기 및 출연금에 관한 증빙서류
       4-1. 출연재산목록[기본재산(교육용, 수익용, 보통재산)] 각 1부.
       4-2. 법인정관 사본 및 법인 이사회 회의록 각 1부.
       4-3. 법인 등기부 등본 및 법인 인감증명서 각 1부.
    5. 설립자 관련 제출 서류(법인인 경우 그 대표자의 것)
       5-1. 설립자 인감증명서 및 주민등록등본 각 1부.
       5-2. 설립자 이력서 1부.
       5-3. 신원진술서 및 기본증명서 각 2부.
       5-4. 성범죄경력조회 동의서 1부.
       5-5. 설립자 각서 1부.
    6. 유치원 시설·설비 관련 서류
       6-1. 유치원약도(위치도, 지적도, 토지이용계획확인서) 1부.
       6-2. 건축물 및 체육장 평면도(내부면적 기재) 각 1부.
       6-3. 토지 및 건축물대장(평면도 포함) 각 1부.
       6-4. 토지 및 건축물 등기부 등본 각 1부.
       6-5. 유치원 교구·설비 보유현황 1부.
       6-6. 시설설비 조서 1부.
       6-7. 소방시설완공검사필증(방염후 처리성능검사 결과서) 1부.
          소방 안전점검 확인서 1부.
          전기 안전점검 확인서 1부.
          가스 안전점검 확인서 1부.
       6-8. 어린이놀이시설 설치검사 합격증 1부.
          어린이놀이시설 안전교육 수료증(설치 후 6개월 이내) 1부.
          어린이놀이시설 보험가입 증서(설치 후 30일 이내) 1부.
    7. 유치원 원장 및 교원 임용 관련 서류
       7-1. 원장 취임승낙서 및 경력증명서(자격증 포함) 각 1부.
       7-2. 교직원 확보계획서(원장, 원감, 교사) 1부. 끝.

(가칭)○○유치원설립자 ○○○ (인감도장)

담당자   설립자
협조자
시 행 ○○○유치원-   (20 . .)   접수
우   ○○○-○○○   서울특별시 ○○구 ○○동 ○○   / www.○○○.○○.○○
전화   (02)○○○-○○○○   전송: (02)○○○-○○○○   / 공개

표 2-3 유치원 설립인가 신청안내

유치원 설립인가 신청안내				
민원인이 해야 할 사항	구비서류	1. 신청서 1부. 2. 설립취지서 1부. 3. 원칙(학칙) 1부. 4. 경비와 유지방법 1부. 5. 시설 · 설비조서 1부 및 토지 · 건물등기부 등본 각 1부. 6. 설립자가 법인인 경우 기부행위 · 기부재산 목록과 등기 및 출연에 관한 증빙서류 1부. 7. 민간인 신원진술서 2부. 8. 교사 및 체육장의 평면도.		9. 설립자 인감증명서 1부. 10. 설립자 호적등본 2부 및 주민등록등본 2부. 11. 설립자의 이력서 1부. 12. 건축물관리대장 1부. 13. 토지이용계획확인서 1부. 14. 유치원 원장 취임예정승낙서(설립자가 무자격인경우)1부. (자격증첨부) 15. 전기안전점검확인서 1부. 16. 유치원 부근 약도 1부.
	접수처	문서수발실(관리과)	신청방법	방문, 우편
	수수료	없 음	기 타	
행정 기관이 해야 할 사항	처리주무과		경 유	
	협 조	초등교육과장, 학무국장	조 회	
	공부대조사항		최종결재	교육장
	처리기간	20일	처 분 청	교육장
	근거법규	1. 「유아교육법」 제8조 및 동법 시행령 2. 고등학교 이하 각급 학교 설립 · 운영 규정 및 동법 시행령 3. 「사립학교법」 및 동법 시행령		
처리과정 및 이의신청	처리과장	접수 → 검토 → 현장조사 → 결재 → 인가		
	이의신청	처리결과에 이의가 있을 때는 행정심판을 청구할 수 있으며, 이에 불복할 때에는 행정소송을 제기할 수 있습니다.		
심사기준	1. 설립목적, 원명, 학급 수, 정원 등의 타당성 여부 2. 경비와 유지방법의 타당성 여부 3. 고등학교 이하 각급 학교 설립 · 운영 규정 등에 대한 타당성 여부 4. 학교환경위생정화구역 내에서의 금지행위 시설 유무 확인 5. 유치원 설립자의 자격 타당성 여부 6. 원아교육의 안전성 여부			

출처: 서울시 강서교육청 홈페이지(http://www.gsedu.seoul.kr).

2. 어린이집 설치

1) 어린이집 설치 기준

(1) 어린이집의 입지 조건

어린이집 설립 장소를 잘못 선정하면 원아모집에 어려움이 따를 뿐만 아니라, 부적절한 장소에 설치할 경우 폐지하거나 이전해야 하는 사태가 발생할 수 있기 때문에 장소 선정에 신중을 기해야만 한다. 특히 인근 지역에 대규모 국공립이나 법인 어린이집이 있는 경우에는 영유아가 그 기관에 흡수될 가능성이 높은 만큼, 개인이 민간어린이집을 설립하고자 할 경우에는 이들 기관에 견줄 수 있을 정도의 시설 투자가 따라야 한다는 점을 염두에 두어야 한다. 아울러 시·군·구의 어린이집 신축 계획을 사전에 파악하여 동일 지역에 여러 기관이 난립하여 기관 간에 과잉경쟁이 되지 않도록 신경을 써야만 한다.

특히 장소를 선정할 때는 법에서 규정하고 있는 입지조건을 면밀하게 살펴본 후에 입지조건에 맞는 장소를 선정하여야 인가받을 때 문제가 없다. 2005년 1월 30일부터 시행된 「영유아보육법 시행규칙」 제9조 관련 별표에서 규정하고 있는 어린이집의 입지조건은 다음과 같다(보건복지가족부, 2009).

첫째, 보육수요, 보건, 위생, 급수, 안전, 교통, 환경 및 교통편의 등을 충분히 고려하여 쾌적한 환경의 부지를 선정하여야 한다.

둘째, 어린이집은 위험시설로부터 수평거리 50m 이상 떨어진 곳에 위치하여야 한다. 위험시설이란 '주택건설기준 등에 관한 규정' 제9조제1항 각 호의 시설을 말한다.

셋째, 어린이집은 단독주택, 공동주택, 노유자 시설에 설치한다―「건축법 시행령」 별표 1(용도별 건축물의 종류) 참고. 단, 영유아 20명 이하를 보육하는 직장어린이집, 부모협동어린이집 및 국공립어린이집은 가정어린이집을 설치할 수 있는 곳에도 설치할 수 있다.

이상의 입지조건을 종합해 보면, 어린이집 설치 장소는 주변 환경이 영유아보육에 지장을 주지 않는 안전하고 쾌적하며, 원아모집에 무리가 없는 곳이 바람직하다고 할 수 있다.

(2) 어린이집의 유형과 규모 결정

어린이집은 국공립, 사회복지법인, 법인 · 단체 등, 민간, 가정, 직장 및 부모협동의 7개 유형으로 구분된다. 어린이집은 〈표 2-4〉에 제시된 바와 같은 인원을 보육할 수 있는 시설을 갖추어야 하며, 최대 정원은 300명을 초과할 수 없다.

표 2-4 어린이집 유형별 정의 및 상시 보육 영유아 수

유형	정의	상시 영유아 수
국공립	국가와 지방자치단체가 설립 · 운영(위탁 운영 포함)하는 어린이집으로 직장어린이집을 제외한 어린이집	11명 이상
사회복지법인	「사회복지사업법」에 의한 사회복지법인이 설치 · 운영하는 어린이집	21명 이상
법인 · 단체 등	각종 법인(사회복지법인을 제외한 비영리법인)이나 단체 등이 설치 · 운영하는 어린이집	21명 이상
민간	국공립, 사회복지법인, 법인 · 단체 등, 직장, 가정, 부모협동어린이집이 아닌 어린이집	21명 이상
가정	개인이 가정 또는 그에 준하는 곳에서 설치하여 운영하는 어린이집	5명 이상 20명 이하
직장	사업주가 사업장의 근로자를 위하여 설치하여 운영하는 어린이집(국가 또는 지방자치단체의 장이 소속 공무원을 위하여 설치 · 운영하는 어린이집 포함)	5명 이상
부모협동	보호자 15인 이상이 조합을 결성하여 설치 · 운영하는 어린이집	11명 이상

(3) 정원 및 면적 산정 기준

어린이집의 정원은 원장의 자격 여부와 면적에 의해 결정된다. 기관 면적은 영유아 1인당 $4.29m^2$가 기준(단, 2005년 1월 30일 이전에 설립된 어린이집은 영유아 1인당 $3.63m^2$이나 대표자 변경, 정원 증원, 종류, 소재지 변경 시에는 새로운 면적 기준을 적용함)이므로 건물 전체 면적을 확인하고 영유아 수를 결정하면 된다. 영유아 수가 결정되었으면 영아보육에 주력할 것인지 영유아보육을 같이 할 것인지 또는 방과후 보육에 주력할 것인지에 따라 규모를 결정하고 반 구성과 운영을 조정해야 한다. 일반원장 자격 소지자의 경우에는 어린이집의 면적에 따라 정원이 결정되지

만 보육교사 1급 자격을 소지하고 1년 이상의 보육 업무 경력이 있는 경우에는 가정어린이집 원장 자격을 취득하여 20명 이하의 가정어린이집을 운영할 수 있다.

어린이집의 면적 및 정원 산정 기준

정원 산정 시 고려사항

❶ 어린이집 전용(실내) 면적
❷ 보육실 면적
❸ 옥외놀이터 및 대체놀이터(50인 이상) 면적

• 보육실은 반별 최대 정원을 고려하여 설치함

면적 기준 시설 규모	어린이집 전용 면적	보육실 면적	놀이터 면적	산정 기준
50인 미만 시설	영유아 1인당 4.29m²	영유아 1인당 2.64m²		각 면적 산정 인원 중 가장 적은 수를 정원으로 함
50인 이상 시설			영유아 1인당 3.5m² 원칙	

• 놀이터 면적은 보건복지부장관이 어린이집 규모별로 면적 기준 제시

어린이집 및 보육실 면적 산정
❶ 영유아보육과 직간접적 관련이 없는 실내 설비, 즉 동일 건물 내의 타 시설과 공동으로 사용하는 부분(건물·현관·복도·계단 등)은 제외
　• 옥외놀이터를 대체하는 실내놀이터, 보육교직원 관련시설(휴게시설 등), 지하층도 면적 산정에서 제외
❷ 보육실은 영유아의 주된 생활공간이므로 면적 산정 시 어린이집 자체 현관, 복도, 통로로 사용되는 면적 제외
　• 구조상 주방, 식당이 분리되어 있지 않은 경우, 동 면적도 제외하는 것이 원칙

(4) 시설 기준

어린이집을 설치하고자 할 때는 「영유아보육법 시행규칙」 제9조 및 별표 1에서 제시하고 있는 시설 기준을 고려하여야 한다. 아울러 어린이집을 설치하고자 하는 건축물은 건축 관련법 및 소방 관련법 등의 각종 규정을 준수해야 하는데, 이를 자세히 살펴보면 〈표 2-5〉와 같다.

표 2-5 어린이집 설치 기준

구 분		시 설 기 준	비 고
시설 규모		• 국공립어린이집: 상시 영유아 11명 이상	개정 2013. 12. 5.
		• 직장어린이집: 상시 영유아 5명 이상	개정 2013. 12. 5.
		• 사회복지법인, 법인·단체 등, 민간어린이집: 상시 영유아 21명 이상	개정 2013. 12. 5.
		• 가정어린이집: 상시 영유아 5명 이상 20인 이하	개정 2013. 12. 5.
		• 부모협동어린이집: 보호자 11명 이상 출자 및 상시 영유아 11명 이상	개정 2013. 12. 5.
입지조건		• 기관은 보육수요, 보건, 위생, 급수, 안전, 교통 환경 및 교통 편의 등을 충분히 고려하여 쾌적한 환경의 부지를 선정	
구조 및 설비		시설의 설비와 구조는 그 시설을 사용하는 영유아의 특성에 맞도록 해야 한다. 보육실을 포함한 시설면적은 영유아 1인당 4.29m² 이상	
	보육실 (거실, 포복실, 유희실 포함)	• 1층에 설치가 원칙, 2층 이상에 설치 시 안전사고에 대비한 시설 설치 • 사업장 내에 직장어린이집을 설치하고자 하는 경우와 건물 전체를 하나의 어린이집으로 사용하는 경우, 그 밖에 불가피한 사유가 있다고 보건복지부장관이 인정하는 경우에는 5층 이하에 보육실을 설치할 수 있되 건물 전체를 어린이집으로 사용하는 경우에도 영아반 보육실은 1층에 우선 배치하여야 한다. • 건축법령상의 층수와 관계없이 해당 층 4면의 100분의 50 이상 100분의 80 미만이 지상에 노출되고, 해당 층 주 출입구의 하단이 지면으로부터 1m 이내일 것 • 보육실 면적은 영유아 1인당 2.64m² 이상 • 침구, 놀이기구, 그림책, 기타 필요한 완구 비치 • 환기, 채광, 조명, 방습, 방충 및 냉방 시설 설비 • 보육실은 바닥 난방시설을 갖추어야 함	

(계속)

구조 및 설비	조리실	• 채광, 환기 원활, 방충망 설치 • 식기 소독, 취사 및 조리용 시설 설비 • 공공기관이나 사회복지관 안에 설치된 어린이집의 경우 동일 건물에 있는 조리실 사용 가능 • 직장어린이집이 설치된 건물에 집단급식소를 운영하는 경우에는 조리실을 별도 설치하지 않을 수 있음. 이 경우 영유아를 위한 음식 조리공간은 분리 또는 구획되어 있어야 함	
	목욕실	• 샤워 및 세면 설비 및 냉온수 공급 설비 구비, 수도 꼭지는 온수 사용 시 화상을 입지 않도록 온도를 조정 및 고정할 수 있어야 함 • 바닥은 미끄럼 방지 장치 • 목욕실은 난방해야 함 • 보육실과 인접한 공간에 위치	
	화장실	• 수세식 유아용 변기 설치하고 보육실과 동일한 층의 인접한 공간에 설치. 가정어린이집의 경우 성인용 변기에 디딤판과 탈부착식 유아용 변기 설치 • 세정장치와 수도꼭지는 냉온수의 온도를 조정 및 고정할 수 있어야 함 • 바닥에 미끄럼 방지 장치	
	놀이터	• 보육정원 50인 이상 어린이집은 영유아 1인당 3.5m² 이상, 모래밭 및 대근육활동을 위한 놀이기구 1종 이상을 포함하여 놀이기구 3종 이상 설치 • 지역적 특성에 따라 옥내 놀이터, 인근 놀이터 활용 가능	영유아 50인 이상 어린이집에 한함 (개정 2005. 1.)
	급수·배수 시설	• 급수시설은 상수도에 한함 • 지하수를 음용수로 사용할 경우 저수조 등의 시설을 경유 • 더러운 물, 빗물 처리를 위한 배수 설비	
	비상재해 대비시설	• 비상시 양방향 대피가 가능해야 함 • 소화용 기구 비치, 비상구 설치, 비상 재해 대비 시설 설치 • 2층 이상의 어린이집에는 비상계단 또는 영유아용 미끄럼대 설치	
	사무실, 양호실, 수유실	• 영유아보육에 필요한 설비 설치 • 영유아보육에 지장이 없는 범위 안에서 타 시설과 겸용 가능	

2) 어린이집 인가 절차

어린이집을 설립하여 인가를 받기 위해서는 먼저 관계 공무원과 운영자를 면담하고 육아종합지원센터를 방문하여 관련 정보를 수집할 필요가 있다.

(1) 사전 정보 수집

1 관계 공무원과 기관 운영자 면담

어린이집의 설립·인가를 위해서는 우선 시·군·구의 가정복지과를 방문하여 보육업무 담당자와의 상담을 통하여 지역적 현황과 보육수요 파악, 기관의 종류와 규모 결정 등에 필요한 정보를 수집할 필요가 있다. 특히 2006년 3월부터 어린이집을 설립하고자 하는 자에게 해당 지역의 보육수요 등 지역적 여건과 어린이집 설립과 관련된 체계적이고 전문적인 대면 상담을 제공하기 위해 운영하는 민원행정서비스인 어린이집 설립 사전 상담제를 신청하여 이용하는 것도 좋은 방법이 될 수 있다. 아울러 어린이집을 운영하고 있는 원장들을 만나서 어린이집 설립과 운영에 관련된 경험담과 조언을 들어 볼 필요가 있다. 이때 가능한 한 여러 유형과 규모의 어린이집을 방문하여 원장들의 조언도 듣고, 시설·설비에 관한 정보도 수집해 두는 것이 중요하다.

2 육아종합지원센터 활용

어린이집 설립과 인가를 위해서는 보육에 관련된 각종 정보와 자료를 제공하는 육아종합지원센터를 활용하는 것도 좋은 방법이다. 중앙육아종합지원센터(http://central.childcare.go.kr)와 각 시·도 및 시·군·구 육아종합지원센터를 통하여 어린이집 설립과 관련된 정보와 설립 시 필요한 서식 등에 관한 자료를 수집할 수 있다. 육아종합지원센터들 중에는 설치운영 컨설팅 사업을 하는 센터들이 있으므로 어린이집을 설립하고자 하는 사람은 설치운영 컨설팅을 받으면 많은 도움을 받을 수 있다. 아울러 매년 발간되는 보육사업안내와 설치운영 컨설팅 매뉴얼 책자와 「영유아보육법」과 시행령 및 시행규칙 등과 같은 관련 법 규정들도 꼼꼼하게 살펴보아야만 한다.

(2) 인가 신청 서류 제출

〈표 2-6〉의 서류를 구비하여 담당 시·군·구청장에게 제출한다. 제출 서류 중 어린이집 운영계획서는 2013년도 어린이집 운영서식 및 문서자료집(보건복지부·중앙보육정보센터, 2013a)을 참고하여 보육철학 및 목표, 운영현황, 보육프로그램, 하루 일과, 건강·영양·안전관리, 부모 및 지역사회와의 협력, 공지사항 등의 내용을 포함하여 작성하도록 한다.

표 2-6 인가 신청 시 구비서류

번호	서류	안내
1	인가신청서	• 소재지: 구체적으로 기입 • 명칭: 관할 시·군·구 내 동일 명칭 사용 불가
2	법인 서류	• 대표자가 법인인 경우에 한함 • 법인의 정관(법인 자체 보관 정관 사본) • 법인 등기부등본(등기소 발급)
3	단체의 회칙 및 규약	대표자가 개인이 아닌 단체인 경우에 한함
4	임대차계약서 건축물관리대장	• 부동산을 임차하는 경우: 임대차 계약서 • 건축물 대장 또는 아파트를 분양받았을 경우: 분양계약서 또는 매매계약서
5	평면도	• 평면도: 시설의 구조별 면적 표시 　- 아파트의 경우 부동산이나 인터넷에서 동일 시설의 평면도를 다운받아 제출 가능 　- 건축물 대장의 뒷면에 있는 도면 제출 가능 50인 이상 시설: 놀이터 • 면적이 기재된 평면도 또는 건물 배치도 등 　※ 평면도가 없을 경우: 　　- 신청인이 작성한 도면 제출 가능 　　- 실내구조를 그린 후 실측한 면적을 m²로 표시 　　- 보육실, 주방, 화장실, 사무실 등을 구분하여 표시
6	시설 및 설비 목록표	비품, 놀잇감 등 필요 목록 작성
7	원장 자격증	• 한국보육진흥원 보육인력 국가자격증 홈페이지에서 자격증 발급 http://chrd.childcare.go.kr ☎1661-5666 • 구비서류: 자격증 사본, 경력증명서 원본, 사진파일(인터넷 신청 시 사진 등록), 자격증 발급 신청서(인터넷 신청 후 출력)

(계속)

8	보육교직원 채용계획서	• 교사 대 아동비율 준수 • 보육교사, 취사부, 영양사 등 필요 보육교직원 채용 계획
9	범죄경력조회동의서	• 「아동·청소년의 성보호에 관한 법률」 제44조 • 「형의 실효 등에 관한 법률」 제6조
10	어린이집 운영계획서	• 운영기간: 1년 단위(3월부터 다음 연도 2월까지) • 보육프로그램: 운영목적, 보육목표, 연간보육계획안, 하루 일과 등 • 세입/세출 예산서: 재무·회계규칙에 의거 작성(1월부터 12월 까지)
11	경비의 지급 및 변제 능력에 관한 서류	• 대표자의 자산 및 부채 현황 작성 ※ 어린이집을 설치, 운영하고자 하는 자의 자산 및 부채 현황, 어린이집 운영에 따른 연간 세입 총액을 기준으로 보증보험증권을 제출 ※ 채무의 변제 능력이 없거나 임대 건물의 소유권이 불분명한 경우에는 영유아의 보육에 지장을 줄 수 있으므로 인가 불가
12	인근 놀이터 이용계획서	• 영유아 50인 이상의 어린이집으로서 옥외놀이터나 옥내놀이터를 설치하지 않는 경우에 한함 • 인근 놀이터 관리 주체의 사용승낙서 첨부
13	어린이 놀이시설 안전검사서	• 영유아 50인 이상의 어린이집인 경우 필수 • 실외놀이시설이나 실내놀이시설이 있는 경우도 안전 검사를 받아야 함
14	전기 안전점검서	각 지역 한국전기안전공사
15	액화석유가스 안전점검서	각 지역 가스안전공사
16	방염필증	• 각 지역 소방서 • 카펫, 벽지, 커튼류 등 방염대상물품의 방염성능 여부 검사 ※ 방염대상이 없는 경우, 방염대상 물품이 없다는 '소방서 확인 공문' 첨부

출처: 보건복지부·중앙보육정보센터(2013b), p. 12.

　신청인이 인가신청서를 제출하면 처리 기관은 인가 여부를 검토하고 현장 방문을 하여 입지조건과 시설·설비 기준 등 현장 확인을 통하여 인가 여부를 결정한다. 인가 여부가 결정되면 인가증을 작성하여 접수일로부터 14일 이내에 교부한다.

[어린이집 인가신청서 서식] (영유아보육법 시행규칙, 별지 4호 서식)

어린이집 인가신청서

앞쪽

접수번호		접수일		처리기간　14일	

신청인	성명(대표자)		주민등록번호		
	법인 · 단체명		전화번호		
	주소				

어린이집 개요	명칭		어린이집 종류	전화번호	
	소재지				
	어린이집 원장	성명	주민등록번호		

보육정원	총인원　명	1세 미만　명	1~2세 미만　명	2세　명	3세　명	4~5세　명	방과후　명

시설 · 설비	보육실　m²	조리실　m²	목욕실　m²
	화장실　m²	놀이터　m²	사무실　m²
	양호실　m²	대지　m²	기타　m²

직원	총인원　명	보육교사　명	영양사　명	취사부　명	기타　명

예산	수입액　원	지출액　원	비고

「영유아보육법」 제13조제1항 · 제14조제1항 및 같은 법 시행규칙 제5조제1항에 따라 어린이집 설치인가를 신청합니다.

년　월　일

신청인　　　　　　　　　(서명 또는 인)

특별자치도지사 · 시장 · 군수 · 구청장 귀하

(3) 어린이집 설립 결격 사유

「영유아보육법」 제16조에서는 다음 사항에 해당하는 자들을 어린이집을 설치·
운영할 수 없는 자들로 규정하고 있다.

① 미성년자, 금치산자 또는 한정치산자

② 정신질환자

③ 마약·대마 또는 항정신성의약품 중독자

④ 파산선고를 받고 복권되지 않은 자

⑤ 금고 이상의 실형을 선고받고 그 집행이 종료(집행이 종료된 것으로 보는 경우
　를 포함한다)되거나 집행이 면제된 날로부터 5년(「아동복지법」 제17조를 위반한
　경우에는 10년)이 경과하지 아니한 자

⑥ 금고 이상의 형의 집행유예선고를 받고 그 유예 기간 중에 있는 자

⑦ 「영유아보육법」 제45조의 규정에 따라 어린이집의 폐쇄명령을 받고 1년이
　경과되지 않은 자

⑧ 벌금형 또는 통고처분을 받은 사람으로서 그 벌금형을 선고받거나 통고처분
　을 이행한 후 2년(「아동복지법」 제17조를 위반한 경우에는 10년)이 지나지 아니
　한 자('「영유아보육법」을 위반하여 제54조에 따라 300만 원 이상의 벌금형을 선고받
　고 그 형이 확정된 후 2년이 지나지 아니한 자 또는 「아동복지법」 제17조를 위반하여
　같은 법 71조에 따라 벌금형을 선고받고 그 형이 확정된 후 10년이 지나지 않은 자'
　로 변경된 「영유아보육법」 개정법률안(2014년 5월 28일자로 공포, 시행됨)

⑨ 「영유아보육법」 제23조의3에 따른 교육명령을 이행하지 아니한 자

Management of
Kindergarten and
Child Care Center

제3장

시설 · 설비 및 비품 관리

유치원과 어린이집의 물리적 환경과 관련된 시설 · 설비 및 비품은 교육 · 보육의 질을 결정하는 핵심적인 요인이다. 따라서 질 높은 교육 · 보육 제공을 위해서는 영유아 교육 · 보육에 적합하도록 물리적 환경과 시설과 설비 및 비품이 갖추어져야 한다. 영유아교육기관을 운영하고자 할 경우에는 시설 · 설비 및 비품의 중요성을 인식하고 계획 · 구성해야 하며, 기존의 시설을 사용하는 경우에도 시설 · 설비 및 비품을 최대한 효과적으로 활용할 수 있도록 개선하고 보완하기 위해 노력해야 한다.

이 장에서는 시설 · 설비의 중요성, 유치원과 어린이집의 시설 · 설비의 계획, 시설 · 설비의 유형 및 시설 · 설비 및 비품 관리에 관하여 살펴보고자 한다.

1. 시설 · 설비의 중요성

영유아를 위한 환경은 인적 환경과 물리적 환경으로 구분할 수 있다. 인적 환경은 사람에 의해 이루어지는 환경으로, 인적 환경을 구성하고 있는 사람들은 영유아, 교사, 원감과 원장, 직원, 학부모, 지역사회 인사 등을 들 수 있다. 유아교육기관의 물리적 환경은 건축적 요소, 실내 공간, 실외 공간, 설비 및 교재 · 교구 등의 물리적 요소로 구성된 환경이다(〈표 3-1〉 참조). 이와 같은 유아교육기관의 물리적 환경은 영유아의 발달에 결정적인 영향을 미친다. 질 높은 물리적 환경이 제공되는 곳에서 영유아는 안정감을 느끼고 놀이와 활동에 집중할 수 있으며, 다양한 놀이와 학습을 통하여 신체, 인지, 언어 및 사회 · 정서 발달을 도모할 수 있다.

표 3-1 물리적 환경 구분

구 분		내 용
시설 · 설비	건축적 요소	대지 규모, 건물, 층, 담장, 외부 출입문, 가장자리 영역(현관 출입구)
	실외 공간	실외놀이터, 사육장, 정원시설, 실외창고, 화장실, 식물 재배지
	실내 공간	교실 · 보육실, 사무실, 양호실, 조리실, 화장실, 교사실, 교재실
	설비	급수, 배수, 위생, 조명, 냉난방 설비
교재 · 교구		각 영역별 교재 · 교구, 실외놀이기구

　특히 영유아의 생활과 교육적 경험에 적절한 시설 · 설비의 구성은 영유아의 발달을 촉진하고, 안전하고 즐거운 생활을 할 수 있도록 돕는다. 영유아에게 적합하지 못한 시설 · 설비는 영유아의 발달을 저해하는 요소가 될 수 있다. 영유아는 신체 발달이 아직 완전하게 이루어지지 않았기 때문에 우선적으로 영유아의 신체 조건을 고려한 시설 · 설비를 구비해야 한다. 예를 들면, 유아교육기관의 시설 · 설비가 영유아의 신체구조에 맞지 않게 크거나 높으면 영유아가 생활하는 데 어려울 뿐만 아니라 안전에도 위협적인 요소가 된다. 영유아는 생리적으로 대소변을 참기 어렵기 때문에 화장실이 교실에서 멀리 떨어져 있으면 유아교육기관에서 생활하는 데 지장을 준다. 실내유원장이 넓게 준비된다면 계절이나 기후의 변화에 상관없이 영유아의 신체활동을 활성화하여 신체발달을 촉진하는 데 도움이 될 것이다. 또 다른 예로, 영유아가 즐겨하고 좋아하는 모래놀이장을 설치할 때 물을 사용할 수 있도록 시설이 준비되어 있다면 모래놀이가 더욱 풍부해질 수 있다.

　이와 같이 유아교육기관의 시설 · 설비는 유아교육기관에서 생활할 영유아의 집단 크기, 성별, 연령과 발달적 특성, 흥미, 유아교육기관의 프로그램의 특성, 공간적 특성 등을 고려하여 갖추어야 한다.

2. 시설 · 설비의 계획

1) 유치원의 시설 · 설비 계획

(1) 시설 · 설비 계획 시 고려 사항

유치원은 다른 각급 학교와는 그 특성이 다르기 때문에 시설 · 설비를 계획할 때 다음과 같은 사항을 고려하여 계획한다.

첫째, 유치원의 시설 · 설비는 유치원에 다니는 유아 중심으로 계획되어야 한다. 유아가 시설 · 설비를 주로 사용하므로 유아의 발달수준, 흥미, 생리적 욕구를 비롯한 제반 요구 등을 고려해야 한다.

둘째, 유치원의 시설 · 설비는 유치원에서 생활하는 구성원 모두의 안전이 보장될 수 있는 시설 · 설비가 되어야 한다. 유치원에서 생활하는 유아를 비롯한 교직원들이 안전하게 활동할 수 있도록 시설 · 설비가 준비되어야 한다. 안전을 위해 건물의 건축 재료들이 건강에 해를 주는 것이 없어야 하며, 환기, 조도, 방염, 벽과 천장의 재료 등은 친환경적인 소재로 하는 것이 좋다. 또한 화재나 재난 등 비상시에 안전하게 대비할 수 있는 비상구, 비상등, 소화기, 대피로가 확보되어야 한다.

셋째, 유치원의 시설 · 설비는 공간의 효율적인 활용을 위해 융통성 있게 계획되어야 한다. 유치원 시설 · 설비 중 고정적인 부분도 있지만 활동의 필요에 따라 공간의 나눔이나 이동이 가능할 수 있는 반영구적인 부분도 있어야 한다.

넷째, 유치원의 시설 · 설비를 계획할 때 경제성이 있어야 한다. 전체 경비에서 시설 · 설비 부분에 대한 경비가 정해져 있는데, 정해진 경비로 최대의 효과를 내기 위해 공간 및 재료에 대한 다각적인 모색을 하여야 한다. 앞으로 계속 지출되는 난방비 등 기본 시설 사용료가 과다하게 소요되지 않도록 친환경적 요소도 고려해 보는 것도 바람직하다. 난방비나 전기료를 낮추기 위해 태양열을 이용한 발전 시설을 부분적으로 준비하는 것도 생각해 볼 만하다.

(2) 시설 · 설비 및 비품 기준

유치원의 설비라 함은 교육적인 환경 조성을 위하여 시설에 기본적으로 설치되거나 비치되어 교육활동을 간접적으로 돕는 보조물을 말한다. 설비는 교육과정 운영상 필수적으로 갖추어야 할 설비가 있고, 그 밖에 교육과정 운영상 필요할 때 갖추어야 할 권장하는 설비로 나눌 수 있다.

유치원 설비는 기본실과 특별실로 나눌 수 있다. 기본실로 갖추어야 할 것은 유원장, 보통 교실, 연수실, 자료실, 조리실, 화장실, 복도다. 특별실로 갖추어야 할 것은 원장실, 행정실, 강당, 종일제 교실, 문서보관실, 보건실, 자료제작실, 식당, 회의실, 방송실, 관리실, 주차시설, 창고다. 유치원 설비 기준에 따른 분류와 각 설비에 비치해야 하는 비품을 제시하면 다음과 같다(인천광역시교육청고시 제2014-114호).

1 유치원 실별 시설 · 설비 기준

구분	시설명	규격	소요기준	필수	권장	비고
기본실	① 체육장		원당 1	○		
	② 보통교실	실당 최소기준: 50m² 실당 권장기준: 66m²	학급당 1	○		
	③ 연수실(교사실)		원당 1	○		
	④ 자료실	연수실 겸용 가능	원당 1	○		
	⑤ 조리실(주방)		원당 1	○		
	⑥ 화장실		원당 1	○		
계	6			6		
특별실	① 원장실		원당 1		○	
	② 행정실		원당 1		○	
	③ 강당(유희실)		원당 1		○	
	④ 방과후과정 교실	보통교실 겸용 가능	원당 1		○	
	⑤ 문서보관실		원당 1		○	
	⑥ 보건실		원당 1		○	
	⑦ 자료제작실		원당 1		○	
	⑧ 식당		원당 1		○	
	⑨ 회의실		원당 1		○	
	⑩ 방송실		원당 1		○	
	⑪ 관리실		원당 1		○	
	⑫ 통학차량 주차시설		원당 1		○	
	⑬ 창고		원당 1		○	
계	13				13	

2 기본실 설비 기준

시설명	영역	설비종목	규격	소요기준	구분		비고
					필수	권장	
체육장	놀이 시설	① 종합놀이 기구	유아용 (종합놀이기구는 설치된 설비 종목 수)	원당 3종	○		고정된 놀이 시설로 설치
		② 미끄럼틀					
		③ 정글짐					
		④ 터널					
		⑤ 구름다리					
		⑥ 오름대					
		⑦ 암벽타기					
		⑧ 철봉					
		⑨ 놀이집					
	기타	① 수도시설		원당 1	○		
	모래 놀이장	① 모래놀이장(대)	깊이 5~20cm	원당 1	○		
		② 모래놀이도구세트	삽류, 그릇류, 기타	원당 1	○		
		③ 도구정리장		원당 1	○		
	물 놀이장	① 물놀이장	높이 50~60cm	원당 1		○	
		② 물놀이도구세트	그릇류, 호스류, 기타	원당 1		○	
		③ 도구정리장		원당 1		○	
	목공 놀이장	① 목공놀이대	높이 50~60cm	원당 1		○	
		② 목공놀이도구세트	연장류, 기타	원당 1		○	
		③ 도구정리장		원당 1		○	
	자연 체험 학습장	① 식물재배장		원당 1		○	
		② 동물사육장		원당 1		○	
		③ 연못 또는 수족관		원당 1		○	
	기타 시설	① 휴식공간(그늘집)		원당 1		○	
		② 교통놀이시설		원당 1		○	

(계속)

시설명	설비종목	규격	소요기준	구분		비고
				필수	권장	
보통교실 및 방과후 과정 교실	① 냉방시설		학급당 1	○		
	② 바닥 난방시설		학급당 1	○		
	③ 수도시설		학급당 1		○	
	④ 유아용 책상	10인 1조	학급당 3	○		
	⑤ 유아용 의자		유아당 1	○		
	⑥ 교구장		학급당 6	○		
	⑦ 책꽂이		학급당 1	○		
	⑧ 유아용 사물함		유아당 1	○		
	⑨ 깔개(카펫)		학급당 1	○		
	⑩ 칠판		학급당 1	○		
	⑪ 게시판		학급당 1	○		
	⑫ 교육용 컴퓨터		학급당 1	○		
	⑬ 교육용 프린터		2학급당 1		○	
	⑭ TV		학급당 1	○		
	⑮ 피아노(또는 오르간, 전자키보드)		학급당 1	○		
	⑯ 카메라		학급당 1	○		
	⑰ CD플레이어(헤드폰 포함)		학급당 1	○		
	⑱ 시계		학급당 1	○		
	⑲ 거울		학급당 1	○		
	⑳ 공기청정기		학급당 1		○	
	㉑ 가습기		학급당 1		○	
	㉒ 체온계		학급당 1		○	
	㉓ 전화기		학급당 1		○	
	㉔ 방충망		학급당 1		○	
	㉕ 침구류		방과후과정 유아당 1		○	
	㉖ 태극기	9호 규격 45×30cm	학급당 1		○	

(계속)

시설명	설비종목	규격	소요기준	구분		비고
				필수	권장	
연수실 (교사실)	① 냉난방시설		원당 1	○		
	② 교사용 책상, 의자		교사당 1	○		
	③ 교사용 사물함(옷장 겸용)		교사당 1		○	
	④ 교사용 책장		2교사당 1	○		
	⑤ 서류보관함		원당 1	○		
	⑥ 게시판(또는 현황판)		원당 1	○		
	⑦ 전화기		원당 1	○		
	⑧ 스캐너		원당 1	○		
	⑨ 컴퓨터	교육용 대체 가능	교사당 1	○		
	⑩ 프린터		원당 1	○		
	⑪ 구급상자		원당 1	○		
	⑫ 복사기		원당 1	○		
	⑬ 교사용 도서		교사당 3권		○	
	⑭ 문서 파쇄기		원당 1		○	
	⑮ 냉장고		원당 1		○	
자료실	① 교사용 교수자료	생활주제 전세트	연령별 1	○		
	② 교사용 지도서	생활주제 전세트	연령별 1	○		
	③ 교사용 동화자료	생활주제 전세트	연령별 1	○		
	④ 캠코더		원당 1	○		
	⑤ 기자재보관함		원당 1	○		
	⑥ 교수자료 및 자료장		원당 1	○		
	⑦ 도서 책장		원당 1	○		
	⑧ 실물화상기		원당 1		○	
조리실 (주방)	① 가열대		원당 1	○		
	② 작업대		원당 1	○		
	③ 식품저장실		원당 1	○		
	④ 개수대		원당 1	○		

(계속)

시설명	설비종목	규격	소요기준	구분		비고
				필수	권장	
조리실 (주방)	⑤ 냉온수 싱크대		원당 1	○		
	⑥ 배식대		원당 1		○	
	⑦ 식기구 보관장		원당 1	○		
	⑧ 환기 시설		원당 1	○		
	⑨ 방충망		원당 1	○		
	⑩ 가스누출 탐지기		원당 1	○		
	⑪ 식기세척 및 건조기		원당 1		○	
	⑫ 냉장고		원당 1	○		
	⑬ 에어커튼		원당 1		○	
	⑭ 급간식 운반대		원당 1	○		
	⑮ 주방용 도구		원당 1	○		
	⑯ 전자레인지(또는 오븐)		원당 1		○	
	⑰ 정수기		원당 1		○	
	⑱ 온도계		원당 1	○		
	⑲ 살균소독기		원당 1	○		
	⑳ 청소도구 및 보관함		원당 1	○		
	㉑ 보존식 냉장고		원당 1	○		
화장실	① 대변기(수세식)		학급당 1	○		
	② 소변기(수세식)		학급당 1	○		
	③ 세면대		학급당 1	○		
	④ 샤워기		원당 1		○	
	⑤ 손 소독기		실당 1		○	
	⑥ 핸드타올		실당 1		○	
기타	① 신발장		유아당 1	○		
	② 정수기		원당 1	○		
	③ 컵 살균 소독기		원당 1	○		
	④ 칫솔 살균기		학급당 1	○		

(계속)

시설명	설비종목	규격	소요기준	구분		비고
				필수	권장	
기타	⑤ 세탁기		원당 1	○		
	⑥ CCTV		원당 1	○		
	⑦ 건조대		원당 1		○	
	⑧ 청소도구 및 보관함		원당 1		○	
	⑨ 비상벨		원당 1	○		
	⑩ 비디오폰(또는 인터폰)		원당 1	○		
	⑪ 문닫힘 방지시설	손가락 끼임 방지 시설 등	실당 1	○		

③ 특별실 설비 권장 기준

시설명	설비종목	규격	소요기준	구분		비고
				필수	권장	
원장실	① 냉난방시설		원당 1		○	
	② 수도시설		원당 1		○	
	③ 사무용 책상, 의자		원당 1		○	
	④ 책장		원당 1		○	
	⑤ 옷장		원당 1		○	
	⑥ 응접세트	1조	원당 1		○	
	⑦ 서류보관함		원당 1		○	
	⑧ 현황판		원당 1		○	
	⑨ 냉장고		원당 1		○	
	⑩ 전화기		원당 1		○	
	⑪ 컴퓨터		원당 1		○	
	⑫ 프린터		원당 1		○	
	⑬ TV		원당 1		○	
행정실	① 냉난방시설		원당 1		○	
	② 수도시설		원당 1		○	

(계속)

시설명	설비종목	규격	소요기준	구분		비고
				필수	권장	
행정실	③ 사무용 책상, 의자		원당 1		○	
	④ 책장		원당 1		○	
	⑤ 개인용 사물함		원당 1		○	
	⑥ 팩스		원당 1		○	
	⑦ 서류보관함		원당 1		○	
	⑧ 냉장고		원당 1		○	
	⑨ 전화기		원당 1		○	
	⑩ 컴퓨터		원당 1		○	
	⑪ 프린터		원당 1		○	
강당 또는 유희실	① 냉난방시설		원당 1		○	
	② 빔 프로젝트		원당 1		○	
	③ 스크린		원당 1		○	
	④ 방송시설	방송실 겸용	원당 1		○	
	⑤ 태극기	국기표준 규격 5~8호 (7호 규격 135×90cm)	원당 1		○	
	⑥ 의자	유아 수 비례	원당 1		○	
	⑦ 교탁		원당 1		○	
	⑧ DVD 플레이어(또는 VCR)		원당 1		○	
	⑨ 피아노		원당 1		○	
문서 보관실	① 환기시설		원당 1		○	
	② 문서 보관장		원당 1		○	
보건실	① 냉난방시설		원당 1		○	
	② 바닥 난방시설		원당 1		○	
	③ 수도시설		원당 1		○	
	④ 구급상자		원당 1		○	
	⑤ 신장계		원당 1		○	
	⑥ 체중계		원당 1		○	

(계속)

시설명	설비종목	규격	소요기준	구분		비고
				필수	권장	
보건실	⑦ 유아용 침대		원당 1		○	
	⑧ 유아용 침구		원당 1		○	
	⑨ 이불장		원당 1		○	
	⑩ 가습기		원당 1		○	
	⑪ 치아, 칫솔 모형		원당 1		○	
	⑫ 기초식품군 자료		원당 1		○	
자료 제작실	① 환기시설		원당 1		○	
	② 냉난방시설		원당 1		○	
	③ 자료제작용 책상 및 의자		원당 1		○	
	④ 보관장		원당 1		○	
	⑤ 코팅기		원당 1		○	
	⑥ 종이 제단기		원당 1		○	
	⑦ 제본기		원당 1		○	
식당	① 환기시설		원당 1		○	
	② 냉난방시설		원당 1		○	
	③ 방충망		원당 1		○	
	④ 정수기		원당 1		○	
	⑤ 온도계		원당 1		○	
	⑥ 식탁, 의자		유아당 1		○	
	⑦ 퇴식대		원당 1		○	
	⑧ 손 소독시설		원당 1		○	
	⑨ 손 세척시설		원당 1		○	
회의실	① 회의용 책상		원당 1		○	
	② 의자	책상 수 비례	원당 1		○	
	③ 게시판		원당 1		○	
	④ 서류보관함		원당 1		○	
	⑤ 전화기		원당 1		○	

(계속)

시설명	설비종목	규격	소요기준	구분		비고
				필수	권장	
회의실	⑥ 의결 봉		원당 1		○	
방송실	① 방송시설		원당 1		○	
	② 영상 촬영기		원당 1		○	
	③ 유선 · 무선 마이크		원당 1		○	
	④ DVD 플레이어(또는 VCR)		원당 1		○	
관리실	① 바닥난방		원당 1		○	
	② 냉방시설		원당 1		○	
	③ CCTV 감지기		원당 1		○	
	④ TV		원당 1		○	
	⑤ 전화기		원당 1		○	
	⑥ 이불장 및 침구세트		원당 1		○	
통학차량 주차시설	① 안전대		원당 1		○	
	② CCTV		원당 1		○	
	③ 방지턱		원당 1		○	
창고	① 환기시설		원당 1		○	
	② 보관장		원당 1		○	

2) 어린이집의 시설 · 설비 계획

(1) 시설 · 설비 계획 시 고려 사항

어린이집의 물리적 환경은 보육철학과 목표, 보육활동의 유형과 편의성, 비품과 교구 활용의 용이성, 작업 장소와 놀이 장소의 인접성, 보고 듣기의 용이성 및 영유아의 안전 등을 고려하여 계획하고 운영해야 한다. 신설 어린이집 계획 단계는 다음과 같다(보건복지부, 2000).

첫째, 지역사회의 필요성과 요구를 분석하고, 그 기관의 성격과 철학적 방침을 결정한다.

둘째, 어린이집 설립과 운영에 관련된 각종, 법규, 규정, 기준 등을 검토한다.

셋째, 최대 원아 수, 원아의 연령, 원아들의 특별한 요구, 보육의 방향과 목표 등 그 기관의 특성을 검토한다.

넷째, 설립하고자 하는 기관과 유사한 어린이집의 시설과 설비를 사전에 답사한다.

다섯째, 어린이집의 시설에 대한 설계 초안을 작성하여 보육전문가나 다른 원장의 의견을 듣고 반영한다.

(2) 시설 · 설비 기준

어린이집을 설치하고자 할 때는 「영유아보육법 시행규칙」 제9조 및 별표 1에서 제시하고 있는 시설 기준을 고려하여야 한다. 아울러 어린이집을 설치하고자 하는 건축물은 건축 관련법과 소방 관련법 등의 각종 규정을 준수해야 하는데, 상세한 내용은 제2장의 〈표 2-5〉를 참고하도록 한다.

3. 시설 · 설비의 유형

유아교육기관의 시설 · 설비는 영유아, 교직원을 비롯하여 유아교육기관에서 생활하는 구성원들과 유아교육기관을 방문하는 사람들에 의해 계속적으로 사용된다. 시설 · 설비는 사용하는 영유아나 교직원이 안전하게 사용할 수 있어야 하며, 교육활동을 하는 데 지장이 없도록 지속적인 관리가 필요하다. 시설 · 설비 관리를 체계적으로 하려면 먼저 유아교육기관에 어떠한 실내외 시설 · 설비가 있는지 그 유형과 특성을 알아야 한다.

1) 실내공간의 시설 · 설비

유아교육기관 실내공간의 주요 시설 · 설비는 행정관리를 위한 시설 · 설비, 교육 · 보육활동을 위한 시설 · 설비 및 서비스를 위한 시설 · 설비로 구분할 수 있다 (〈표 3-2〉 참조).

표 3-2 실내공간의 시설 · 설비 구분

구분	시설 · 설비			
행정관리	• 원장실	• 교사실	• 사무실	• 자료실
교육 · 보육활동	• 영아실	• 유아실	• 유희실	• 화장실
서비스	• 현관	• 참관실	• 부엌	• 양호실

(1) 행정관리를 위한 시설 · 설비

1 원장실

원장이 기관의 운영 및 관리를 위해 사용하는 공간인 원장실은 사무관리의 효율성, 교사와의 상호작용, 전반적인 영유아의 보호 및 감독에 적절하도록 공간 배치가 이루어져야 하며, 특히 책임자로서의 위계 표현을 위한 영역성이 확보되고, 조용하며 프라이버시가 보호되어야 한다. 아울러 사람과 사무 집기들이 모두 수용될 수 있도록 공간의 크기가 충분해야 하며, 영유아에 대한 보호와 감독을 위한 환경 전반을 파악할 수 있도록 가시성이 확보되어야 한다. 또한 상담을 위한 프라이버시를 보호함으로써 유아교육기관을 찾는 학부모와 방문객에게 신뢰감과 좋은 인상을 줄 수 있어야 한다.

규모가 큰 유아교육기관에서는 사무실을 별도로 분리하여 둘 수 있으나, 별도로 두지 못하는 경우에는 업무를 보조하는 사무직원과 원장실 공간을 공동으로 사용할 수 있다.

2 교사실

교사실은 교사들이 교육 · 보육활동을 준비하거나 활동자료를 제작하고 회의를 하며, 휴식을 취할 수 있는 공간으로서 교사를 위한 중요한 부분이다. 교사실을 마련할 경우 기관의 규모와 교사 인원을 고려하여 정한다. 기관에 학급이 많을 경우 교사실을 나누어서 두기도 한다. 교사실은 교실 · 보육실이나 자료실로의 접근성이 용이한 반면, 영유아로부터는 적절한 분리가 이루어져서 교사가 충분히 휴식하고 업무에 집중할 수 있도록 계획되어야 한다. 교사실은 영유아 관련 서류 등 여러 가지 서류와 교육기기를 보관하기도 한다. 교사의 책상, 사물함, 복사기, 전화기 등 기기와 서류를 두는 장과 교사의 편의를 위해 생수기, 냉장고 등을 준비한다.

유치원 시설 · 설비 기준에서는 교사실(연수실)을 원당 1실을 두도록 하고 있으나 어린이집의 경우는 「영유아보육법」 시설 기준에는 사무실 외에 교사실에 대한 별도의 규정이 없음을 볼 때, 교사실은 공간이 부족한 경우 제공되지 않아도 되거나 사무실이나 보육실과 공유될 수 있는 독립성이 없는 공간으로 인식되고 있음을 알 수 있다. 물론 교사 책상이 교실이나 보육실 내에 있는 경우 영유아보육에 보다 많이 신경을 쓸 수 있다는 장점이 있을 수도 있다. 그러나 교사가 교육의 질에 미치는 영향을 고려할 때, 적절한 교사 공간의 제공은 교사의 피로회복 및 업무의 효율성을 높임으로써 교사의 교육 · 보육활동 및 영유아와의 상호작용을 보다 바람직한 방향으로 지원할 수 있다.

2006년부터 시행된 어린이집 평가인증에서는 40인 이상 어린이집 평가인증 지침서의 1영역 보육환경에서 교사 회의나 교재 준비 및 일과 후 잠시 휴식을 취할 수 있도록 교사를 위한 공간이 마련되어 있을 때를 '우수한 수준(3점)'으로 제시하면서, 교사용 책상이나 사물함뿐만 아니라 교사실과 같은 공간을 마련할 것을 권고하고 있다(보건복지부, 2014).

: 교사실 전경

3 사무실

사무실은 부모 및 영유아와 방문객을 반갑게 맞아들이고 그들에게 유아교육기관을 소개하고 상담과 접수 등의 업무를 보는 장소다. 부모와 영유아가 처음 유아교육기관을 방문했을 때 사무실이 즉각 눈에 띄면 덜 혼란스럽고 안도감을 느낄 수 있을 것이다. 따라서 사무실은 행정 업무를 용이하게 처리할 수 있고, 유아교육기관에 대한 정보를 제공하기 쉬우며, 출입자를 쉽게 관찰하고 접근할 수 있는 곳에 위치하는 것이 좋다.

대부분의 유아교육기관에서는 부모 대기 공간이나 서비스 공간이 별도로 없어서 사무실 내에 부모 대기 공간을 별도로 마련하고 부모가 볼 수 있도록 도서, 자료, 신문 등을 비치하기도 한다. 따라서 사무실은 접수 영역, 업무 영역, 상담 영역으로 구성하여 다목적으로 활용하며, 행정적인 역할을 담당하는 원장실과 인접하여 배치하는 것이 바람직하다.

4 자료실

자료실은 영유아용 교재 · 교구나 학습자료를 보관하고 진열 · 게시하는 장소로 보관자료를 주제나 내용별, 재료별, 계절별, 사용빈도별 등으로 체계적으로 진열함으로써 교육활동에 효율적으로 사용할 수 있도록 해야 한다. 자료실을 확보하여 자료를 관리하면 보유하고 있는 자료를 체계적으로 정리할 수 있으므로, 자료가 분산 배치되어 자료의 위치 파악이 안 되어 발생하는 자료의 중복 구입이나 보조자료를 사용하지 못하는 문제를 줄일 수 있다. 새롭게 제작되는 자료는 이전 것과 같은 학습목표와 방법일 경우 새로운 것을 비치하고 오래된 것은 폐기하여 자료실을 정리한다. 또한 주제와 계절에 따른 전시물과 게시물도 그 활용목적에 따라 잘 정리하여 보관한다. 보관할 때 재료의 성질에 따라 부패되지 않도록 처리하여 둔다. 자료실에는 자료의 보관뿐만 아니라 자료의 탐색 행위도 수용되어야 하므로, 교재를 미리 시험해 볼 수 있는 영역이 제공되어야 하며, 성인용 의자 및 테이블을 설치해야 한다.

: 자료실

(2) 교육 · 보육활동을 위한 시설 · 설비

1 영아실

만 0~2세 영아가 생활하는 어린이집 영아실은 영아가 주로 활동을 하고 생활을 하는 곳으로 환경 구성이 영아에게 적합하려면 영아의 세 가지 기본 욕구, 즉 움직이려는 욕구, 안정감을 느끼려는 욕구, 자신감을 느끼려는 욕구를 만족시켜야 한다. 영아를 위한 환경은 가정과 같은 분위기로 채광이 잘 되는 곳에 안전하게 꾸며져야 한다. 영아에게 필요한 시설은 놀이 공간, 휴식 공간, 먹고 자고 씻을 수 있는 등의 일상생활 공간 등이다. 아울러 학습과 발견의 기회를 제공할 수 있도록 넓고 다양한 질감을 느낄 수 있는 공간이어야 한다. 눈으로 살펴보고, 던지거나 눌러 보는 등 가지고 놀 수 있는 다양한 놀잇감이 제공되어야 한다. 놀잇감은 영아의 독립심을 길러 주기 위하여 영아가 사용하고 싶을 때 쉽게 꺼내고 넣을 수 있도록 잘 정돈되어 있어야 하며, 각 영역은 전체를 교사가 잘 보고 관리할 수 있도록 계획되어야 한다. 「영유아보육법 시행규칙」 별표 1에 의하면, 영아실 면적은 영아 1인당 2.64m²(0.8평) 이상으로 규정되어 있다.

영아실 환경 구성 시 참고할 수 있는 보다 구체적인 지침은 다음과 같다(이연숙, 1997).

- 기저귀 갈기, 낮잠 자기, 음식 먹기 영역 및 놀이영역을 서로 분리하여 배치한다. 이는 위생을 고려하고 조용하게 쉴 수 있는 공간을 확보하기 위해서다.
- 영아실에는 기저귀 갈이대와 기저귀 수납 영역이 있어야 하고, 교사를 위한 화장실이 놀이실 안에 있어야 한다.
- 기저귀 갈이 후 손을 씻거나 영아를 씻기기 위한 공간이 있어야 한다.
- 영아가 필요시 잠을 잘 수 있는 조용하고 쾌적한 분리 공간이 있어야 한다. 교사는 잠자는 곳에 청각적 · 시각적으로 접근할 수 있어야 하며, 잠자는 곳은 활동영역과 떨어져서 간이벽으로 분리되는 것이 바람직하다.
- 영아의 식사 공간은 음식 준비 영역과 가까운 곳에 위치해야 하며, 활동 공간과는 분리시킨다.
- 바닥에서 통로나 외부를 볼 수 있도록 영아의 눈높이에 창문을 설치해 준다.
- 영아를 위한 개방활동 공간은 영아와 교사가 접촉하고 움직이고 탐색할 수 있도록 안전하고 부드러우며 자극적인 환경이 되도록 한다.
- 영아실에는 움직일 수 있고 단 높이의 변화가 있으며, 낮고 카펫이 깔린 계단이 있는 부드럽고 색채가 풍부한 대근육활동 공간이 있어야 한다.
- 층계를 구성하거나 이동 가능한 형태로서 부드러운 표면의 높낮이 변화를 제공한다.
- 바닥의 단의 차이는 최대 8~10cm 정도의 두께로 되어 있어야 한다. 단의 차이는 푹신하고 다양한 재료로 만들어야 하며, 단의 최대 높이는 바닥으로부터 46cm로 되어 있어야 한다.
- 경사로와 8~10cm의 작은 계단이 있어야 한다.
- 영아가 서거나 잡아당길 수 있도록 바닥으로부터 45.7cm 높이에 손잡이를 제공한다.
- 카펫이 깔린 부드러운 바닥과 비닐 시트가 깔린 바닥 등 탄력성이 좋은 다양한 바닥재를 사용하는 것이 바람직하다.
- 영아의 다양한 시각적 관점을 고려하여 바라볼 수 있는 흥미로운 전경과 물건이 제공되어야 한다.
- 창문은 50~60cm의 높이가 적당하며, 창턱은 내벽 쪽으로 튀어나오지 않아야 한다. 창문 유리는 안전성이 고려된 특수유리를 사용하고 방충망을 설치

한다.

- 영아가 자신과 다른 사물의 반영을 볼 수 있도록 바닥에 접해 거울이 있어야 하며, 거울은 안전유리, 아크릴, 반사 금속재로 된 것이어야 한다.
- 모든 모서리는 둥글게 처리하고 표면은 부드러워서 넘어져도 안전하게 해야 한다.
- 영아의 탐색활동을 위해 기어 들어갈 수 있는 큰 휴식 공간이 있어야 하며, 한두 영아만 들어갈 수 있는 개별 공간을 제공한다.
- 영아실의 낮은 칸막이는 이동 가능해야 하며, 이러한 공간이 융통성을 갖도록 영구적으로 고정되지 않게 되어 있어야 한다.
- 잠자는 곳에 각각의 영아를 위한 아기침대가 있을 경우 각 침대 사이는 61cm 정도 떨어지도록 여유 공간을 제공하는 것이 바람직하다.
- 잠자는 곳의 조명은 조도 조절이 되어야 하며, 외부 창으로부터 직사광선이 들어오지 않도록 창문 처리를 해야 한다. 또 천장에는 흥미를 줄 수 있는 장식 요소가 있어야 한다.
- 영아를 위해 개인적인 그릇을 보관하고, 집에서 가져온 음식을 보관하고 데우기 위한 음식 준비 장소가 있어야 한다.
- 교사가 우유를 먹일 동안 앉을 편안한 의자나 흔들의자가 있어야 하며, 조금 큰 영아를 위해서는 앉을 수 있는 나지막한 스툴이 있으면 좋다.
- 영아의 손이 닿는 표면에 다양한 질감을 제공하도록 한다.
- 환경에 부드러운 요소(베개, 쿠션 넣은 벽)와 딱딱한 요소(흔들의자, 거울)가 골고루 포함되도록 한다.
- 환경은 선명한 색상과 패턴을 사용하여 구성한다.
- 놀잇감은 안전하고 씻을 수 있는 것이라야 하며, 영아가 삼키지 않도록 충분히 큰 것(직경 3.5cm 이상)이어야 한다. 또 영아가 쥐어 보고 스스로 조작해 볼 수 있도록 하며, 놀잇감을 낮은 개방된 선반 위에 비치하여 영아 스스로 선택하여 볼 수 있도록 한다.
- 전기 코드는 영아의 손이 닿지 않는 곳에 두고, 문 옆이나 길에 설치하도록 한다.
- 신선한 공기와 적합한 온도와 습도가 유지되도록 한다.

● 실내는 즐거운 분위기를 줄 수 있어야 한다.

● 바닥은 청소하기 쉽고 따뜻한 느낌을 주어야 한다.

● 벽에 적당한 높이로 소화기를 설치해야 한다.

: 만 1세 영아반 보육실

2 유아 교실·보육실

우리나라 학교시설·설비기준령 제5조제9항에 의하면, 유치원 실내공간의 기준 면적은 유아 40명 이하의 경우 66m² 이상(약 20평), 30인 이하일 경우 50m² 이상으로 규정되어 있으나, 외국 학자들은 설비가 충분할 경우 1.1평에서 1.7평 정도로 유아 일인당 적어도 한 평 정도가 적당하다고 제시하였다(임미혜, 2000 재인용). 어린이집의 경우에는 「영유아보육법 시행규칙」 별표 1에서 유아 보육실 면적을 유아 1인당 2.64m²(0.8평) 이상으로 규정하고 있다.

유아 교실·보육실의 실내 바닥은 위생적이고 청소하기가 용이한 소재를 사용하는 것이 좋다. 나무 바닥일 경우 유아가 자연의 감촉과 색상을 느낄 수 있으나 비용이 많이 들며 유지 및 보수가 쉽지 않다. 부드럽고 탄력이 있는 모노륨은 비용이 나무 바닥보다는 저렴하며 청소도 용이하며 탄력이 있어 많이 사용되고 있다.

유아는 교실·보육실에서 많은 시간을 지낸다. 교실·보육실의 채광과 소음의 정도가 적정해야 하므로 이에 대한 시설조건이 충족되어야 한다. 교실·보육실 창문의 채광 조절을 위해 블라인드나 커튼이 필요하다. 한낮의 직사광선을 피하 거나 활동의 필요에 따라 또는 어린이집에서 유아가 낮잠을 잘 때 등과 같이 어두 운 교실 환경이 필요할 때도 커튼 등이 필요하다. 유아교사는 각 흥미영역에 따라 채광의 강약이 다름을 알고 조절해 주어야 한다. 책보기영역, 조형활동영역 등은 밝아야 하고, 휴식영역은 밝지 않게 하여 안정감을 주어야 한다. 같은 교실이라도 시간이 지나면서 해의 방향이 바뀌어 채광의 정도가 달라지므로 보조기구를 이용 하여 조절해 준다. 소음방지를 위해 커튼, 깔개, 방음벽, 천장의 재료, 이중창, 칸 막이 등을 설치하고 책상과 의자 다리에 고무를 껴서 사용하며 교구장이나 칸막 이로 영역 간의 소음을 차단한다.

　교실·보육실 벽면의 색깔은 교실·보육실에서 생활하는 유아와 교사의 정서 에 영향을 준다. 교실·보육실에 고정되어 있고 많은 면적을 차지하는 벽면이나 바닥의 색깔은 자극이 적은 부드러운 파스텔 톤 색깔로 하되 교재·교구나 카펫 등은 필요에 따라 유아의 흥미를 이끌 수 있는 색깔로 한다. 그러나 원색이 너무 많이 있을 경우 강한 자극을 주어 피로감을 줄 수 있으므로 조화로운 배색이 되도 록 한다. 교실·보육실에 있는 모든 사물의 조화로운 배색은 유아에게 안정감, 미 적 감각, 창의성을 증진시켜 준다.

　교실·보육실의 습기와 온도도 유아가 생활하기에 적합하도록 맞추어 주어야 한다. 교사는 교실 내에 온습계를 두어 매일 점검하도록 한다. 온습계를 보는 학 습이 가능한 유아에게 온습계는 좋은 학습자료가 되기도 한다.

　책상, 걸상, 교구장과 수납장 등 모든 실내에서 사용하는 가구는 유아에게 적합 한 크기여야 한다. 유아가 교재·교구를 자유롭게 선택하여 놀고 정리할 수 있도 록 교구장과 수납장에 교재·교구의 위치를 알 수 있게 그림이나 번호를 붙여 정 리해 준다. 수납장과 교구장 바닥에 바퀴를 달면 옮길 때 편리하다.

　실내에서 사용하는 비품은 안정성과 경제적 측면, 적합성, 질과 내구성, 융통성 을 고려하여 선택한다. 책상, 의자, 수납용 가구 등 가구의 재질은 주로 목재로 된 것이 많다. 목재로 된 것은 가시가 일지 않도록 표면 처리가 잘 되어 있고, 모서리 가 둥글게 처리되어야 한다. 책상은 조작영역, 언어영역, 조형영역 또는 간식이나 식사할 때 사용된다. 2~4인용 책상을 활동에 따라 구성을 달리하여 사용하는 것이 바람직하다. 모양은 사용 목적에 따라 다양하겠지만, 일반적으로 직사각형이나 정사각형, 반원형이 좋고, 도서영역에는 좌식의 낮은 원형책상이 좋다.

　의자는 유아에게 편리하게 설계되어야 하며, 유아 스스로 옮길 수 있을 정도로 무게가 3.5~4.5kg을 초과하지 않도록 한다. 의자의 좌판은 충분히 넓고 깊어서 안정되게 앉을 수 있어야 하며, 등받이는 허리와 등을 받쳐 바른 자세를 유지하게 해 준다. 이 밖에도 공기청정기, 냉난방기 등을 두어 유아에게 최적의 환경을 마련해 준다.

: 유아 교실

❸ 유희실

　유희실은 일종의 실내놀이터라고 할 수 있다. 비나 눈이 올 때는 실외놀이를 하기 곤란하므로 유희실을 이용하는 경우가 많다. 그 밖에 유희실은 동적인 활동이나 대집단활동 장소로도 사용되고, 강당이 없는 경우 부모교육 장소나 입학식과 졸업식 장소로 사용되기도 한다. 유희실은 교실 · 보육실보다 면적이 넓어야 하며, 실내 공간 면적의 여유가 있으면 1층이나 2층에 두지만, 지하층에 두는 경우도 많다. 지하층에 둘 경우 환기에 특히 신경을 써야 한다.

　유희실은 환기와 채광이 잘 되어야 하고, 바닥재는 탄력성이 좋고 청소가 쉬워야 한다. 또 내구력이 있고 소리가 적게 나는 것이 좋으며, 적절한 온도를 유지하고, 미끄럽지 않아야 한다. 기본적으로 갖추어야 할 설비는 안전미끄럼틀, 텀블링 매트, 유아용 농구 골대, 유아용 샌드백, 모래상자와 놀이기구 등이 있다.

: 유희실

4 화장실

화장실은 영유아가 생리적 욕구를 해결하고 건강과 청결에 대한 기본생활습관을 배우는 곳이다. 손을 씻으면서 자신을 볼 수 있도록 유아의 키에 맞추어 거울을 설치하는 것이 좋다. 비누와 수건 또는 종이수건도 유아의 키, 손바닥의 넓이 등을 고려하여 설치한다. 환기장치, 습도, 바닥의 미끄럼 방지, 영유아 스스로 열고 닫을 수 있는 문과 문의 높이 등을 고려하여 설치한다. 교사와 방문객을 위해 성인용 화장실을 준비하며, 장애우를 위한 화장실도 준비한다. 화장실 설치 시 고려할 사항을 보다 구체적으로 제시하면 다음과 같다(보건복지부, 2000).

- 화장실 면적은 영유아당 최소 0.46m²(0.14평)로 한다.
- 영유아의 화장실은 남아용과 여아용을 분리할 필요가 없으나 성인용 화장실과는 구분되어야 한다.
- 화장실은 실내에 설치하는 것을 원칙으로 하되, 실외에서도 출입이 용이한 곳에 설치하도록 한다. 활동실 가까이에 설치하도록 하고 가능하면, 인접한 2개의 활동실에 1개소 정도가 바람직하다. 테라스, 실외와 가까이 위치한 화장실은 테라스와 활동실 양쪽에서 출입이 가능해야 한다.
- 화장실의 창문은 통풍과 채광이 잘 되어야 한다. 교실 · 보육실과 연결된 화

장실의 창문은 활동실에서 영유아를 관찰할 수 있도록 낮게 설치하고, 화장
실의 출입문은 문을 닫지 않고 직접 통할 수 있게 한다.

- 영유아용 변기와 세면기는 안전하게 잘 고정되어야 하며, 그 크기는 영유아
  용이어야 한다. 변기의 높이는 28cm가 적당하며, 세면대의 높이는 영유아의
  연령에 따라 48~60cm가 적당하다. 거울, 종이, 타월 등 모든 사용도구들은
  영유아의 키에 맞아야 한다.

- 화장실은 매일 소독하고 청소해야 하며, 바닥에 갈라진 틈이 생기면 세균이
  생기고 냄새가 나므로 유지 · 관리가 용이하게 계획해야 한다.

- 물의 온도는 약 45℃ 이상 올라가지 않도록 자동으로 조절해야 한다. 화장실
  의 바닥은 활동 공간의 바닥과 같은 높이에 두며, 미끄럽지 않게 해야 한다.
  화장실 사용 지도와 감독을 위해 낮은 칸막이를 설치하고 문은 잠기지 않도
  록 장치해야 한다.

- 화장실에는 변기, 세면대 외에 샤워 겸용 수도, 대변기 사이의 칸막이, 욕조, 수
  건, 영아반 화장실의 경우 기저귀를 갈 수 있는 견고한 기저귀 갈이대 등이 필
  요하다. 이러한 설비들은 높이가 알맞아야 하고 유지 · 관리가 용이해야 한다.

- 화장실 분위기를 쾌적하게 하기 위해 밝은 색상, 다양한 질감, 좋은 조명과
  환기 시설도 함께 계획해야 한다.

: 화장실

(3) 서비스를 위한 시설·설비

1 현관

현관은 유아교육기관을 방문하는 사람이 처음으로 들어오는 곳으로 유아교육기관에 대한 첫인상을 받는 곳이다. 그 기관의 이름, 교육 목적과 기능을 소개하는 상징이나 문장과 함께 방문한 사람이 방문 목적을 달성할 수 있도록 기관에 있는 교직원과 연결이 되는 안내문을 게시해 놓는다. 현관을 개방하는 기관은 교직원이 직접 방문자를 맞이할 수 있지만, 폐쇄하는 경우 인터폰이나 초인종 등으로 내부와 연결되게 한다. 현관은 밝고 따뜻한 느낌이 나도록 채광이나 색상을 조정하고, 문의 재질이나 기능이 영유아의 출입에 위험하지 않도록 안전장치를 해야 한다. 안팎으로 여닫는 경우 가운데 안전막이 있어 손이 끼어도 다치지 않도록 해야 하며, 자동문일 경우 충분히 들어가고 나갈 수 있고 천천히 움직이고 센서가 잘 작동하여 신체운동기술이 완전히 발달하지 않은 영유아가 안전하게 출입할 수 있도록 해야 한다. 신체장애우가 들어오는 데 불편하지 않도록 현관 진입로나 현관은 계단이나 문턱을 두지 않도록 한다.

현관에는 교육주제나 행사에 따른 그림이나 사진, 장식물 등을 이용하여 부모나 영유아에게 정보를 알리는 게시판을 부착하고, 비 오는 날을 위해 우산꽂이를 마련해 놓는다. 신발장을 준비하고 영유아가 자기 신발을 놓는 곳을 알 수 있도록 영유아의 사진이나 이름을 붙여 영유아가 자기 신발 정리를 잘할 수 있도록 하며 현관 바닥을 깨끗하게 유지한다. 조그만 화분이나 계절과 주제에 맞는 장식물을 놓으면 출입하는 영유아와 방문객의 기분을 좋게 할 수 있다.

2 조리실

유아교육기관에서는 영유아에게 식사와 간식을 제공해 줄 수 있는 조리실 공간이 필수적이다. 조리실에서는 조리뿐만 아니라 식품 및 조리기구의 수납 행위가 이루어진다. 따라서 조리실에서는 조리 작업의 효율성이 매우 중시되는 반면, 위험한 시설과 설비가 많고, 불을 사용하는 만큼 영유아의 놀이 공간과는 확실하게 구분되어야 한다. 또한 교사의 감독 없이 영유아가 쉽게 접근하지 못하도록 배치되어야 한다.

조리실은 조리실 내부의 청결한 사용을 위해 내부가 보일 수 있도록 계획하며,

벽면과 바닥은 방수와 청소가 용이한 특수처리를 한다. 특히 모든 벽은 1시간 방화 지속 가능한 벽체를 사용하며, 모든 문은 화재 시 자동으로 닫힐 수 있는 장치를 하고, 자동 스프링클러를 장치한다. 배수구에서는 냄새가 올라오지 않도록 냄새 방지를 위한 특수장치를 한다. 환기시설과 소화기를 설치하고, 더운 음식과 찬 음식을 모두 준비할 수 있는 시설을 마련한다.

③ 보건실(양호실)

보건실(양호실)은 영유아가 아플 경우나 감염이 우려되는 경우 쉽게 격리되어 쉴 수 있으며, 필요하면 간단한 치료를 받고 보호자가 올 때까지 간호를 받는 곳이다. 보건실(양호실)은 영유아가 고립감을 느끼지 않도록 다른 영유아의 활동 공간과의 시각적 연계성을 유지하고, 조용하고 쾌적하면서 집과 같은 분위기가 느껴지게 한다.

유치원의 경우는 보건실을 특별실로 구분하고 있으며, 원아 수 100명 이상인 대규모 어린이집에서는 아픈 영유아를 돌볼 수 있는 간호사 또는 간호조무사를 상주시켜야 하며, 소규모 어린이집은 성인의 감독하에 영유아가 쉴 수 있는 간이침대를 원장실이나 사무실 또는 교사실에 둘 수 있도록 규정하고 있다. 양호실에는 침대 이외에 간단한 의료기구 및 구급약품과 간단한 놀이기구를 갖추어야 하며, 별도의 화장실을 마련하는 것이 바람직하다.

④ 참관실

참관실은 영유아와 교사의 활동을 방해하지 않고 교육활동을 관찰할 수 있는 곳에 관찰자가 보이지 않도록 일방경(one-way mirror)을 설치한다. 교실 · 보육실의 면적이 큰 경우 먼 곳에서의 소리가 참관실에 잘 들리도록 음향장치를 하기도 한다.

: 참관실

4. 시설 · 설비 및 비품 관리

1) 시설 · 설비 및 비품 관리의 중요성

유아교육기관을 이용하는 영유아는 사물이나 상황에 대한 호기심이 강하며 활동적인 반면, 운동발달 미숙으로 신체를 마음대로 조절할 수 없으며, 위험 사태에 대한 판단이나 대처능력도 부족한 특성이 있다. 이러한 특성으로 인해 항상 위험에 노출될 수 있으므로 영유아의 건강과 생명 보호를 위해 시설 · 설비 및 비품의 안전관리에 철저를 기해야 한다. 시설과 설비 및 비품에 대한 정기적인 안전점검을 통하여 시설의 노후를 막고 영유아에게는 항상 쾌적하고 안전한 환경을 제공한다는 의미에서 유아교육기관의 시설 · 설비 및 비품 관리의 의의가 있다.

2) 유치원의 시설 · 설비 및 비품 관리

시설 · 설비 및 비품은 설치하거나 구입 후부터 손실이 된다고 본다. 매일 사용되거나 자주 반복적으로 사용되는 시설 · 설비 및 비품은 노후가 빠르게 되며 파손도 쉽게 된다. 1년에 몇 번 사용되는 시설 · 설비 및 비품은 손질을 해두면 반영구적으로 사용될 수도 있다. 경비 측면에서도 설치나 준비할 때 경비가 많이 들어가는 것이 있으며, 상대적으로 경비가 저렴하게 들어가는 것이 있다. 시설 · 설비 및 비품의 유형에 따라 수리나 교환이 가능한 것이 있고, 때로는 새로 구입하는 것이 경제적인 것도 있다. 유치원 시설 · 설비 및 비품의 기능을 항상 유지함으로써 유아의 원만한 유치원 생활과 효율적인 교육활동이 될 수 있도록 해야 한다.

시설 · 설비 및 비품 관리 방법은 다음과 같다.

- 시설 · 설비에 대한 정기적인 점검을 한다.

  시설 · 설비 목록을 만들고 그에 따른 점검표를 만들어 담당자를 정하고 그 담당자가 시설 · 설비의 특성에 따라 정해진 기한에 따라 정기적인 점검을 한다.

- 비품관리대장을 만들어 관리한다.

  시설 · 설비에 따른 각각의 비품 목록을 대장에 적고 그 관리 상태를 적으면 비품의 정리와 효율적인 활용 및 유치원 예산 · 결산 계획과 집행에 좋은 자료가 된다. 교무실에서 사용되는 비품, 식당에서 사용되는 비품, 유아의 교육활동에 사용되는 비품 등 그 용도에 따라 물품번호를 정하고, 비품의 이름, 구입한 날짜, 수량, 단가, 구입처, 현재 보존상태, 관리담당자를 정하여 관리하면 효율적인 관리를 할 수 있다. 예를 들어, 각 유치원에서 정하기 나름으로 A는 교육용품, B는 사무용품, C는 주방용품, D는 버스용품 등으로 목록화할 수 있다. 버스 차량의 경우도 차량이 운행된 시간과 목적을 기록하는 운행일지를 만들어 관리한다.

표 3-4 유치원 비품관리대장의 예

물품번호	적요	구입일자	수량	단가	구입처	망실/파손	잔품	관리자(정/부)
A-7-①	블록장	2001.10.19	4		○ ○ ○			박○○/김○○
A-7-②	교구장(이동식)	2001.10.19	36		○ ○ ○			박○○/김○○
A-7-③	교구장(이동식)	2001.12.27	3		○ ○ ○			박○○/김○○
A-7-④	블록장	2002.3.16	2		○ ○ ○			박○○/김○○
A-7-⑤	원목 3단 교구장 막힘	2004.3.12	6		○ ○ ○			박○○/김○○
A-7-⑥	원목 3단 교구장 막힘	2006.4.13	6		○ ○ ○			박○○/김○○
A-7-⑦	원목 2단 교구장 (1150×300×640)	2009.3.2	3		○ ○ ○			박○○/김○○
A-7-⑧	원목 3단 교구장 (1150×300×800)	2009.3.2	3		○ ○ ○			박○○/김○○
A-7-⑨	원목 교구장 (1150×300×800)	2009.3.2	1		○ ○ ○			박○○/김○○
A-7-⑩	3단 교구장 (1174×300×800)	2010.3.9.	5		○ ○ ○			박○○/김○○
A-7-⑪	2단 교구장 (1200×300×640)	2010.3.9.	1		○ ○ ○			박○○/김○○
A-7-⑫	3단 교구장 (1200×300×800)	2010.3.9.	2		○ ○ ○			박○○/김○○
A-7-⑬	3단 교구장 (1200×300×800)	2012.3.29	3		○ ○ ○			박○○/김○○
A-7-⑭	2단 교구장 (1200×300×640)	2013.2.27	1		○ ○ ○			박○○/김○○

* 위 표에서 A는 교육용품을 말하며 7은 교구장, ①은 구입순서를 말한다.

3) 어린이집의 시설 · 설비 및 비품 관리

(1) 청결관리

어린이집을 이용하는 영유아는 집단생활로 인해 다양한 병원균에 노출되기 쉽다. 따라서 성인에 비해 질병에 대한 저항력이 약한 영유아가 함께 생활하는 보육실을 포함하여 어린이집의 모든 공간에 대한 청결관리는 영유아의 건강관리를 위해 매우 중요한 요소다. 평가인증지표에서 제시하고 있는 어린이집 실내 공간의 청결유지에 관련된 내용은 다음과 같다.

1 실내 공간의 청결

- 보육실은 물론 공유 공간(현관과 복도, 유희실, 교사실, 자료실, 식당 등)을 매일 청소하며, 청결 상태도 매일 점검한다.
- 모든 실내 공간에 대해 정기적으로 2개월에 1회 이상 소독과 대청소를 실시한 후 관련 기록을 남기고 유지한다.
- 현관은 항상 잘 정돈하고 복도와 통로, 계단과 창문 등을 항상 청결하게 유지한다.
- 모든 보육실의 바닥, 창문과 창틀, 교구장, 바구니, 사물함 뒤편 구석진 곳 등도 청결 상태를 유지한다.
- 모든 보육실의 흥미영역에 깔려 있는 공동 매트도 정기적으로 세탁하고 일광 소독하여 항상 위생적으로 관리한다.
- 청소도구, 보관함, 휴지통 등을 정기적으로 소독 · 처리하여 청결하게 유지한다.

2 조리실의 청결과 설비의 위생적 관리

조리실은 영유아의 식사와 간식을 준비하는 곳이므로 청결하게 관리하여 식중독을 예방하여야 한다. 조리실의 청결을 위해 매일 청소와 소독을 하고 환기를 자주 시키며, 온도는 21~22℃, 습도는 30~79%가 유지되도록 관리한다.

- 조리실 바닥, 벽 및 천장 등 전반적인 조리실 공간에 대한 청결관리와 환기를

매일 실시한다.

- 개수대 및 바닥 하수구에 음식물 찌꺼기가 끼지 않도록 매일 청결하게 관리한다.
- 가스레인지, 후드, 환풍기 등에 찌든 때가 없도록 매일 청결하게 관리한다.
- 냉장고는 내부를 정리정돈하고, 음식물이나 때가 냉장고 안팎에 묻어 있는지 매일 확인하여 세제와 물로 잘 닦은 다음 소독하고 건조한다.
- 조리대를 항상 청결하고 위생적으로 관리한다.
- 비품(조리도구, 행주 등)은 항상 청결한 상태로 관리해야 하며, 다음과 같은 사항을 고려하여 위생적으로 관리해야 한다.
  - 세균 번식이 쉬운 도마는 생식용품과 조리된 식품용, 채소용과 고기용 도마를 서로 분리하여 교차 오염을 방지해야 한다.
  - 하나의 식칼로 생선, 육류, 채소 등 여러 가지 재료를 함께 다루게 되면 교차 오염 발생 가능성이 높으므로 식재료를 육류, 어패류, 채소, 조리 완제품으로 구분하여 각각 다른 칼을 사용하고, 사용 후 위생적으로 소독하여 항상 청결하게 관리한다.
  - 행주는 용도에 따라 조리용, 기구용, 청소용으로 구분하여 사용한 후 매일 살균 처리하여 건조하게 보관해야 한다.
  - 일반적으로 많이 사용하는 스펀지, 양면 수세미도 세균이 번식하지 않도록 사용 후 반드시 건조시키며, 소독은 소독세제에 30분 이상 담가 둔 후 끓는 물로 헹구어 햇빛에 건조시켜 말린다.
- 집기류(접시, 식판, 수저 등)는 청결하게 보관하고 관리한다.
- 영유아용 물컵은 개별 컵을 준비하거나 청결한 컵을 여러 개 비치하고, 사용 전 · 후로 구분하여 영유아가 물을 마실 때 같은 컵을 사용하지 않도록 한다.
- 수유가 필요한 0~1세 영아의 경우 항상 소독된 청결한 상태의 우유병과 젖꼭지를 사용한다.

③ 화장실과 세면장의 청결
- 화장실과 세면장의 바닥은 건조한 상태를 유지하고 항상 청결하고 쾌적한 상태로 유지될 수 있도록 일과 중 수시로 확인한다.

- 마른 수건, 비누, 휴지, 휴지통 등의 비품을 갖춘다.
- 수건이 젖었을 경우에는 마른 수건으로 교체하여 항상 청결하게 사용할 수 있도록 한다.
- 변기 사용 후 오물 내리기가 신속하게 이루어질 수 있도록 지도하고, 변기를 자주 세척하여 항상 청결한 상태를 유지한다.
- 기저귀 갈이가 필요한 0~1세 영아를 위한 기저귀 갈이 공간과 세정 공간 역시 다음과 같은 사항에 유의하여 청결관리를 한다.
  - 기저귀 갈이대는 갈 때마다 닦고 소독하여 청결한 상태를 유지한다.
  - 기저귀를 가는 공간에는 기저귀, 옷가지, 물휴지, 일회용 위생장갑 등의 비품을 갖추어야 한다.
  - 사용한 기저귀나 일회용 위생장갑, 물휴지 등은 위생적으로 처리한 후 뚜껑 있는 휴지통에 버리고, 보육실 내에서 악취가 나지 않도록 휴지통을 자주 비운다.
  - 이동식 변기를 사용하는 경우에는 사용 후 오물을 바로 처리하고 변기를 세척하여 청결한 상태를 유지한다.

4 기타
- 유리창, 출입문 등은 수시로 닦는다.
- 계단, 복도 바닥의 물건 조각이나 먼지 등은 보는 즉시 제거한다.
- 바닥 등은 필요할 때마다 수시로 닦고 미끄럼 방지를 위해 물기가 있을 시, 즉시 제거한다.

(2) 시설 점검 및 관리
어린이집의 시설 점검은 위험한 사태를 미리 예방하여 오랫동안 시설을 안전하고 쾌적하게 사용할 수 있게 해 준다. 시설 점검 및 관리는 크게 네 영역으로 나누어 점검할 수 있다.

- **건축물 점검 및 관리**: 건축에 관한 부분으로 건물 벽체, 축대, 천장, 도색, 도배 상태 등이다. 옥탑이나 뒤꼍 등 사각지대에 관한 점검도 소홀히 하지 않는다.

- 전기 점검 및 관리: 전기시설, 전기 차단시설의 안전 여부에 관하여 정기적으로 점검 · 관리한다.
- 소방 점검 및 관리: 소화전, 유도등, 소화기 배치 등이 포함된다.
- 설비 점검 및 관리: 냉난방 설비, 주방 가스시설, 화장실 비품 파손 등에 관한 점검 및 관리다. 시설 점검표를 만들어 월 1회 정도 담당자를 정해 점검 및 관리해 준다. 누전, 누수가 의심될 경우에는 전문가의 도움을 받아 점검 및 관리한다. 또한 손전등과 같이 비상시에 사용할 수 있는 물품을 준비해 놓아 비상사태에 대비한다.

: 소화기 및 유도등

(3) 비품 관리

1 비품의 종류

어린이집에서 갖추어야 할 기본적인 비품의 종류는 영아반 비품, 유아반 비품, 기타 보육활동 지원 비품 등으로 구분할 수 있다(보건복지부 · 중앙보육정보센터, 2013b).

가. 영아반 비품

용도	품목	비고
보육활동 관련비품	영아용 탁자, 낮은 교구장, 영아용 책꽂이, 사물함, 게시판, CD 플레이어, 시계 등	*어린이집의 규모와 상황에 따라 비품 종류는 증감을 조절하여 선택

(계속)

배변 및 낮잠 수유, 청결 관련 비품	뚜껑이 있는 휴지통, 기저귀용품 보관장, 기저귀갈이대(매트), 이동형 변기, 이불장, 영아용 침대, 개별 침구, 칫솔소독기, 칫솔, 양치컵, 음수 관련 용품(정수기나 물병, 컵, 컵보관함), 수유용품(전자레인지, 분유보관함, 우유병, 싱크대) 등	*보육실 내에 보관하기 어려운 경우 어린이집 내 별도 공간에서 관리 가능
기타 비품	교사용 책상이나 사물함, 피아노, 냉방기, 공기청정기 등 보조 기구 등	

나. 유아반 비품

용도	품목	비고
보육활동 관련 비품	유아용 탁자, 유아용 의자, 유아용 교구장, 유아용 책꽂이, 이동형 칠판, 사물함, 게시판, CD 플레이어, 시계 등	*어린이집의 규모와 상황에 따라 비품 종류는 증감을 조절하여 선택
낮잠및음수 청결 관련비품	뚜껑이 있는 휴지통, 이불장, 개별 침구, 칫솔 소독기, 칫솔, 양치컵, 음수 관련 용품(정수기나 물병, 컵, 컵보관함) 등	*보육실 내에 보관하기 어려운 경우 어린이집 내 별도 공간에서 관리 가능
기타 비품	교사용 책상이나 사물함, 피아노, 냉방기, 공기청정기 등 보조 기구 등	

다. 기타 보육활동 지원 비품

용도	품목	비고
사무용 비품	성인용 책상, 의자, 캐비닛, 책장, 서류보관함(화일장), 작업대,컴퓨터, 복사지, 스캐너, 코팅기, 제본기 등	
화장실 비품	뚜껑이 있는 휴지통, 비누, 수건, 수건걸이, 실내화, 위험한 물건 보관 선반 등	
조리실 비품	싱크대, 식기건조기, 식기세척기, 전자레인지, 냉장고, 살균소독기, 조리도구 및 비품, 위생복, 위생모, 위생화, 환풍기, 주방용 실내화 등	*어린이집의 규모와 상황에 따라 비품 종류는 증감을 조절하여 선택
실내 유희실 비품	피아노, 공기청정기, 매트, 냉방기 등	*보육실 내에 보관하기 어려운 경우 어린이집 내 별도 공간에서 관리 가능
실외공간 비품	청소비품, 뚜껑이 있는 휴지통, 보관장 등	
청소 및 세탁 관련 비품	청소기, 청소용품, 세탁기, 수거 바구니 등	
현관	신발장, 우산꽂이, 실내화 등	
기타	구급상자, 투약 냉장고, 성인용 소파, 탁자 등 교사용 휴게 공간 비품 등	

② 비품 관리 방법

어린이집에 비치된 비품은 〈표 3-5〉와 같이 관리한다.

표 3-5 비품 관리 방법

문서명	내용	비고
비품대장	• 용도별 비품대장을 준비하여 목록 정리 • 추가로 구입한 비품은 비품대장에 기록하여 정리	어린이집의 규모나 관리 상황에 따라 용도별 비품대장을 각각 혹은 함께 준비
비품관리대장	비품실에 비치된 비품을 사용하는 경우 비품명과 일시, 담당자 등을 기록하고 반납 시 같은 방법으로 기록	동일 비품을 함께 사용하는 경우, 보육교사 간의 사전적 합의로 사용하면 편리
교사 회의록	교사회의를 통해 매월 1회는 보육활동에 필요한 비품구입이나 비품관리의 안전성에 대해 의논하거나 건의사항을 의논하여 기록	
예산서	비품구입비를 수립하여 매월 혹은 분기, 반기별로 교사들과 함께 의논하여 구입	
비품관리	• 현재 사용하지 않는 비품은 영유아 활동공간이 아닌 별도 공간에 안전하게 보관하여 관리 • 상자 등에 보관하여 정리하는 경우 겉면에 내용물의 이름을 표시하여 찾기 쉽게 관리 • 자료실은 절대로 영유아가 출입하지 않도록 항상 문을 잠가 안전관리에 유의 • 보육실에서 상시적으로 사용하는 비품은 담임교사가 위생 및 안전 상태를 매일 점검하여 관리 • 보육실 외 기타 공간에서 사용하는 비품은 업무분장을 통해 담당교사가 위생 및 안전 상태를 매월 점검하여 관리	별도 비품실을 설치하지 못하는 경우, 영유아가 사용하지 않는 안전한 공간에서 보관하도록 유의
비품관리 유의사항	• 파손되기 쉬운 비품은 영유아의 통행이 빈번한 통로와 떨어진 곳에 비치한다. • 깨지거나 엎질러지기 쉬운 비품은 영유아가 쉽게 닿을 수 없는 곳에 두어야 한다. • 영유아에게 비품 관리법을 안내하여 모든 비품은 제 위치가 있음을 인식시켜 정리·정돈하는 시간을 준다. • 영유아가 비품을 고의적으로 부수거나 손상시키지 않도록 안내한다. • 훼손된 비품은 가능한 한 빨리 보수한다. • 비품을 정기적으로 청결하게 관리하고 도색 등 상태를 점검한다. • 비품 관리할 때 열, 빛, 습도, 보관법 등을 고려한다.	

출처: 보건복지부·중앙보육정보센터(2013b), p. 50.

Management of
Kindergarten and
Child Care Center

제**4**장

공간 구성 및
교재 · 교구 관리

1. 교육 · 보육 공간 구성

2. 교재 · 교구 관리

교육 · 보육 활동의 질을 좌우하는 중요한 요인은 영유아의 일상생활과 놀이와 교육 활동이 효율적으로 일어날 수 있도록 공간 구성을 하고 적절한 교재 · 교구를 제시해 주고 관리하는 것이다. 이 장에서는 영유아를 위한 실내 · 실외 흥미영역 구성을 주 내용으로 하는 교육 · 보육 공간 구성과 흥미영역별 비치해야 하는 교재 · 교구와 관리 방법에 관하여 살펴보고자 한다.

1. 교육 · 보육 공간 구성

1) 흥미영역의 중요성

영유아를 위한 교실 · 보육실은 일반적으로 자유놀이(영아반) 또는 자유선택놀이(유아반) 활동을 위한 흥미영역으로 구성된다. 흥미영역의 구성은 교사의 교육 · 보육철학, 교사와 영유아의 비율, 영유아의 발달적 특징, 욕구와 흥미, 놀잇감의 수량과 종류 등에 따라 달라진다. 다양한 놀이와 학습을 위한 교재 · 교구 및 놀잇감을 갖춘 흥미영역에서 영유아는 자신의 발달 수준과 요구에 따라 새로운 경험을 통해 여러 발달을 촉진하며 개념을 습득하고 지식과 기술을 배운다.

흥미영역의 가치를 살펴보면 다음과 같다.

첫째, 영유아의 흥미에 따라 폭넓은 경험의 기회를 제공한다.

둘째, 물리적 · 시각적으로 경계를 지음으로써 영유아의 주의를 집중시키고, 다른 영유아로부터 방해받지 않고 활동에 몰두할 수 있다.

셋째, 놀이할 영역을 스스로 선택하여 참여하는 과정에서 의사결정 능력과 판단력, 자율성 등을 기를 수 있다.

넷째, 영유아 개개인의 놀이 속도에 따라 활동을 진행할 수 있다.

2) 흥미영역 구성 원리

유치원 교실과 어린이집 보육실의 흥미영역 구성에서 가장 우선적으로 고려하는 점은 발달적 적합성에 기초하여 흥미영역을 구성하는 것으로 일반적으로 많이 접근하고 있는 프로스트(J. Frost)의 관점을 살펴보면 [그림 4-1]과 같다.

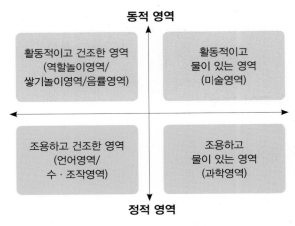

동적 영역

| 활동적이고 건조한 영역
(역할놀이영역/
쌓기놀이영역/음률영역) | 활동적이고
물이 있는 영역
(미술영역) |
| 조용하고 건조한 영역
(언어영역/
수 · 조작영역) | 조용하고
물이 있는 영역
(과학영역) |

정적 영역

[그림 4-1] 프로스트의 공간 구성 원리

이러한 내용에 비추어 영유아의 발달적 적합성에 기초하여 교실 · 보육실 흥미영역을 구성할 때 〈표 4-1〉과 같은 사항을 고려해야 한다.

표 4-1 교실 · 보육실 흥미영역 구성 시 고려 사항

동적 영역	활동적이고 건조한 영역	• 역할 · 쌓기 · 음률 영역은 유아의 활동 반경이 넓고 활동 시 소음도 큰 편이므로 교실 · 보육실 안쪽보다 입구에 가까운 쪽에 배치하고, 소음도를 고려하여 음률영역을 입구 쪽에 가장 가깝게 배치하면 좋다. • 역할영역과 쌓기영역은 연합하여 구성하면 활동의 연계성이 편리하다.
	활동적이고 물이 있는 영역	• 미술영역은 물을 사용하거나 유아들의 상호작용이 원활한 영역으로 교실 · 보육실 안쪽보다 입구 쪽에 있으면 편리하다. • 교실 · 보육실 안에 화장실이나 간이 세면대가 있는 경우 참조하여 배치한다. • 미술영역 벽면을 영유아 활동물 게시공간으로 사용하면 좋다.

정적 영역	조용하고 건조한 영역	• 언어영역과 수·조작영역은 교실·보육실 안쪽에 위치하는 것이 좋다. • 혼자 쉬는 휴식영역은 교실·보육실 안쪽에 배치하고 교실·보육실이 협소한 경우 언어영역에 깔개와 쿠션을 비치하여 함께 사용하도록 한다.
	조용하고 물이 있는 영역	• 과학영역은 식물 기르기 등의 활동이 많으므로 창문 쪽에 배치하면 좋으며, 수·조작영역 옆에 함께 배치해도 좋다.

아울러 교사는 교실·보육실 흥미영역을 구성할 때 다음 사항을 특히 주의해야 한다.

- 영유아가 교구를 사용하기 편리하도록 연령에 적합한 교구장을 제공
- 영유아에게 다양한 경험을 제공하고 적극적인 활동 참여를 위해 연령에 적합한 놀잇감과 교구를 제공
- 영유아의 활동과 관계없는 비품은 흥미영역에 배치하지 말고 남은 여분 공간에 배치
- 영아는 또래와 함께하는 놀이보다 단독놀이에 익숙하므로 똑같은 놀잇감을 충분히 제공하여 영아 갈등을 미리 예방
- 영유아 연령에 적합한 탁자를 배치하여 놀이 활동 및 급식·간식 활동을 지원
- 눈높이를 고려하여 벽면에 자료를 게시하여서 영유아가 자연스럽게 탐색하고 흥미를 갖도록 지원
- 영역을 구성할 때 모든 영역이 교사의 시야에 들어올 수 있도록 배치하여 안전한 교육·보육을 지원

3) 흥미영역별 특성

영아반, 유아반 교실·보육실의 각 영역별 특성을 정적 영역, 동적 영역, 일상생활 영역(어린이집 0~1세반에 구성하는 영역임)으로 구분하여 살펴보면 다음과 같다.

(1) 정적 영역

정적영역	연령	주요 내용	비고
언어 영역	0~1세	0세: 자발적 언어활동을 할 수 있도록 보육실 안쪽의 밝은 곳에 듣기, 말하기, 읽기, 쓰기 환경을 균형 있게 지원하여 언어적 표현력이 풍부해지도록 지원 1세: 언어적 표현력이 급속히 증가하므로 표현에 긍적적인 반응을 보여 주고 언어적 표현력이 증가하도록 보육실 안쪽의 밝은 곳에 듣기, 말하기, 읽기, 쓰기 환경을 균형 있게 지원	듣기, 말하기, 읽기, 쓰기 환경의 균형적인 지원에는 연령과 발달에 적합한 놀잇감의 지원이 전제가 됨을 유의
	만 2세	1세보다 언어적 표현력과 어휘력이 증가하므로 보육실 안쪽의 밝은 곳에 듣기, 말하기, 읽기, 쓰기 경험이 균형 있게 제공되도록 교구나 놀잇감을 주제에 맞게 지원	
	유아	교실·보육실 안쪽의 밝은 곳에 듣기, 말하기, 읽기, 쓰기 활동이 균형적으로 제공되도록 하여 유아가 자유롭게 문자에 대한 호기심을 갖고 적극 탐색할 수 있도록 지원	
탐색 영역	0~1세	0세: 대다수 놀잇감 탐색이 빨기로 시작되므로 안전에 위험 요소가 없는 크기나 재질의 놀잇감을 제공하여 다양한 감각의 자연스러운 발달을 지원 1세: 0세보다 소근육 조절 발달 위한 다양한 환경을 제공하고 놀잇감 탐색이 빨기를 통하여 이루어지므로 안전에 위험 요소가 없는 크기나 재질의 놀잇감을 지원	빨기 놀잇감의 청결 관리와 자연물 놀잇감의 정기적인 보관 상태를 점검
	만 2세	2세: 1세보다 소근육 조절과 협응이 발달하고 주변 사물에 대한 다양한 탐색이 증가하므로 안전을 고려하여 교구 및 실물, 자연물을 지원	
수·과학 영역	유아	수영역: 소근육, 논리적 사고, 수학적 사고, 문제해결과 관련된 활동을 하도록 교실·보육실 안쪽에 구성하여 조용한 분위기를 제공하고 소근육 발달 증진 및 연령에 적합한 수학적 사고 경험을 제공하도록 환경 지원	수·과학 영역은 교실·보육실의 상황에 따라 연합 배치하거나 수·조작영역, 과학영역으로 분리 가능
		과학영역: 교실·보육실 안쪽 햇빛이 잘 드는 곳에 구성하고 다양한 실물과 동식물을 직접 관찰하고 탐구할 수 있도록 주제에 맞는 다양한 자료들을 제공하여 관찰하도록 하며, 결과를 벽면에 게시하여 친구들끼리 서로의 내용을 비교하고 사고하는 기회를 지원	

(2) 동적 영역

동적영역	연령	주요 내용	비고
신체 영역	0~1세	움직임의 욕구가 강하고 끊임없이 주변을 탐색하므로 보육실 내에 공간을 마련하여 항상 대근육활동 환경을 지원	보육실이 협소한 경우 실내 여유 공간을 마련하여 활동 지원
	만 2세	1세보다 훨씬 신체 움직임이 활발하고 다양한 신체활동을 즐길 수 있도록 보육실 내에 공간을 마련하여 항상 대근육활동 환경을 지원	
미술 영역	만 2세	1세와 달리 창의적 표현활동이 증가하므로 다양한 표현활동 및 환경을 지원하고 벽면에 활동물을 게시하여 자신의 활동에 긍정적인 느낌을 갖도록 지원	0~1세는 언어영역의 끼적이는 공간, 탐색영역에 미술 놀잇감을 비치하여 지원
	유아	다양한 재료를 이용하여 그리기, 만들기, 꾸미기와 같은 표현활동이 이루어지고 완성된 작품이나 결과물의 감상 기회를 제공하는 영역으로 교실 · 보육실 안쪽보다 입구에서 가까운 쪽에 구성하여 마음껏 탐색하고 즐길 수 있도록 지원	
음률 영역	만 2세	연령에 적합한 음률 놀잇감과 동작활동 자료를 제공하여 다양한 소리 탐색 및 신체표현활동이 일어나도록 지원	0~1세는 자발적으로 다양한 영역을 활동하기 어렵지만 다양한 놀이환경은 필요하므로 신체영역이나 탐색영역에 0~1세의 놀이 특성을 고려하여 역할 · 쌓기 · 음률 놀잇감을 비치하여 지원
	유아	유아가 음악을 듣고, 노래를 부르고, 여러 가지 악기 소리를 스스로 만들어 보거나 소리를 탐색하며 신체적 표현을 하는 영역으로서 활동적이고 소음이 많은 영역이므로 가능한 교실 · 보육실 입구 가까운 쪽에 구성하여 다른 영역에 방해되지 않도록 지원	
역할 영역	만 2세	1세에 비해 이전 관찰 경험을 놀이활동에 재연하는 지연모방이 정확하게 일어나므로 다양한 역할놀이가 일어나도록 역할 소품과 다양한 역할놀이 교구 및 놀잇감 등을 지원	
	유아	유아가 가정이나 주변 환경에서 경험한 다양한 역할을 모방하거나 관련 교구를 통해 가작화하여 풍부한 상상놀이 및 사회극놀이를 하는 영역으로 쌓기영역과 연합하여 구성하고 활동 연계나 확장이 되도록 지원	
쌓기 영역	만 2세	블록을 이용한 공간 구성력과 분류 능력이 발달하므로 다양한 재질과 크기, 모양의 블록을 제공하고 바닥에 깔개나 카펫을 깔아 적극적인 쌓기 활동을 지원	
	유아	대근육과 소근육 발달을 돕고 공간적 관계, 크기, 모양 등 개념을 이해하도록 돕는 영역으로 블록을 최대한 활용할 수 있도록 충분한 공간을 제공하고 소음을 줄이기 위하여 깔개나 카펫을 깔아 인접 영역에 방해를 주지 않도록 배려	

(3) 일상생활 영역

일상생활 영역	연령	주요 내용	비고
휴식 영역	영아	쉬는 공간 활용이 많은 시기로 언제나 교사가 관찰할 수 있는 곳에 구성되어야 하며, 보육실 안쪽에 배치하여 정적 안정성과 편안함이 제공되도록 깔개와 쿠션 등을 비치하여 영아가 원할 때마다 이용할 수 있도록 지원	언어영역과 연합한 경우 언어영역 활동 특성과 휴식영역의 편안함이 모두 이루어지도록 유의
	유아	놀이활동 시간 못지않게 휴식을 취하기 위해 쉬는 공간이 필요하므로 아늑하고 편안한 환경을 보육실 안쪽에 구성하여 언제든지 원할 때마다 이용할 수 있도록 지원	
사물함	영아	개별 사진과 이름을 부착하여 개별 여벌옷이나 가방 등을 수납하고, 너무 높지 않게 비치하여 등하원 시 점차 영아 스스로 가방이나 물품을 정리정돈 할 수 있는 환경을 지원	사물함 칸이 부족한 경우 똑같은 바구니에 사진을 부착하여 사용 가능
	유아	보육실 입구 쪽에 유아의 수만큼 구성하여 개별 여벌옷이나 가방, 작품 등을 스스로 정리할 수 있도록 이름표를 부착하여 지원	
수유 영역	0세 영아	수유나 이유식을 지원하기 위해 개별 수유용품 수납장, 우윳병 소독기, 간이 싱크대, 냉장고 등을 지원하고 영아용 탁자를 준비하여 급간식을 지원	
기저귀 영역	0세	기저귀 관련 용품 수납장과 기저귀 갈이 매트, 뚜껑 있는 휴지통을 준비하여 영아와 언어적 · 비언어적으로 상호작용을 공감하며 기저귀 갈기를 지원	보육실이 좁은 경우 기저귀 갈이 매트를 사용 후 별도 보관 가능
	1세	월령에 따라 기저귀 갈이 영역이 여전히 필요하며, 배변 훈련이 시작되는 시기이므로 화장실이나 이동형 변기를 통한 환경을 지원	
화장실	2세	배변훈련이 이루어져 대부분 화장실을 사용하므로 안전하고 청결한 화장실 환경 및 청결 습관을 기를 수 있는 환경을 구성하여 적극적으로 참여하도록 지원	스스로 손을 씻고 변기를 사용하도록 눈높이에 맞는 그림이 들어간 순서표 등을 부착하면 유용
	유아	안전하고 청결한 화장실 환경 및 청결한 습관을 기를 수 있는 환경을 구성하고, 유아는 성적 차이에 대해 알게 되므로 높이가 낮은 문을 사용하여 유아의 자존감에 대한 배려를 함으로써 스스로 화장실을 적극적으로 사용할 수 있도록 환경을 지원 ※ 가정어린이집에서 성인용 변기나 세면대를 사용하는 경우 반드시 보조변기와 안전한 보조 발판을 사용하도록 유의	

:기저귀 갈이대

4) 실내 흥미영역 구성

(1) 영아반 흥미영역 구성

유아반 흥미영역과 달리 어린이집 0~1세 영아반 흥미영역 구성 시에는 수유와 기저귀 갈이와 같은 일상생활 영역이 놀이활동 영역과 함께 구성되어야 한다. 평가인증에서는 영아반 보육실 흥미영역 구성을 적합성에 기초하여 〈표 4-2〉와 같이 제시하고 있다.

표 4-2 영아반 보육실 흥미영역 구성

연령	흥미영역	유의사항
0~1세	언어영역, 탐색영역, 신체영역, 일상생활 영역(수유, 기저귀 갈이 영역 포함)	• 0~1세의 경우 음률영역, 역할놀이영역, 쌓기놀이영역, 미술영역을 구분하여 활동하는 것이 어려우므로 관련 놀잇감을 언어, 탐색, 신체 영역에 영아의 놀이 특성을 고려하여 배치하도록 지원 • 보육실마다 정적 영역에 휴식영역 구성
만 2세	언어영역, 탐색영역, 신체영역, 미술영역, 음률영역, 역할놀이 및 쌓기놀이영역	
Tip!!	가정어린이집의 경우 면적이 협소하여 공간상의 제약이 있을 수 있으므로 한 보육실 내에 모든 흥미영역을 구성하기 어려운 경우에는 어린이집 내에 흥미영역을 적절히 나누어 배치할 수 있다. 이때 모든 영유아가 각 공간에 나누어 배치된 흥미영역을 모두 경험할 수 있도록 하루 일과를 계획하고 공간을 활용하는 것이 바람직하다.	

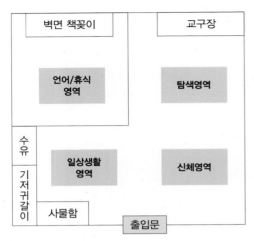

: 0~1세반 보육실 배치 예시

: 2세반 보육실 배치 예시

(2) 유아반 흥미영역 구성

유아반에 기본적으로 구성해야 할 흥미영역은 쌓기놀이, 역할놀이, 언어, 수 · 조작, 과학, 미술, 음률 영역이고, 공간이 넓은 경우에는 컴퓨터영역 등을 추가로 구성할 수 있다.

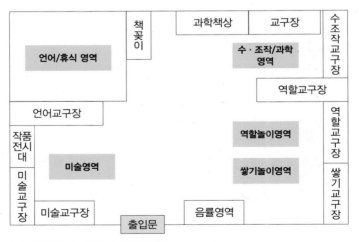

: 3~5세 교실 · 보육실 배치 예시

1 쌓기놀이영역

쌓기놀이영역은 여러 종류의 블록과 소품들로 구성하며, 놀이를 하는 영역이다. 쌓기놀이를 통해 유아는 여러 가지 발달을 종합적으로 이룰 수 있다. 블록을 쌓고 구성하면서 대소근육의 힘과 조절능력 등을 기를 수 있다. 친구들과 함께 협력하여 놀이를 하면서 언어적 상호작용을 많이 하여 언어가 발달한다. 함께 놀이를 하면서 다른 유아와의 관계를 형성하고 의견을 조정해 나가고 협력하는 등 사회성 발달이 이루어진다. 결과물을 보며 자신감과 성취감, 미적 감각 등 정서 발달을 이룰 수 있다. 쌓기놀이를 하는 과정에서 유아는 수량, 무게, 길이, 균형, 공간 개념 등 수 · 과학적 개념을 습득하고 조형능력이 발달하게 된다.

쌓기놀이는 유아가 좋아하여 놀이 과정에서 서로 이야기하며, 쌓은 구조물이 무너지기도 하는 등 소음이 많이 발생하기 때문에 소음의 흡수와 안전을 위해 영역에 비교적 두터운 카펫을 깔아 준다. 블록을 정리하는 교구장 바닥에 블록의 모양이나 그림을 붙여 주어서 정리를 잘할 수 있게 해 준다. 레고 블록 등은 보관함에 넣어 교구장 옆에 두어도 좋다.

쌓기놀이영역에서 놀이의 진행과 안전을 위해 유아들과 함께 정한 규칙판을 게시하는 것도 좋다. 놀이를 정해진 시간에 끝내지 못하여 유아가 완성하기를 원할 때나, 완성한 작품이 훌륭해서 다른 유아들에게도 보여 줄 필요가 있는 경우 '치우지 마세요'라는 안내판을 두어 완성하게 하거나 좋은 작품을 감상할 수 있는 기회를 준다.

: 쌓기놀이영역

2 역할놀이영역

역할놀이영역은 유아가 일상생활에서 보고 느끼는 여러 인물들과 생활을 모방하고 재창조해 낼 수 있는 영역이다. 이 영역에서의 놀이를 통해 주로 유아의 사회정서적 발달, 언어 발달이 이루어진다. 인물들에 대한 자신의 감정 표출 및 해소, 감정이입, 역할에 대한 사회적 지식, 문제해결 능력 등이 역할놀이영역에서의 놀이를 통해 발달될 수 있다.

역할놀이영역에 두는 교재 · 교구는 상업적인 놀잇감과 일상생활에서 사용하던 물건을 깨끗이 정리하여 이용하거나 필요에 따라 제작하여 제시한다. 교육주제에 따라 소품을 바꾸어 줌으로써 시장놀이, 병원놀이, 우주선놀이, 방송국놀이 등으로 확장하여 활동할 수 있게 한다.

3 언어영역

언어영역은 유아의 언어 발달을 돕기 위한 영역이다. 언어영역은 책보기영역과 언어의 네 가지 요소인 듣기, 말하기, 읽기, 쓰기 영역으로 세분화될 수 있다. 유아의 연령에 따라 통합 운영하기도 한다. 읽기영역에는 그림책을 비롯한 책들을 연령에 적합한 것으로 준비해 주며, 교육주제에 따라 바꾸어 준다. 듣기, 말하기, 읽기, 쓰기에 관한 교재 · 교구는 연령에 맞게 교육 내용을 고려하여 준비해 준다.

: 역할놀이영역

: 언어영역

4 수 · 조작영역

수 · 조작영역은 유아의 논리적 · 수학적 사고능력과 소근육 및 눈과 손의 협응 능력 발달을 돕기 위한 영역이다. 이 영역에서 유아들은 개인 또는 2~5명의 소집 단으로 판 게임, 퍼즐 등의 정적인 활동과 기본적인 수 개념과 분류, 류 포함(class inclusion) 등에 대한 개념을 배우게 된다. 이 영역의 활동들은 주로 유아의 인지 발달과 소근육 및 감각기능의 발달을 촉진한다.

5 과학영역

과학영역은 자연현상과 물리적 · 화학적 현상에 대한 지식과 경험을 하는 영역 이다. 동식물 기르기, 실험, 기계 분해 및 조립 등 과학영역에서의 활동을 통한 관 찰과 탐구와 발견은 유아에게 여러 가지 과학개념 형성과 문제해결력을 키워 줄 수 있다. 과학영역 활동은 교육주제와 유아의 호기심과 흥미를 고려하여 제공한다.

: 수 · 조작영역   : 과학영역

6 미술영역

미술영역은 유아가 여러 가지 다양한 소재를 다양한 방법으로 만들어 보는 활 동영역이다. 여러 종류의 종이들, 크레파스, 물감, 천, 요구르트병, 상자 등 다양 한 자료를 자르고, 찢고, 붙이고, 칠하는 등 여러 방법으로 표현하는 경험은 유아 에게 정서적 · 신체적 · 언어적 · 인지적 발달을 도와준다. 정서적으로 성취감, 욕 구 표현, 감정 분출, 자신감 등을 가지게 하며, 대소근육의 힘과 조절능력, 눈-손

협응력 등을 길러 주며, 자료가 지닌 특성에 대한 과학적 지식을 갖게 된다. 공동 작업을 하는 경우 협동심과 같은 사회성 발달도 도모할 수 있다.

미술영역에는 여러 가지 그림 자료들을 유아가 꺼내서 활동하기 쉽게 눈에 보이도록 교구장에 정리한다. 유아가 물을 이용한 작업을 할 때 옷이 젖거나 더러워지는 것을 방지하기 위해 겉에 입을 수 있는 가운이 있으면 좋다. 완성된 작품은 유아의 눈높이에 맞추어 전시한다.

7 음률영역

음률영역은 악기놀이, 음악 감상, 신체표현 활동을 통해 유아의 여러 발달 영역의 발달을 돕는 것이다. 유아는 음악을 좋아하고 음악에 맞추어 동작활동을 하기 좋아하고 악기를 탐색하기 좋아한다. 교사들 중에 자유선택활동시간에 악기로 인한 소음 때문에 다른 유아가 방해받을까 염려하여 악기를 가지고 탐색하는 것을 제지하기도 하는데, 유아는 자기 놀이에 몰두하기 때문에 그다지 방해가 되지 않으므로 특별한 경우 이외에는 제지할 필요가 없다. 음률영역은 소음이 많이 발생하는 곳이므로 바닥에 카펫을 깔아 주는 것이 좋다.

: 미술영역

: 음률영역

8 컴퓨터영역

컴퓨터영역은 일상생활에 보편화되어 가고 있는 컴퓨터를 유아가 친숙함을 갖고 적절하게 사용하도록 돕기 위한 영역이다. 유아교육기관에서 컴퓨터 활동을 위해 환경구성하는 방법은 컴퓨터실을 두는 방법과 교실 내에 컴퓨터를 두는 방법이 있다. 컴퓨터실을 두면 유아들이 같은 시간에 대집단으로 교육을 받을 수 있으며, 컴퓨터 관리와 네트워크 구축도 편리한 장점이 있다. 그러나 다른 영역활동과 통합이 되지 않아 영역 간 통합 활동을 할 때와 같은 풍부한 활동으로 연결되지 못하는 단점이 있다. 교실 내에 1~3대의 컴퓨터를 두는 방법은 유아들이 다 같이 교육을 받을 수는 없지만 교실 내의 다른 영역과 통합하여 활동을 하므로 교육주제에 따른 풍부한 활동이 전개될 수 있다.

컴퓨터 활동은 유아들에게 인기가 있으므로 대기자 순서표와 시간을 알 수 있는 시계를 게시한다. 컴퓨터는 습기가 없고 모니터에 빛이 반사되어 눈이 부시지 않는 위치에 설치한다. 인터넷 이용이 보편적이므로 LAN선의 연결도 고려하여 설치한다. 전선이 길게 연결되어야 할 경우 유아의 발이 걸리지 않도록 깨끗이 정돈한다.

: 컴퓨터영역

⑨ 휴식영역

휴식영역은 교육활동이 전개되지는 않지만 유아가 신체적·심리적으로 휴식을 취하고 싶을 때 필요한 영역이다. 휴식영역은 방해받지 않고 휴식할 수 있도록 교실의 조용한 구석에 위치하는 것이 좋으나 다른 유아들의 활동을 볼 수 있도록 해야 한다. 휴식영역은 언어영역과 인접하여 배치하기도 한다.

: 휴식영역

5) 실외놀이터 흥미영역 구성

유치원은 실외놀이터인 유원장을 기본시설로 갖추어야 한다. 어린이집의 경우에는 인가 정원 50명 이상인 어린이집에 한하여 영유아 1인당 3.5m² 이상, 모래밭 및 대근육활동을 위한 놀이기구 1종 이상을 포함하여 놀이기구 3종 이상 설치한 실외 놀이터를 갖추도록 하고 있다.

(1) 실외놀이터 흥미영역 배치 기준

첫째, 지형의 특성을 고려하여 영역을 배치한다. 실내와 연결이 되는 곳, 높낮이 차이가 있는 곳, 잔디나 흙으로 덮인 곳 등 지형의 특성을 이용하여 영역을 배치한다.

둘째, 실외공간을 체계적으로 구성하여 다양한 활동을 할 수 있게 한다. 영역에 따른 놀잇감을 주어 놀이를 풍부하게 한다.

셋째, 실외공간은 유아가 안전하게 놀이할 수 있도록 구성한다. 유아의 안전을 위해 거친 돌이나 요철이 심한 곳은 평평하게 정리해 준다.

넷째, 교사의 시선이 막힘이 없어야 한다. 외진 곳, 굴곡진 곳에는 활동영역을 배치하지 않는다.

다섯째, 놀이하는 유아의 발달수준을 고려하여 공간을 구성한다.

(2) 실외놀이터 흥미영역 구성 시 고려 사항

실외놀이터 흥미영역 구성 시에는 〈표 4-3〉을 참고하여 구성하도록 한다.

표 4-3 실외놀이터 환경 구성 시 고려 사항

실외놀이터 흥미영역		주요 내용	비고
실외환경	대근육 활동영역	달리기나 미끄럼 타기, 그네 타기 등 주로 대근육을 사용하여 신체활동을 하므로 안전하게 할 수 있도록 모래나 탄력성이 있는 마감재를 사용하고, 여러 가지 대근육활동 교구 및 놀잇감을 비치하여 다양한 형태의 움직임 및 신체활동을 경험할 수 있도록 지원	연령에 적합한 영유아용 놀잇감 제공 및 안전에 항상 주의
	물 · 모래 놀이영역	물과 모래는 영유아에게 결과물을 요구하지 않으므로 내적 긴장이나 불만 등을 발산하거나 해소할 때 도움이 되는 영역으로 서로 인접하게 설치하여 놀이가 확장될 수 있도록 지원	편안하게 놀 수 있도록 차양막 등을 지원
	동식물 기르기 영역	동식물 기르기는 자연에 대한 탐구와 관심을 증가시킴. 동식물 성장과정 및 특성을 이해할 수 있도록 자연스럽게 기회를 제공하여 자연에 대한 관심과 긍정적인 애정을 가질 수 있도록 지원	사육장 주변에는 망을 설치하여 안전에 대비하고, 항상 청결하게 관리하도록 유의
	휴식영역	실외에서 장시간 활동하면 지칠 수 있으므로 놀이 중이라도 언제든지 휴식을 취할 수 있는 공간 지원	지붕이 있는 정자, 그늘막 아래 벤치, 탁자를 두고 정적 실외활동으로 활용함
	창고나 실외정리장	다양한 실외놀이 기구 및 소품을 실내에 보관하면 이동성이 낮으므로 별도로 실외에 창고나 보관함을 두고 쉽게 꺼낼 수 있도록 지원	항상 문을 잠가서 영유아 안전관리에 유의

[실외놀이터]

: 영아용 조합 놀이대

: 유아용 조합 놀이대

: 물·모래 놀이터

: 실외놀이터 흙놀이영역

: 실외놀이터 세면장

2. 교재 · 교구 관리

1) 교재 · 교구 선정 기준

유아교육기관에서 교재 · 교구를 선정하고 구입할 때는 교육적으로 얼마나 도움이 될 것인가와 소요 비용 측면인 기능적인 면을 고려할 필요가 있다. 아울러 교재 · 교구는 의도하든 의도하지 않는 경우든 영유아를 가르치기 때문에 교육적인 면도 살펴보아야 한다. 교재 · 교구 선정 시 고려해야 할 측면을 살펴보면 다음과 같다(김성희 외, 2010).

(1) 기능적 측면

- 안전성(safety): 유독성이 없고 깨끗하며, 모서리가 날카롭지 않으며, 정전기가 일어나지 않는 등 영유아의 건강, 위생 및 안전 보호를 위한 안전성을 고려해야 한다.
- 내구성(durability): 부딪치거나 눌러도 손상되지 않을 정도로 견고하며, 열에 잘 견디고 껍질이나 칠이 벗겨지지 않고, 관리나 보관이 용이해야 한다.
- 적합성(adaptability): 해당 연령에 알맞은 크기나 형태여야 하며, 다용도로 활용할 수 있으며, 성(sex)의 구분 없이 활용될 수 있어야 한다.
- 경제성(accountability): 가격이 적절하며, 오랫동안 사용할 수 있는 비품이나 교재 · 교구를 선택하도록 한다.

(2) 교육적 측면

- 발달에의 적절성: 교재 · 교구는 영유아 발달단계의 특성에 부합해야 한다. 언어와 위치감을 습득해야 하는 영아를 위해서는 어휘 구성을 격려하고, 균형감각을 증진하며, 손가락을 많이 움직이도록 하고, 독립심을 기르도록 도와주는 교재 · 교구를 선택해야 한다. 영유아에게는 모든 발달 영역에서 영유아가 획득하고 있는 기술을 보다 세련되게 하는 교재 · 교구가 필요하다. 영유아에게 제공되는 모든 교재 · 교구는 영유아가 적극적으로 활용할 수 있도록 흥미로워야 하며 안전해야 한다.

- 활동성: 영유아에게는 적극적으로 가지고 놀 수 있는 교재·교구가 제공되어야 한다. 영유아는 놀이과정에서 필요하지 않거나 상상력을 이끌어 내지 않아도 되는 교재·교구에 대해서는 쉽게 싫증을 낸다. 영유아를 위한 모든 교재·교구들은 적극적 개입과 탐색을 증진하는 것이어야 한다.
- 개방성: 영유아에게 가장 인기 있거나 영유아가 자주 사용하는 교재·교구는 개방적인 교재·교구다. 개방적 교재·교구란 융통성 있게 사용할 수 있는 교재·교구로 영유아에게 한 가지 방법만을 사용하도록 지시하지 않는다. 어린이집의 모든 교재·교구가 개방적일 필요는 없으나, 대체로 개방적인 교재·교구를 마련하는 것이 바람직하다.
- 피드백: 영유아는 교재·교구와 상호작용할 때 교재·교구를 통하여 자신의 행동이 성공했는지에 대한 피드백을 받고 싶어 한다. 복잡한 퍼즐을 완성한 영유아는 그 조각이 정확하게 맞추어졌는지를 확인하고 싶어 하고, 다리를 완성한 영유아는 그 블록을 성공적으로 쌓았는지를 확인함으로써 만족감을 얻을 수 있다.
- 다목적성: 교재·교구는 놀이에 대한 많은 가능성을 제시해야만 한다. 영유아의 문제해결력과 상상력은 다목적적인 교재·교구에 의해 증진될 수 있다. 또한 교재·교구가 다목적적일 때 여러 기술 수준의 영유아가 성공적으로 그 교재·교구를 사용할 수 있다.

2) 교재·교구 비치 기준 및 관리

(1) 유치원

1 교재·교구 비치 기준

유치원은 각 시·도 교육청에서 인가를 받기 위해 비치해야 할 교재·교구 기준을 제시하고 있다. 유치원에 비치해야 할 교재·교구 기준의 예를 제시하면 〈표 4-4〉와 같다.

표 4-4 유치원 교재 · 교구 비치 기준 예시

영역	교구종목	규격 및 교구 종류	소요기준	구분		비고
				필수	권장	
쌓기 놀이 영역	① 쌓기 블록	공간블록, 종이벽돌블록, 우레탄블록, 스펀지블록 등	학급당 2종	○		
	② 끼우기 블록	사각블록, 볼트블록, 꽃블록 등	학급당 3종	○		
	③ 유닛 블록	150조각 이상	2학급당 1세트	○		
	④ 사회극놀이소품	교통표지판, 인형, 모형류(탈 것, 동물, 식물, 건물), 여러 종류의 가면 등	학급당 3종	○		
역할 놀이 영역	① 가족놀이	가구(옷장, 주방가구, 책상, 화장대 등), 가전제품류(냉장고, TV 등)	학급당 2종	○		
		가족 의상(각종 의상, 모자, 넥타이 등), 가족놀이소품(가방, 신발, 화장품, 다리미, 주방기구, 모형음식 등)	학급당 3종	○		
		인형류(가족인형, 인형옷, 가족머리띠 등)	학급당 1종		○	
	② 기 타	생활주제놀이(병원, 미용실, 소방서, 가게, 은행, 방송국, 우체국, 주유소, 세탁소, 교통기관, 우주여행 등)에 필요한 교구 및 소품	학급당 1종	○		
언어 영역	① 듣기자료	테이프 및 CD(동화, 동시, 전래동요, 자연의 소리, 녹음자료 등)	학급당 1종	○		
	② 말하기자료	그림동화, 융판동화, 자석동화, 디오라마, 막대동화, 테이블동화, 손인형, 막대인형, 손가락인형, 핸드퍼펫, 그림자인형, CD 등	학급당 3종	○		
	③ 읽기자료	수수께끼놀이, 이야기 꾸미기, 글자카드, 낱말카드, 그림카드, 카드게임 등	학급당 5종	○		
	④ 쓰기자료	칠판, 글자도장, 쓰기 도구, 단어카드, 가위, 펀치, 한글고무글자판, 스탬프 등	학급당 3종	○		

(계속)

영역	교구종목	규격 및 교구 종류	소요기준	구분		비고
				필수	권장	
언어 영역	⑤ 도서자료	전래동화, 세계명작, 그림책, 위인동화, 창작동화, 유아용(과학, 음악, 수학, 미술) 관련 도서, 백과사전 등	원당 200권 (1학급당 30권 추가)	○		
수 · 조작 영역	① 수 활동자료	짝짓기, 수세기, 분류, 비교, 순서 짓기, 전체와 부분, 기초와 통계 자료, 수게임 카드, 모형시계, 모래시계, 초시계, 패턴놀이 자료, 계산기 등	학급당 5종	○		
	② 게임 활동자료	각종 카드게임, 게임판과 주사위, 고누, 윷놀이 자료, 바둑판과 바둑알 등	학급당 3종	○		
	③ 도형자료	도형퍼즐, 도형카드게임, 도형구성놀이, 평면도형(세모, 네모, 동그라미 등), 입체도형(둥근기둥, 상자모양, 공모양 등), 가베, 칠교 등	학급당 3종	○		
	④ 조작 활동자료	그림퍼즐, 포개거나 끼워 맞추는 자료, 같은 그림 맞추기 카드, 그림연결카드, 끈 꿰기, 끈 매기, 벨트 매기, 지퍼 올리기, 단추 끼우기, 나사 맞추기, 옮겨 담기, 구슬 꿰기, 열쇠와 자물쇠, 바느질 놀이 도구 등	학급당 5종	○		
과학 영역	① 실험 및 관찰도구	거울(오목, 볼록, 접이식, 삼각거울 등), 확대경(돋보기, 루페, 현미경 등), 비커(대, 중, 소), 감각상자(소리, 무게, 냄새, 질감 등), 자석(막대, 말굽, 원형, 구슬 등), 요술경, 프리즘, 잠망경, 투명호스 등	원당 5종	○		
	② 측정도구	길이 측정도구(막대자, 눈금자, 줄자, 신장계 등), 양 측정도구(체중계, 접시저울, 양팔저울, 계량컵, 계량스푼, 메스실린더 등), 시간측정용 도구(모래시계, 조리용 시계, 해시계, 달력 등), 온도 측정도구(온도계, 체온계 등)	학급당 3종	○		

(계속)

영역	교구종목	규격 및 교구 종류	소요기준	필수	권장	비고
과학 영역	③ 생명체 관련 자료	식물, 자연물, 동물, 어항, 새장, 개미집, 동식물 관련 책, 표본 등	원당 1종		○	
	④ 자연현상 관련 자료	지구본, 지도, 기후 관련 사진이나 그림 등	원당 1종		○	
	⑤ 기계류	시계, 라디오, 텔레비전, 컴퓨터 등의 부속품	학급당 1종		○	
미술 영역	① 그리기 도구	작품 건조대, 작품 게시대	학급당 1종	○		
		크레파스, 색연필, 수성용 펜류, 유성용 펜류, 종이류, 작업복, 붓류(굵기 3종 이상), 롤러 등	학급당 5종	○		
	② 만들기 도구	안전가위, 모양가위, 펀치, 스테이플러, 테이프 카터, 글루건 등	학급당 3종	○		
	③ 꾸미기 도구	모양 찍기 세트, 본뜨기 도구, 자연물, 탁본도구, 모양도장 등	학급당 2종	○		
	④ 점토놀이 도구	점토놀이 세트(점토판, 밀대, 모양틀 등)	학급당 1세트	○		
음률 영역	① 리듬악기류	큰북, 작은북, 심벌즈	원당 1종	○		
		탬버린, 캐스터네츠, 방울, 트라이앵글, 마라카스, 우드블록, 리듬막대, 샌드블록, 귀로 등	학급당 5종	○		
	② 전통악기류	북, 장고, 꽹과리, 징, 소고, 가야금, 피리 등	원당 3종	○		
	③ 음악감상자료	동요, 고전음악, 전통음악, 행진곡, 세계 민속 음악, 녹음기, 헤드폰, 음악 CD 등	원당 3종	○		
	④ 멜로디악기류	실로폰, 핸드벨, 멜로디언, 키보드, 피아노 등	원당 1종	○		
신체 활동 영역	① 매트	120×240×10 또는 120×240×6	원당 2개	○		
	② 공	축구공, 배구공, 농구공, 탱탱볼 등	원당 3종	○		
	③ 유니바	10개 1세트	원당 1세트	○		

(계속)

영역	교구종목	규격 및 교구 종류	소요기준	구분		비고
				필수	권장	
신체 활동 영역	④ 평균대	높이 30cm 이하	원당 1개		○	
	⑤ 뜀틀	안전 뜀틀	원당 1조		○	
	⑥ 줄(긴 줄)	지름 2.5cm, 길이 6m	원당 1개		○	
	⑦ 줄넘기 줄		학급당 5개		○	
	⑧ 훌라후프		원당 10개		○	
	⑨ 신체표현도구	리본막대, 스카프 등	학급당 1종		○	
	⑩ 기타	고리던지기, 간이 농구대, 자전거, 볼링세트, 터널, 샌드백 등	원당 3종		○	
전통 문화 영역	① 전통놀이	사방치기판, 투호, 전통팽이, 굴렁쇠, 제기, 윷놀이, 비석치기, 칠교, 고누 등	원당 5종	○		
	② 민속소품	갓, 호롱불, 지게, 곰방대, 족두리, 절구, 비녀, 고무신, 짚신 등	원당 5종	○		
컴퓨터 영역	① 컴퓨터	본체, 모니터, 키보드, 마우스, 헤드폰, 스피커	학급당 1세트		○	
	② 프린터		학급당 1대		○	
요리 활동 영역	① 조리도구	도마, 플라스틱칼, 접시, 쟁반, 거품기, 계량컵, 계량스푼, 양푼, 냄비(일반), 냄비(투명), 프라이팬 등	원당 5종		○	
	② 조리기계	가열기, 전기프라이팬, 전기믹서, 거품기, 제빙기 등	원당 1종		○	

출처: 인천광역시교육청 고시 제2014-114호.

② 교재 · 교구의 관리

가. 목록화 및 목록대장 만들기

● 필요성: 교재 · 교구를 준비하고 사용한 다음 그대로 방치하거나 정리해 놓지 않으면 다음에 사용할 때나 다른 사람이 사용할 때 교재 · 교구의 특성을 이해하지 못하고 사용할 수 있으며 부분적으로 유실되어 사용하지 못하는 경우가 생길 수 있다. 교재 · 교구를 목록화해서 대장에 기입하여 정리해 두면 누

구든지 교재 · 교구 목록대장을 보고 쉽게 사용할 수 있고 완전하게 사용할 수 있어서 효율적인 교육활동과 교재 · 교구의 활용도를 높일 수 있다.

● 목록화: 생활주제와 활동 방법에 따라 목록 번호를 정한다. 누리과정 생활주제별로 번호를 매긴다. 소주제별로 하위 번호를 매긴다. 교재 · 교구 사용 연령, 활동 유형, 수량을 표시한다. 교재 · 교구 제작자나 구입처를 표시하고 특별히 기입할 사항이 있으면 적는다.

[교재 · 교구대장 예시]

목록 번호	3~5세 연령별 누리과정 생활주제	봄 · 여름 · 가을 · 겨울			
		목록번호	교구 · 교재명	제작자 또는 구입처	비고
01	유치원과 친구	14–11①– 4–이–01 *	봄에 피는 꽃	교사	
02	나와 가족				
03	우리 동네				
04	동식물과 자연				
05	건강과 안전				
06	교통기관				
07	우리나라				
08	세계 여러 나라				
09	환경과 생활				
10	생활도구				
11	봄 · 여름 · 가을 · 겨울				

*14–11①–4–이–01: 14는 제작 또는 구입 연도, 11은 생활주제, ①은 소주제, 4는 연령, '이'는 이야기 나누기 활동, 01은 교재 · 교구 제작 또는 구입 순서

나. 교재 · 교구 관리 시 주의사항

첫째, 교재 · 교구는 지정된 관리장에 보관한다. 관리장의 습도, 온도를 교재 · 교구 재질의 특성에 맞게 조절하여 보관한다. 보편적으로 건조하고 기온 차가 심하지 않은 곳에 두고 필요하면 습기제거제 등을 두어 보관이 잘되도록 한다.

둘째, 시기를 정하여 교재 · 교구를 정리하고 정비한다. 매년 2회(여름방학, 겨울방학) 점검하여 수정 보완하거나 폐기하여 새롭게 목록화한다.

셋째, 교재 · 교구 사용대장을 만들어 사용빈도를 통해 반응을 알아보고 유실을 방지한다.

넷째, 사용상 보완해야 할 내용을 적어 빠른 시일에 보완한다.

Tip! **교재 · 교구 점검 기준**

- 활동 주제와의 적합성
- 견고성
- 관리의 용이성
- 수업(활동)에서의 활용도
- 유아의 반응(선호도)

---

(2) 어린이집

1 교재 · 교구 비치 기준

「영유아보육법」에는 어린이집에 비치해야 할 교재 · 교구에 관한 규정은 구체적으로 언급되고 있지 않다. 그러나 어린이집 평가인증 지표에서는 흥미영역에 교구를 비치할 때 39인 이하 어린이집, 40인 이상, 영아반, 유아반으로 구분하여 갖추어야 할 교재 · 교구 종류를 〈표 4-5〉와 같이 제시하고 있다. 따라서 어린이집에서는 〈표 4-5〉를 참고하여 〈표 4-6〉, 〈표 4-7〉에 제시된 교재 · 교구 중 해당월 또는 주의 보육활동 주제와 관련 있는 교재 · 교구를 비치하도록 한다.

표 4-5 어린이집 유형별 · 영유아별 교재 · 교구 비치 기준

비치기준	내용							
	활동 및 자료			39인 이하			40인 이상		
			0~1세	만 2세	유아	0~1세	만 2세	유아
다양성 (종류)	신체활동	대근육활동 자료	3종 이상	3종 이상	3종 이상	3종 이상	4종 이상	4종 이상
		소근육활동 자료	3종 이상	3종 이상	3종 이상	3종 이상	4종 이상	4종 이상
	자연탐구 활동 (자연탐구활동자료)	탐색활동 자료	3종 이상	3종 이상	–	3종 이상	4종 이상	–
		수활동 자료	–	–	3종 이상	–	–	4종 이상
		과학활동 자료	–	–	3종 이상	–	–	4종 이상
다양성 (종류)	예술활동	예술활동 자료	3종 이상	–	–	3종 이상	–	–
		미술활동 자료	–	3종 이상	3종 이상	–	4종 이상	4종 이상
		음악 및 동작 활동 자료	–	3종 이상	3종 이상	–	4종 이상	4종 이상
	역할놀이 및 쌓기놀이	역할놀이 자료	3종 이상	3종 이상	3종 이상	3종 이상	4종 이상	4종 이상
		쌓기놀이 자료	3종 이상	3종 이상	3종 이상	3종 이상	4종 이상	4종 이상
	언어활동	듣기 · 말하기 · 읽기 · 쓰기 자료	각 1종씩 총 5종 이상					
충분성 (양)	• 영역의 1.5배 • 흥미영역 크기: 영아 3명 이상, 유아 4명 이상 충분히 놀 수 있는 크기 • 영아는 발달 특성상 혼자놀이를 즐기며 또래에게 놀잇감을 양보하는 것이 어려우므로 영아가 좋아하는 똑같은 놀잇감을 여러 개 준비하도록 함							
발달적합성(연령)	연령별 교구 종류를 참조하여 연령에 적합한 교구 비치에 유의							
안전성(크기)	직경 3.5cm 이하 작은 크기의 교구는 영아(만 0~1세, 만 2세)에게 직접 제공하지 않도록 유의							

출처: 보건복지부 · 중앙보육정보센터(2013b), p. 45.

② 영아반 교재·교구

어린이집 평가인증 지표에서 제시하고 있는 영아반에 갖추어야 할 흥미영역별 교재·교구는 〈표 4-6〉과 같다.

표 4-6 영아반 흥미영역에 비치하도록 권장하는 교재·교구

자료	연령	0~1세	만 2세
언어활동 자료	듣기·말하기	그림 자료, 사진 자료, 전화기, 짧은 이야기와 노래 테이프 등	손인형, 사진 자료, 친숙한 일상생활 용품의 사진과 이름이 있는 그림카드, 전화기, 녹음된 목소리를 들어 볼 수 있는 테이프, 짧은 이야기와 노래 테이프 등
	읽기	입으로 물거나 던져도 좋을 만큼 안전하고 견고한 재질과 형태 그림책(헝겊책, 촉감책, 비닐책, 스펀지책, 소리 나는 책 등), 다양한 그림이나 사진 자료(영아에게 친숙한 인물, 동식물) 등	글자 수가 많지 않은 다양한 주제의 그림책을 포함하여 재질과 형태가 다양한 책(촉감책, 퍼즐책, 소리 나는 책 등), 그림이나 사진자료(그림책의 주인공, 영아에게 친숙한 인물, 지역사회, 자연물) 등
	쓰기	영아가 물거나 빨아도 안전한 종류로 짧고 굵은 크레용이나 부드럽게 써지는 색연필, 전지, 쓰기판 등	굵은 크레용, 굵은 색연필이나 연필, 자석 쓰기판, 종이 등
자연탐구활동 자료		소리 나는 상자, 누르면 튀어 오르는 놀잇감, 고무나 플라스틱으로 된 고리 끼우기, 구슬을 조작하여 이동을 볼 수 있는 레일, 모양 찾아 맞추기, 색깔 맞추기 등	조작활동 자료(큰 조각 퍼즐, 모양 찾아 맞추기, 크기순으로 고리 끼우기, 색깔 맞추기 등)와 탐색활동 자료(돋보기, 식물, 동물, 주변에서 찾아낸 여러 모양의 돌이나 나무껍질, 조개껍질 같은 여러 가지 자연물), 촉감상자, 소리상자, 큰 구슬 꿰기, 자석 등
신체활동 자료		영아용 침대에서 사용 가능한 놀이기구(손이나 발동작으로 효과를 나타낼 수 있는 것), 기어오를 수 있는 계단이나 경사로(부드러운 솜이나 스펀지를 넣은 것), 실내용 그네(등이나 양 옆, 앞면 안전벨트가 있는 것), 운동기구(손이나 발동작으로 이동·비이동·조작운동 할 수 있는 기구), 잡고 걸을 수 있도록 벽 따라 설치된 봉, 스펀지 블록, 큰 공(천이나 플라스틱), 밀고 당기는 놀잇감(단순하고 손에 쥘 수 있을 만한 크기) 등	미끄럼틀, 점핑바운서, 조합놀이대, 볼풀 놀이대 등 고정식 놀이기구와 이동식 목마, 자동차, 끌차, 공, 후프 등

(계속)

미술활동 자료	벽이나 바닥, 책상 위에 넓게 붙인 큰 도화지와 무독성 크레파스, 부드럽게 써지는 색연필, 밀가루 점토, 스티커, 여러 가지 모양 도장 등	다양한 재질과 색깔의 종이류, 색연필, 크레용, 크레파스 등 그리기 도구, 우유팩, 잡지책, 안전가위, 풀, 밀가루 점토, 스티커, 모양 도장 등
음악 및 동작 활동 자료	소리 나는 물건을 흔들거나 두드리는 것을 좋아하므로 딸랑이나 안전한 방울, 마라카스, 녹음기, 음악 테이프, 소리가 나는 활동 자료, 주변에서 볼 수 있는 소리 나는 물건	북이나 흔들고 두드릴 수 있는 단순한 리듬악기(리듬막대, 마라카스, 탬버린 등), 녹음기, 음악 테이프, 동작표현을 돕는 소품(여러 가지 색 보자기, 스카프, 리본 막대, 부드러운 수건) 등
쌓기놀이 활동 자료	우레탄 블록이나 스펀지 블록, 종이벽돌 블록, 헝겊으로 감싸져 있는 블록 등	나무블록, 종이벽돌 블록, 우레탄 블록, 스펀지 블록, 재질이 부드럽고 구멍이 큰 끼우기형 블록 등
역할놀이 활동 자료	세탁이 용이한 재료로 만들어진 다양한 크기와 촉감의 인형(가족인형, 소리 나는 인형, 동물인형), 자동차 류 등	일상생활에서 부모를 통해 경험한 단순한 역할놀이용 자료(여러 가지 모양의 그릇 등의 소꿉놀잇감, 전화기, 인형) 등

출처: 보건복지부 · 중앙보육정보센터(2013b), p. 40-41.

[영아용 교재 · 교구]

: 영아용 언어교구

: 영아용 감각교구

: 영아용 실꿰기 교구

: 영아용 음률교구

③ 유아반 교재 · 교구

어린이집 평가인증 지표에서 제시하고 있는 유아반에 갖추어야 할 흥미영역별
교재 · 교구는 〈표 4-7〉과 같다.

표 4-7 유아반 흥미영역에 비치하도록 권장하는 교재 · 교구

자료＼연령		만 3~5세
언어 활동 자료	듣기 · 말하기	조작이 간단한 카세트 플레이어, 다양한 주제의 이야기 테이프, 헤드폰, 교사나 부모 등 친근한 사람의 목소리가 녹음된 테이프, CD 플레이어와 이야기 CD, 유아가 스스로 이야기를 꾸미거나 자신이 아는 이야기를 반복하도록 촉진하는 소품(막대 인형이나 테이블 인형, 융판이나 자석 인형, 손인형, 손가락 인형, OHP 그림, 인형극 틀 또는 언어 놀이를 할 수 있는 수수께끼 상자나 순서대로 사건을 연결하여 이야기해 보는 그림카드, 목소리를 녹음해 볼 수 있도록 녹음기, 마이크 등)
	읽기	다양한 주제의 각종 그림책(창작그림책, 전래동화, 글 없는 그림책, 과학동화, 생활동화 등), 사진첩, 유아가 만든 그림책, 주제에 따른 화보모음 책, 동요, 동시집, 어린이용 잡지나 카탈로그, 사전, 간판, 메뉴판, 광고나 포스터 등 실생활에서 볼 수 있는 환경인쇄물, 각종 글자 모양과 글자 퍼즐 등
	쓰기	크기와 모양이 다양한 종이, 굵은 색연필이나 연필, 사인펜 등의 다양한 필기도구, 소형 화이트보드와 마커 펜, 글자 상자, 단어 카드, 자음 · 모음카드, 독서 카드, 글자 도장, 타자기, 컴퓨터와 프린터 등
미술활동 자료		• 필기구류: 크레파스, 색연필, 연필, 볼펜, 사인펜 등 • 물감류: 수채화물감, 한국화물감, 먹물 등 • 종이류: 도화지, 두꺼운 도화지, 색도화지, 신문지, 한지, 화선지, 색종이, 골판지, 박스종이, 소포지, 포장지, 광고지, 이면지, 잡지류 등 • 만들기 도구류: 풀, 가위, 펀치, 고무줄, 클립, 테이프 등 • 만들기 재료류: 수수깡, 모루, 솜, 나무젓가락 등 • 점토류: 찰흙, 지점토, 밀가루점토 등 • 폐품류: 우유팩, 요구르트병, 상자, 천조각 등
자연 탐구 활동 자료	수 활동	• 일대일 대응, 분류, 비교, 순서 짓기, 부분과 전체, 측정, 공간과 도형, 규칙성 등의 개념 발달에 도움이 되는 생활주제와 연관된 수 관련 자료 • 1부터 10까지 셀 수 있는 구체물(작은 동물 모형, 조개류, 솔방울 등), 크기가 점차 커지는 10개의 컵, 숫자카드, 수 세기 자석판, 빨래집게, 수 세기판, 양팔저울, 큰 글자의 시계, 달력 등 • 보육주제와 관련된 다양한 퍼즐(그림 맞추기, 숫자 퍼즐, 색 퍼즐, 도형 퍼즐 등), 판 게임이나 게임자료(예: 주사위 게임, 가위바위보 게임, 윷놀이, 칠교놀이) 등

(계속)

자연 탐구 활동 자료	과학 활동	• 기본자료: 거울, 자석, 돋보기, 프리즘 등의 측정도구, 바퀴와 부속품 등 • 생물 관련 자료: 꽃, 채소, 나뭇잎, 열매, 씨앗, 나뭇가지, 꽃잎, 솔방울 등 자연에서 수집한 자연물과 식물 관련 자료, 거북이, 금붕어, 달팽이 등 기르는 동물과 먹이 등 동물 관련 자료 • 자연현상과 관련된 자료: 자연현상 사진, 온도계, 습도계와 관찰 용지, 필기도구 등 • 도구와 기계류: 간단한 도구와 기계, 기계와 도구를 만들 수 있는 주변의 여러 가지 물건(적목, 상자) 등
	Tip!!	수·과학영역을 함께 구성할 경우 수 활동자료와 과학 활동자료를 균형적으로 배치하도록 유의
음악 및 동작 활동자료		• 여러 가지 리듬악기: 리듬막대, 우드블록, 마라카스, 캐스터네츠, 탬버린, 트라이앵글, 소고, 작은북 등 • 가락악기: 실로폰, 멜로디언, 피아노, 키보드, 기타 등 • 전통악기: 소고, 장구, 북, 징, 꽹과리 등과 같은 우리나라 전통악기와 외국의 전통악기 • 음악가 및 악기 사진이나 악기 연주 또는 노래 부르는 모습의 사진, 그림이 있는 노래가사, 그림악보, 음악 포스터 등 • 이 밖에 다양한 음악을 감상하는 기회를 갖도록 녹음기, 헤드폰, 다양한 카세트/CD 플레이어, 음악 테이프 등 • 동작활동자료: 여러 가지 색 보자기, 스카프, 리본 테이프, 리본 막대, 한삼, 부드러운 수건, 각종 동물 가면이나 탈춤 소품, 거울 등
역할놀이 활동자료		• 기본 가구류: 유아 크기의 화장대, 식탁과 의자, 소품을 넣을 수 있는 장, 모형 싱크대 등 • 소꿉놀이류: 질감이 다양한 인형류(아기인형, 가족인형, 동물인형 등), 유모차, 우유병과 각종 소꿉놀이 그릇류(냄비, 프라이팬, 밥솥, 접시세트, 커피잔 세트, 주전자 등), 모형 주방기구(뒤집개, 국자, 주걱, 숟가락, 포크, 플라스틱 또는 나무로 된 작은 도마와 칼, 작은 밀대 등), 모형 음식 등 • 각종 역할놀이 소품: 옷 입기 놀이를 위한 의상류(아빠 와이셔츠, 앞치마, 드레스류, 의사 가운 등 직업 의상, 남녀 한복 등), 다양한 신발류, 장신구 및 소품(액세서리, 빗, 선글라스, 모자, 구두, 가방, 스카프, 넥타이 등) • 농장, 동물원, 음식점, 기차역, 인형집, 소방서 등 각종 모형
쌓기놀이 활동자료		• 종이벽돌 블록, 유닛(단위)블록, 우레탄 블록, 속이 빈 공간블록, 스펀지 블록, 우유팩 블록 등 쌓기놀이형 블록과 자석 블록, 와플 블록, 띠블록, 꽃 블록, 눈송이 블록 등 끼우기형 블록 등 • 인형류(모형 동물, 사람인형, 로봇, 공룡 등), 탈것류(작은 자동차나 배 같은 운송수단 등), 기타 보육주제와 관련된 소품들(동물 가면, 교통표지판, 신호등, 간판표시물, 운전대, 경찰 오토바이용 모자, 소방관 모자, 모형 건물이나 집 등)

출처: 보건복지부·중앙보육정보센터(2013b), p. 41-43.

[유아용 교재 · 교구]

: 유아용 언어교구

: 유아용 수 · 과학교구

: 유아용 동작교구

4 교재 · 교구 관리

어린이집에서 구입하거나 제작한 교재 · 교구는 〈표 4-8〉과 같이 관리한다.

표 4-8 교재 · 교구 관리 방법

구분	내용	비고
교구대장	• 흥미영역별 교구대장을 준비하여 목록에 정리 • 추가로 구입하거나 제작한 교구는 교구대장에 기록하여 정리	어린이집의 규모나 관리 상황에 따라 영역별 교구대장을 각각 혹은 함께 준비
교구관리 대장	• 교구실(자료실)에 비치된 교구를 사용하는 경우 교구명과 일시, 담당자 등을 기록하고 반납 시 같은 방법으로 기록 • 실습생이 교구를 관리하기 편하도록 사전 교육을 통해 안내	동일 교구를 함께 사용하는 경우 보육교사 간의 사전적 합의로 사용하면 편리
교사 회의록	교사회의를 할 때 매월 1회는 다음 주에 필요한 교구나 교재 등에 대한 교사 간 제안이나 건의사항을 의논하여 기록	
예산서	교재 · 교구 구입비를 수립하여 매월 혹은 분기, 반기별로 교사들과 함께 의논하여 구입	
교구관리	• 현재 사용하지 않는 교구는 영유아의 활동공간이 아닌 별도 공간에 종류별로 찾기 쉽게 정리하여 관리 • 상자를 사용하는 경우 겉면에 내용물의 이름을 표시하여 찾기 쉽게 관리 • 교구실(자료실)은 절대 영유아가 출입하지 않도록 항상 문을 잠가 안전관리에 유의 • 보육실에서 상시적으로 사용하는 교구는 담임교사가 위생 및 안전 상태를 매일 점검하여 관리 • 보육실 외 기타 공간에서 사용하는 교구는 업무분장을 통해 담당교사가 위생 및 안전 상태를 매일 점검하여 관리	별도 자료실을 설치하지 못하는 경우 영유아가 사용하지 않는 교사실, 원장실, 상담실 등의 공간을 활용
유의사항	• 영유아가 교구를 잘 볼 수 있고 꺼내기 쉽고 정돈하기 편하도록 개방된 교구장에 교구를 배열한다. • 각 교재 · 교구를 영유아가 영역별로 잘 활용할 수 있도록 각 교재 · 교구를 배치하는 공간을 준비한다. • 매일 상시적으로 사용하는 교구는 항상 일정한 장소에 배치하여 영유아가 안정감 있게 사용하도록 한다. • 교재 · 교구는 흥미영역별로 구분하여 배치한다. • 정돈된 상태로 배열하는 것은 활동 후에 영유아가 정돈하는 기준을 제공한다. • 시청각 교구나 과학활동자료 중 파손할 우려가 있는 교구는 안전한 장소에 배치한다.	

　원아 모집과 관리는 영유아교육기관의 존립을 좌우하는 매우 중요한 일이다. 모집이 순조롭게 이루어지면 그 기관에 대한 학부모의 만족도가 높고 평가가 좋다는 것을 의미한다. 그러나 모집이 잘 안될 경우에는 지역적인 특별한 이유가 있거나 그 기관의 운영에 문제가 있다고 할 수 있다. 원아모집 계획을 합리적으로 수립하여 원아를 원만하게 모집한 후 모집된 원아를 효율적으로 관리하는 것 역시 영유아교육기관의 중요한 임무다.

　이 장에서는 영유아교육기관의 원아 모집과 원아 관리에 관하여 구체적으로 살펴보고자 한다.

1. 원아모집 계획

1) 유치원

(1) 입학대상

　교육청의 관련 공문과 유치원의 운영방침에 따라 모집대상 유아의 연령과 입학 우선순위를 정한다.

(2) 원아모집 시기

　원아모집은 보통 10월 말 정도부터 홍보를 계획하고 실시하며, 12월부터 입학하기 전 까지가 원아모집 기간이다. 유치원의 원아모집 시기는 유치원이 소재하고 있는 관할 교육청의 권고에 따른다.

　지역사회에서 좋은 평가를 받는 유치원은 모집인원보다 많은 인원이 몰려 경쟁을 하게 된다. 모집은 객관적으로 투명하게 이루어져야 하므로 모집인원보다 많이 올 경우 추첨을 통해 결정을 하는 경우가 대부분이다. 추첨을 하게 될 경우 오류가 생기지 않도록 모집인원을 정확하게 하여 학부모가 인정할 수 있도록 객관성 있게 모집해야 한다.

유치원은 입학과 퇴원이 자유롭고 빈번하게 이루어져 어떤 유치원에서는 연중 내내 모집을 하는 경우도 있고 학기마다 모집을 하는 경우도 있는데, 이것은 각 유치원의 규정과 운영자의 판단에 의한다.

표 5-1 유치원 원아모집 계획 예시

단계		시기	내용	비고
사전 준비	추첨 준비	9월 말	• 원서, 봉투, 추첨카드 재고 파악 • 전년도 기안 및 원아모집 평가 확인	
		10월 초	• 11월 현수막 게시대 신청(현수막 업체) • 신입생 모집 기안 초안 작성	현수막 업체명: ○○
	통학버스 노선 점검	10월 초	• 통학버스 노선 점검 및 노선 확정	교사, 운전기사
	신입생모집 홍보물 준비	10월 중순	• 현수막 게시 및 유치원 교육 안내 책자 제작 • 입학설명회 PPT 제작	담당교사
	진급상담 및 모집인원 확정	10월 말	• 재원생 진급 상담(재원신청서, 재원생 동생 입학요강 안내문 배부) • 유치반 상담(11.18~11.22)	신입생모집 인원 확정(10/28)
홍보		10월 중순	• 모집일정 홈페이지에 탑재	담당교사
		10월 중순	• 현수막 　– 통학버스 홍보 　– 게시대 홍보	
유치원 공개		11월 초	• 유치원 시설 정비 • 차, 종이컵 준비 • 유치원 입학 설명회: PPT, 빔 프로젝터 설치, 의자 세팅 • 유치원 교육 안내 책자 준비	

(계속)

원서교부 및 접수	11월 초 · 중순	• 원서교부 　– 원서, 교육 안내 책자, 모집 　　안내문 • 우선전형 • 방과후과정반 전형 • 교육과정반 전형 • 방과후과정반 학부모 구비 서 　류 접수(취업증명서 및 사업등 　록증)	• 접수: 원서접수대 　장, 입학원서, 유치 　원 안내 책자, 봉투 • 추첨: 추첨 카드, 추 　첨함, 마이크 및 앰 　프 시설, 줄서는 라 　인 의자, 번호 • 확인: 연령 삼각대, 　무통장입금 안내 　문, 영수증(입학수 　속금 · 수익자 부담 　금), 원장님 인사말 　및 OT 일정 유인물
추첨준비	11월 중순	• 방과후과정반 인원 확인(추첨 　여부 확인)(정원 초과일 경우 추 　첨, 아닌 경우 합격문자 발송) • 교육과정반 인원 확인	
공개추첨	11월 중순	• 방과후과정반	
	11월 중순	• 교육과정반	
합격자 발표	11월 중순	• 방과후과정반: 추첨일 당일 공지	담당교사
	11월 중순	• 교육과정반: 추첨일 당일 공지	

(3) 원아모집 절차

원아모집 공고 → 입학 상담 및 원서교부 → 입학원서 접수 → 입학대상자 선발 · 통보 → 입학금 납부 → 입학대상자 확정

2) 어린이집

(1) 입소대상 및 순위

어린이집의 입소대상은 0~6세 미만의 취학 전 아동과 12세까지의 방과후 보육 대상 아동이다. 즉, 0~12세 아동 중에서 보호자가 근로 또는 질병, 기타 사정으로 인하여 직접 보육하기 어려운 아동으로서 보호자가 위탁한 아동을 그 대상으로 한다.

입소순위는 지원자 수가 보육정원을 초과할 경우 입소대상의 차례를 정하는 것을 의미한다. 어린이집의 입소순위는 어린이집의 유형이나 지역에 따라 차이가

있지만「영유아보육법」제28조와「영유아보육법 시행규칙」제29조에서는 다음과
같이 제시하고 있다(보건복지부, 2014a).

1 1순위
- 「국민기초생활보장법」에 따른 수급자(법정)
- 「한부모가족지원법」제5조의 규정에 의한 보호대상자의 자녀
- 「국민기초생활보장법」제24조의 규정에 의한 차상위계층의 자녀(최저생계비의 120% 이하)
- 「장애인복지법」제2조의 규정에 의한 장애인 중 보건복지부령이 정하는 장애등급 이상에 해당하는 자의 자녀(장애부모)
- 아동복지시설에서 생활 중인 영유아
- 부모가 모두 취업 중인 영유아
- 「다문화가족지원법」제2조제1호에 따른 다문화가족의 영유아
- 자녀가 3명 이상인 가구 또는 영유아가 2자녀 이상인 가구의 영유아
- 산업단지 입주 기업체 및 지원기관 근로자의 자녀로서 산업단지에 설치된 어린이집을 이용하는 영유아

2 2순위
- 기타 한부모 · 조손 가족, 입양된 영유아

(2) 입소자 결정
- 원장은 신청순위에 따라 어린이집 이용신청자명부(「영유아보육법 시행규칙」별지 제17조의2 서식)를 작성 · 비치하여 이를 열람할 수 있도록 하여야 한다. 입소대기관리시스템의 대기자 전산출력물로 대체 가능하다.
- 입소대기관리시스템을 통하여 입소 시 원장은 증빙서류를 제출받아 반드시 확인하여야 한다.
- 입소 확정 후 신청자는 증빙서류를 7일(휴일 포함) 이내에 제출하여 신청 시 산정된 입소순위에 대한 증빙을 하여야 한다. 7일 이내에 입소우선순위 확정을 위한 증빙서류를 제출하지 못하거나 「영유아보육법」등 관련 법령을 위반

한 경우 신청한 전체 어린이집에 대한 입소대기신청이 취소된다.
- 직장, 부모협동 어린이집을 제외한 모든 어린이집은 반드시 입소 우선순위에 따라 보육이 이루어지도록 해야 한다.

(3) 원아모집 시기

어린이집의 원아모집은 수시모집과 매년 12월에 이루어지는 정규적인 모집 방법이 있다. 수시모집은 어린이집에 결원이 생길 경우 대기 순서에 따라 입소하는 방법이며, 정규모집은 초등학교 입학과의 연계성과 재원아의 반 진급을 함께 고려해야 하므로 3월 신학기를 기준으로 12월에 주로 원아를 모집하게 된다. 이때 입소신청에 의한 입소신청자 명부를 작성하고 이를 상시 관리하여 예기치 않은 원아의 입소·퇴소에 대비할 필요가 있다.

(4) 원아모집 절차

원아모집을 위하여 우선 신학기에 모집할 원아 수를 파악해야 하므로 현재 어린이집에 다니고 있는 원아가 다음 해에도 계속해서 다니게 될지 여부를 미리 파악한 후 새로 선발해야 할 인원을 결정한다. 원아선정을 위하여 어린이집 입소에 대한 문의가 있을 경우 이용신청자명부(「영유아보육법 시행규칙」 별지 제17조의2 서식)에 명단을 작성하여 놓고 수시모집과 정규모집 시 활용하도록 한다. 2014년부터는 「영유아보육법」 제10조의 어린이집의 종류 중 직장, 부모협동 어린이집을 제외한 입소 우선순위가 적용되는 모든 어린이집에서는 입소관리시스템상에서 입소대기를 신청받을 수 있으므로 신청현황에 근거하여 원아를 모집할 수 있다.

원아모집을 위하여 입소원서와 필요한 서류를 준비해야 한다. 원아모집 시 필요한 서류로는 입소신청서, 주민등록등본, 생활기록부, 응급처치동의서, 귀가동의서, 사진 2매, 건강검진결과서 등이다.

2. 원아모집 방법

1) 홍보 방법

원아를 모집하는 데 활용할 수 있는 홍보 방법은 여러 가지가 있다. 신문, 라디오, TV, 잡지 등의 대중매체를 이용하는 방법과 포스터, 우편물, 전단지, 안내 책자 등 홍보물을 만들어 배포하기도 하며, 현수막을 걸거나 영유아교육기관 홈페이지를 통해 홍보할 수 있다. 또 예비 학부모가 영유아교육기관을 직접 방문하여 영유아교육기관에 대한 전반적인 사항에 대해 안내를 받고 질의응답을 할 수 있는 적극적 방법도 있다. 원아모집 시기에 홍보를 집중적으로 하는 것이 대부분이나 지역사회 주민과 학부모 및 관계 인사를 통해 항상 영유아교육기관이 소개되도록 하는 것이 효과적이다. 영유아교육기관의 교육활동을 통해 유치원의 장점이 입에서 입으로 전해지는 것은 특별히 비용이 들거나 홍보에 대한 노력을 크게 기울이지 않아도 원아모집에 유익하다.

홍보 방법을 정할 때 기준이 될 수 있는 것은 다음과 같다.

첫째, 경제성으로 홍보를 할 때 어느 방법으로 하든 비용이 발생한다. 홍보에 드는 비용은 방법에 따라 많이 들기도 하며 적게 들기도 한다. 대개 영유아교육기관은 한 가지 방법에 의하지 않고 여러 가지 방법을 사용하기 때문에 총비용이 의외로 많이 들 수 있다. 그러므로 예산에 책정된 비용 한도 내에서 방법을 찾아야 한다. 적은 비용으로 큰 효과가 있는 방법이 좋으므로 교사, 학부모, 지역사회 구성원들의 의견을 수렴하여 정하는 것이 바람직하다.

둘째, 효과성으로 홍보 방법에 따라 그 효과가 다르다. 시간적으로 빠르게 효과가 나타나는 것도 있고 꾸준히 효과가 나타나는 것도 있다. 종이로 인쇄된 전단지나 안내 책자 등은 관심이 있어서 받은 예비 학부모에게 궁금할 때마다 내용을 보고 결정할 수 있는 자료가 되어 좋은 점도 있다. 지역 방송국을 통해 홍보가 나갈 때는 많은 대상에게 전달된다는 효과가 있으나 구체적인 사항이 전달되지 않는 단점도 있고 방송에 드는 비용이 많이 들 경우 감당하기 어렵다는 단점도 있다.

셋째, 접근성으로 아무리 좋은 홍보 방법이라도 그 방법을 사용할 수 없는 경우라면 소용이 없다. 접근성에는 홍보 방법을 유능하게 원활하게 다룰 수 있는가도 포함되어야 한다. 예를 들어, 영유아교육기관 홈페이지를 통해 홍보를 할 때 홈페이지를 원활하게 다룰 수 있는 사람이 영유아교육기관에 없다면 그 방법을 사용하는 데 문제가 된다. 그러므로 홍보 방법을 선택할 때 방법에 대해 잘 알고 할 수 있는 자원이 있는지, 홍보의 대상이 되는 사람들이 쉽게 접할 수 있는 방법으로 하는 것이 바람직하다.

일반적으로 많이 사용하는 영유아교육기관 홍보 방법은 〈표 5-2〉와 같다(보건복지부 · 중앙보육정보센터, 2013a).

표 5-2 영유아교육기관 홍보 방법

홍보 방법	내용
간판	거리에 분명하게 보이는 크기와 모양으로 제작하며, 복잡한 것보다는 영유아교육기관의 특징과 장점이 부각되는 간단한 디자인이 수요자의 시선을 끌 수 있다.
현수막	글자 및 도안을 간결하게 구성하여 이동인구가 많고, 눈에 잘 띄는 곳에 부착한다. 현수막 부착 지점으로 명시된 곳에 부착해야 하며, 현수막 관리 주체에 신청하여 일정 기간 게시할 수 있다.
포스터	유동인구가 많은 지역의 게시판을 사용하여 부착한다. 게시판 운영 주체에 신청하여 게시하고, 대부분 유료로 정해진 기간 동안만 부착이 허용된다.
인쇄물	프로그램의 특징과 장점, 환경, 프로그램의 개요, 원아모집 대상 등을 간단 명료하게 알릴 수 있는 디자인을 선택한다.
이벤트	특정한 요일을 선정하여 학부모와 원아를 초청하여 다양한 행사를 개최하거나 시범수업, 기념품 배포, 영유아를 위한 각종 검사, 부모교육 실시 등과 같은 지역주민을 위한 행사를 통해 영유아교육기관을 홍보할 수 있다.

출처: 보건복지부 · 중앙보육정보센터(2013b), p. 129.

새로 개원하는 신설 영유아교육기관과 기존 영유아교육기관의 홍보 방법은 달라야 한다. 신설 영유아교육기관의 경우 지역사회에 알려져 있지 않기 때문에 원아를 모집하는 데 어려움이 많다. 따라서 영유아교육기관의 존재를 지역사회에 널리 알리는 것이 우선적으로 필요하다. 원아모집 시기 전부터 홍보를 하고 원아모집이 끝난 후에도 지속적인 홍보를 하는 것이 지역사회의 인지도를 높이는 방법이다.

기존의 영유아교육기관들은 지역사회에서 인지도가 높으므로 원아모집 시기에 원아모집 내용에 대한 것을 알리며, 영유아교육기관의 활동을 꾸준히 학부모와 지역사회 주민과 나눔으로써 홍보 효과를 볼 수 있다.

Tip!   안내 책자, 전단 등 인쇄물을 통한 홍보 시 필수 사항

1. 문장은 간단명료하게
2. 사진은 영유아교육기관 전경과 시설설비 중 특색 있는 곳을 찍은 사진
3. 영유아교육기관 이름, 주소, 전화번호, 홈페이지 주소, 약도(통학버스가 있는 경우 노선도)
4. 모집 시기, 모집대상 영유아 연령, 학급 구성
5. 교육 · 보육 활동

2) 홍보 내용

홍보 내용에는 영유아교육기관에 대한 기본 사항을 포함하고 있어 홍보를 받는 사람들의 영유아교육기관에 대한 이해를 돕고 좋은 반응을 하도록 해야 한다. 홍보 내용은 진실한 것이어야 한다. 과장이나 왜곡되게 표현되어 오해를 불러일으키면 안 된다.

홍보 내용은 방법에 따라 홍보 내용의 표현양식이나 내용의 분량이 달라야 한다. 대중매체를 통한 홍보에서는 구체적인 내용이 들어가기 어렵고, 그 영유아교육기관과 교육활동 및 운영에 대한 개괄적인 내용이 표현된다. 그러나 안내 책자의 경우는 보다 많은 내용을 담을 수 있다. '입학설명회' 형식은 예비 학부모가 영유아교육기관을 방문하여 설명을 듣는 것으로 영유아교육기관의 시설 · 설비를 직접 참관할 수 있으며, 질의응답이나 상담 등을 통해 교육 내용에 대한 것도 비교적 상세하게 안내받을 수 있다.

홍보 내용에 들어가야 할 사항은 다음과 같다.

● 영유아교육기관 소개: 영유아교육기관의 이름, 연혁, 주소, 전화번호, 홈페이지 주소, 약도 등(통학버스를 운영할 때는 통학버스 노선)
● 영유아교육기관의 교육 · 보육 및 운영 철학: 영유아교육기관의 교육철학이 담긴 원훈, 영유아교육기관의 비전, 설립단체 또는 설립자의 설립 및 운영 의지 등
● 교육 · 보육활동: 교육 · 보육프로그램, 영유아 활동 내용, 특별 프로그램 등(인성교육사업, 영차프로그램 등 영유아교육기관이 다른 영유아교육기관과 다른 특성이 있는 점을 홍보할 수도 있다)
● 영유아교육기관 운영에 대한 사항: 교직원 조직 및 소개, 시설 · 설비 등

3. 유치원 원아 관리

1) 유치원 입학 준비

유치원 입학이 확정된 유아를 맞아들일 준비를 해야 한다. 유아를 잘 알아야 교육의 효과를 높일 수 있고, 유아가 유치원에 잘 적응할 기회를 주어야 한다. 유치원은 유아와 학부모에 대한 정보수집, 유아와 학부모와의 면담, 유아의 유치원 방문 및 오리엔테이션 등의 입학 준비를 한다.

(1) 유아에 대한 이해 돕기

유아에 대한 이해를 돕기 위해 유아와 가족에 대해 기본 정보를 수집한다. 입학원서와 아동 개인환경조사서를 통해 먼저 정보를 얻고 학부모와의 상담이나 오리엔테이션에서 유아와의 만남을 통해 유아에 대한 정보를 얻을 수 있다.

유아와 가정에 대한 조사서 등을 통한 정보는 유아를 비롯한 가족의 개인정보이므로 관계자 외에 노출되지 않도록 관리를 잘해야 하며, 특히 정보를 수집할 때「개인정보 보호법」에 유념하여 수집하고 다루어야 한다. 정보의 수집 목적은 어디까지나 유아의 교육을 효율적으로 하기 위한 것이므로 불필요한 정보의 수집이 없도록 하고, 이러한 자료를 연구목적 등 다른 자료로 사용할 때에는 반드시 사전에 학부모의 동의를 얻어야 한다.

유아를 보다 잘 이해하기 위해서 학부모로부터 수집해야 하는 정보목록에 포함되어야 할 내용을 살펴보면 다음과 같다(강문희 외, 2007).

- 유아의 출생부터 현재까지의 발달에 대한 정보(부모의 기록): 출산 방법, 장소, 출생 시 몸무게, 임신기간, 병력, 발육력(운동능력, 언어능력, 인지능력, 사회성, 기질, 성품 등), 유전적 질병, 가족 질병
- 소아과 의사의 건강진단기록
  - 건강을 위해 특별히 주의할 사항: 음식, 약, 활동할 때 주의할 점 또는 예방책
  - 유아가 받은 건강진단기록: 키, 몸무게, 시력・청력, 걸음걸이, 치아, 심장, 생식기, 관절, 빈혈, 소변검사 등에 있어서 정상・비정상의 여부, 권고사

항, 계속적으로 진단 · 치료할 내용

> ### Tip! 유아 관련 사전 정보 수집의 중요성
>
> 음식물에 대한 알레르기가 있는 유아, 아토피나 심질환 등 질병이 있는 유아에 대해 유치원 전
> 교직원이 유아에 대한 정보를 갖고 있어야 위험을 예방할 수도 있고 유사 시에 응급처치를 신속
> 하고 정확하게 할 수 있다. 유치원에서 학기 시작 전에 유아에 대한 정보를 수집하면 목록을 만
> 들어 전 교직원이 숙지하도록 한다.

● 응급처치에 대한 위임 서명

[응급치료동의서 예시]

응 급 치 료 동 의 서

반	이름		성별	남 / 여
생년월일	년 월 일		혈액형	형

유치원에서 응급상황이 발생 할 경우 학부모님께서 본 유치원에서 마련한 응급치료동
의서 1항, 2항 중 선택을 해 주시면 이에 따라 유아에게 적절한 최적의 조치를 취하고자
합니다.
    다음 1, 2항목을 참고하시어 동의하시는 항목에 서약하여 주시기 바랍니다.

1항. 본 유치원 지정병원인 ○○병원, △△병원, ××대병원에서의 응급치료에 동의합
니다.

                    년 월 일   보호자 _____ 인(서명)

2항. 본 유치원 지정병원에서의 응급치료에 동의하지 않습니다. 응급상황 시에도 보
호자가 직접 유아를 병원에 데려가겠습니다.

                    년 월 일   보호자 _____ 인(서명)

(2) 유아 대상 오리엔테이션

유아의 유치원 적응을 돕기 위해 입학 전 사전 활동으로 오리엔테이션을 한다. 오리엔테이션 방법은 여러 가지가 있다. 유아의 발달에 대한 간단한 검사를 하면서 교사가 유아와 상호작용의 시간을 갖는 방법도 있고, 유아들이 소집단으로 와서 교사와 함께 자신이 생활할 교실에서 놀잇감을 갖고 자유선택놀이 활동을 하는 방법도 있다. 오리엔테이션의 횟수는 1~2회 정도 한다. 시간은 유아가 지루해하거나 피곤하지 않도록 30~50분 정도로 하는 것이 바람직하며, 간단한 간식을 준비하는 것도 좋다.

유아들이 교사와 준비된 활동을 하는 동안에 원장과 원감, 행정직원은 학부모들에게 유치원의 교육프로그램, 유아지도에 필요한 안내, 교육비 납부 등에 대한 안내를 할 수 있고, 또한 학부모들과 의논할 건들에 대해 설명할 수 있다. 오리엔테이션은 유치원의 계획이나 학부모의 여건에 따라 차이가 있지만 보통 소집단으로 시간대를 정하여 진행한다.

(3) 학부모 오리엔테이션

학부모 오리엔테이션은 앞으로 유아의 교육을 위해 유치원과 가정의 긴밀한 관계 형성과 유치원 교직원과 신뢰감을 형성하는 데 중요하다. 유아의 오리엔테이션 시간을 이용하여 학부모들을 강당 등에 전체가 모이게 하여 유아의 유치원 활동에 관한 여러 가지 사항에 대한 설명을 한다. 간단한 다과를 준비하여 제공하면 처음 만나는 서먹함을 감소시킬 수 있다.

오리엔테이션 내용으로 포함되어야 할 내용은 다음과 같다.

- 유치원의 교육철학 및 교육프로그램 운영
- 일과 운영계획과 행사계획
- 급식 사항
- 유아의 유치원 생활에 관한 사항
- 유아의 건강, 안전에 관한 사항
- 유치원 차량 운행 노선 및 운행 시간
- 교육비와 납입 방법에 관한 사항

오리엔테이션은 사회자의 인사로부터 시작한다. 내용 전달을 위해 말로 하는 것보다 파워포인트를 이용하여 사진이나 동영상 등과 함께 안내할 때 이해가 쉽다. 입학 절차에 따른 유인물, 원아조사서 등을 준비하여 두었다가 배부하거나 작성할 시간적 여유가 있으면 작성하고 가도록 한다. 부모 오리엔테이션 시간에 개인환경조사서를 실시하여 유아와 가정환경에 대한 정보를 수집할 수 있다.

[개인환경조사서 예시]

유아 성명		보 호 자	
유아 주민등록번호		유아 연령	만 ( )세

이 기록은 유아 개개인에 대한 이해를 돕고자 마련하였습니다. 답변하신 자료는 교육 및 운영에 참고하게 되므로 자세하고 성의 있게 기록해 주시기 바랍니다.

출산	♠ 유아가 태어났을 때의 시기를 기록해 주십시오.
	  아버지의 나이(세), 어머니의 나이(세)
	♠ 처음 태어났을 때의 특징을 표시해 주십시오.
	  미숙아( ), 우량아( ), 표준( ) 기타( )

발육	♠ 처음 말을 시작한 시기: ( )세, ( )개월 때
생활	♠ 주 양육자는 누구인가요? ( ) ♠ 집에서 자주 하는 놀이는 무엇인가요? ( ) ♠ 가정에서 가장 좋아하는 사람은 누구인가요? ( ) ♠ 유아의 좋은 습관과 나쁜 습관을 써 주십시오. ( )

질병	♠ 유아가 앓았던 질병이나 자주 앓는 질병이 있다면 기록해 주십시오.
	  ( )
	♠ 유아가 다쳤던 경험이나 수술을 한 경험이 있다면 자세히 기록해 주십시오.
	  ( )
	♠ 유아가 다니는 병원의 이름과 위치를 기록해 주십시오.
	  병원 이름:
	  병원 위치:

(계속)

배변 습관	♠소변은 하루에 몇 회 봅니까? 약 ( )회 ♠실수로 소변을 옷에 적시는 경우가 있습니까? 　① 거의 없다. ② 가끔 있다. ③ 자주 있다. ♠대변은 규칙적으로 봅니까? 　하루에 대변 보는 횟수: ( )회　　　대변 보는 시간: ( )시경 ♠대변 볼 때 도움이 필요합니까? 도움이 필요한 항목에 ○표 해 주십시오. 　① 옷 벗고 입기 ② 뒤처리 ③ 손 씻기 ④ 기타( )
식습관	♠ 매일 아침식사는 규칙적으로 합니까? 만약, 아침식사를 규칙적으로 한다면 시간을 구 　체적으로 적어 주십시오. (안 할 경우 이유를 적어 주십시오) 　( ) ♠ 아침식사의 양은 어느 정도입니까? 　① 잘 먹는다. ② 보통이다. ③ 잘 먹지 않는다. ④ 억지로 먹는다. ♠아침식사는 주로 무엇으로 합니까? 　① 밥과 반찬 ② 빵과 우유 ③ 우유에 타 먹는 곡물 ④ 기타( ) ♠ 유아가 혼자서 밥을 먹을 수 있습니까? 　① 먹는 것을 도와주어야 한다.　　　② 조금만 도와주면 혼자서 먹는다. 　③ 도움 없이 혼자서 먹을 수 있다. ♠ 유아가 좋아하는 음식: 　유아가 싫어하는 음식: ♠ 음식에 대한 알레르기 반응을 나타내는 것이 있다면 기입하여 주십시오. 　음식:　　　　　　　　　　　　반응:
수면 습관	♠ 저녁에 잠자는 시간은 몇 시입니까? ( ) ♠ 아침에 일어나는 시간은 몇 시입니까? ( ) ♠ 낮잠은 잡니까? ① 잔다.(낮잠을 취하는 시간:) ② 안 잔다.
예방 접종	♠ 예방접종을 한 것에 ○표 해주세요. 　BCG, DTap, 폴리오, 홍역, 유행성이하선염, 풍진, 수두, 일본뇌염, 뇌수막염, 볼거리, 인 　플루엔자, 기타( )
기관 경험 및 유치원 생활	♠ 본 유치원에 오기 전에 어느 기관에서 경험이 있었는지 기관명과 기간을 자세히 적어 주 　십시오. 〈예: **유치원(어린이집, 미술학원 등) 20○○년 ○월 ~ 20○○년 ○월) 　( ) ♠ 유치원 교육이 왜 필요하다고 생각하십니까? 　( ) ♠ 본 유치원에 지원하신 특별한 동기나 기대가 있으시다면 구체적으로 적어 주십시오. 　( )

긴급 연락처	유아와의 관계	연락처(주소)
	1.	( )
	2.	( )
	3.	( )

　　　아울러 오리엔테이션 시간에 다음 예시와 같은 내용의 유치원 운영 전반에 대한 안내를 하여 학부모가 협조할 수 있도록 한다.

[유치원 운영 안내 예시]

　　　2014학년도 유치원 운영에 관하여 안내드립니다. 유아에게 건강하고, 안전하고, 즐거운 유치원이 될 수 있도록 최선의 노력을 다하겠습니다. 학부모님들의 관심과 협조를 부탁드립니다.

1. 학사일정
　　2014학년도 학사일정은 3월에 보내드립니다. 주요 행사일정은 다음과 같습니다.
- 가정연계 행사: 참관실 개방 학부모 수업참관(매달 1회)/학부모참여수업(5월 말)/문화의 밤(10월 초)/학부모사랑방(연 4회)
- 계절여행: 봄소풍(4월), 여름캠프(7월), 가을소풍(9월), 겨울여행(1월)
- 기타 행사: 어린이날 행사(5월)/민속놀이 한마당(9월)/재능큰잔치(어린이발표회, 산타잔치, 12월)/○○마당, 줄넘기대회
- 휴일: 여름방학, 겨울방학, 개교기념일, 봄방학

2. 체험활동
- 현장학습은 교육과정의 주제에 따라 유아가 다양한 체험을 할 수 있도록 계획하였습니다.
    - 생활주제와 발달에 적합한 현장체험활동
    - 각종 놀이체험전, 도자기공예, 과학체험, 음악체험, 미술 등 각종 원내 체험활동
- 매월 어린이도서관을 방문합니다.
- 유아의 건강생활 실천을 위하여 매월 줄넘기 대회를 실시합니다.
※ 우천으로 인한 현장체험활동 취소 시 유치원에서 대체 프로그램으로 정상 수업이 진행됩니다.

3. 유아 발표회(○○마당) 실시
　　유아의 발표력 증진과 경험 공유를 통한 학습촉진을 위하여 ○○마당을 월 1회 실시합니다.

4. 등하원 지도
- 통학버스를 이용하는 원아는 통학버스 도착시간 3분 전에 정해진 정류장에서 기다려 주시기 바랍니다.
- 통학버스 이용 시 승하차 위치의 변경은 원칙적으로 불가능합니다. 그러나 부득이한 경우에는 사전에 유치원으로 꼭 연락주시기 바랍니다.
- 한겨울에 폭설로 인하여 통학차량 운행에 차질이 있을 수 있습니다. 폭설로 차량 운행이 어려울 경우 지정 장소까지 혹은 유치원까지 유아를 데리고 나오실 수도 있사오니 부모님의 이해와 협조를 부탁드립니다.

5. 기타 협조사항
- 지각, 조퇴, 결석 등을 하게 될 경우 담임교사에게 반드시 미리 전화연락을 해 주시기 바랍니다.

(계속)

- 전염성 질환(수두, 볼거리, 수족구, 전염성 안질환 등)의 징후가 보일 경우 다른 유아의 건강을 위해 격리되며, 가정으로 곧 귀가하게 됩니다.
- 생일축하는 반별로 이루어집니다. 생일을 맞은 원아는 생일 당일 케이크를 가정에서 보내 주십시오.
- 홈페이지 가입안내를 드립니다. 가입기간은 2월 말에서 3월 초 예정입니다. 자세한 가입절차는 유치원 홈페이지를 참고하시기 바랍니다.

6. 교육비 및 수익자 부담금 납부 및 환불
- 교육비 및 각종 수익자부담금은 CMS계좌이체로 실시합니다. 교육비는 전월 마지막 주 목요일에 인출됩니다. 방학에도 납부합니다.
- 잔액 부족으로 CMS 인출이 안 된 경우에는 유치원으로 무통장입금을 해 주시기 바랍니다. 유치원에서 별도의 추가인출은 하지 않습니다.
- 누리과정 전면 시행에 따른 국가보조 유아 학비지원사업에 적극적으로 참여하시기 바랍니다.
- 부득이한 사유로 유치원을 자퇴할 경우 교육비는 일할 계산하여 반환하여 드립니다.
- 유치원을 자퇴할 경우 급식비와 교통비는 우리 유치원 수익자부담금 환불 규정에 따라 반환하여 드립니다.

교육비 자동이체 신청 안내

모든 금융권에서 주 5일 근무제가 시행되고, 은행 지점의 창구 축소화 움직임에 따라 유아교육기관의 원비 수납 방식도 변화되고 있습니다.
이미 초·중·고등학교에서도 학부모님의 편의에 맞추어 자동이체 서비스를 실시 중입니다.
우리 유치원에서도 은행 방문 시 학부모님들의 불편을 조금이라도 덜어 드리기 위해 원비 입금 방식을 지금까지의 무통장입금, 지로입금 등의 방식에서 보다 편리하고 은행공동망을 통해 더욱 안전하고 선진화된 결제 시스템인 '자동이체 방식'으로 운영하고 있습니다.

♠ CMS 자동이체 방식은 이런 점이 편리합니다.
◎ 복잡한 금융기관에 매달 방문해야 하는 번거로움이 없습니다.
◎ 은행 창구의 지로 수납 기피로 인한 불편함이 사라집니다.
◎ 은행 간 계좌 이체 시 발생되는 높은 수수료가 없습니다.
◎ 영수증을 일일이 보관할 필요가 없습니다.
◎ 통장에 '○○유치원'으로 표시되어 관리가 쉽습니다.

학부모님들의 적극적인 참여를 부탁드립니다.
첨부해 드린 'CMS 이체신청서'를 작성하셔서 유치원으로 보내 주시기 바랍니다.

전화문의: ○○○-○○○○
○ ○ 유치원

2) 유치원 학급편성

「유아교육법 시행령」제13조에 따르면, 유치원 학급편성은 같은 연령으로 한다. 다만 원장은 교육과정의 운영에 필요한 경우에는 혼합연령으로 학급을 편성할 수 있다고 되어 있다. 유아를 모집할 때 학급편성에 대한 계획은 이미 수립되어 있어야 한다. 유치원의 교육철학과 운영방침에 따라 정하는데, 유치원이 소재한 지역교육청에서 제시한 바를 고려하여 결정한다.

학급편성 방법은 동질집단 편성과 이질집단 편성의 두 가지 유형이 있다. 동질집단 편성은 유아의 연령별, 성별, 능력별, 지역별, 계층별, 인종별로 구분하여 편성하는 것을 말한다. 연령에 따라 3세반 4세반 5세반으로 학급을 편성하는 것, 즉 연령별 집단편성(chronological grouping)이라고 한다. 동질집단 학급편성의 장점을 살펴보면 다음과 같다(강문희 외, 2007).

첫째, 유아의 능력, 경험 및 발달수준이 비슷하므로 학습활동 계획과 지도가 용이하다.

둘째, 경험이 적은 교사도 유아들을 쉽게 지도할 수 있다.

셋째, 유아의 연령과 능력이 비슷하기 때문에 유아 상호 간의 충돌로 인한 좌절 경험을 줄일 수 있다.

이질집단 편성은 유아의 연령, 성, 능력, 지역, 계층 인종 등을 적절히 혼합하여 학급이나 집단을 편성하는 것으로 수직적 집단편성 또는 가족집단편성이라고도 말한다. 이질집단 편성의 한 예로 연령혼합 편성을 들 수 있는데 만 3세부터 만 5세까지의 유아들을 같은 학급으로 편성한 경우다. 이런 편성의 장점은 다음과 같다.

첫째, 나이 어린 유아는 나이 든 유아로부터 배우고 나이 든 유아는 나이 어린 유아를 도와줌으로써 배운다.

둘째, 발달이 약간 늦은 유아는 나이 어린 유아와 능력이나 발달수준이 비슷하므로 친구로서 잘 어울린다.

셋째, 연령혼합 형태의 집단편성은 가족과 같은 분위기를 준다.

넷째, 교사는 유아의 수준에 알맞은 다양한 학습활동을 선정할 수 있는 기회를 줌으로써 연령 차이와 발달수준의 차이를 줄일 수 있다.

이질집단 학급 편성의 단점은 다음과 같다.

첫째, 유아 간의 발달수준이나 능력의 차이로 인해 학습활동의 계획과 지도에 어려움이 있다.

둘째, 나이 어린 유아는 나이 든 유아로부터 억압과 좌절을 경험하게 된다.

셋째, 나이 든 유아는 나이 어린 유아의 행동을 모방함으로써 퇴행하는 경향을 보인다.

넷째, 교사가 유능하지 않거나 학습활동이나 자료가 다양하지 않으면 교육의 효과를 얻기 어렵다.

대부분의 유치원에서는 연령별 학급편성을 하고 있다. 유아 수가 적은 유치원이나 교육철학에 따라 연령혼합 편성을 부분적으로 하기도 한다. 예를 들어 만 5세는 동일연령으로 편성하고 만 3~4세는 혼합연령으로 또는 만 3세는 단일연령으로 만 4~5세는 혼합연령으로 편성하기도 한다. 연령별 학급편성을 할 때 유아의 거주지, 버스 노선, 성비 등을 고려하여 편성한다.

3) 유치원 입원 · 퇴원 관리

원아의 입학이 이루어지고 3월부터 신학기가 시작된다. 유아 중에는 학기 초에 유치원 생활을 적응하지 못하여 퇴원하는 경우가 있다. 유아가 퇴원하는 이유는 부적응 외에도 이사를 하는 경우 등이다. 또한 다른 지역이나 유치원에서 전입하는 경우가 있다. 또 장기 입원이나 여행 등으로 결석 일수가 많을 경우 휴학하기도 하며, 다른 유치원으로 전학을 가기도 한다. 학기 중간에 입학이나 전입을 하는 유아도 있을 수 있다. 이와 같은 유아의 재적 사항을 대장에 기록하여 관리한다.

Tip! 유아 결석과 유아 학비 지원

- 유아가 아무 이유 없이 1개월 이상 결석할 경우 유아 학비 지원이 안 됨
- 15일 이상 결석하면 출석 일수만큼만 유아 학비 지원이 됨
- 병결일 경우 1개월 간 결석 인정됨. 단 진단서 첨부해야만 함

[입학·퇴학 처리 대장 예시]

학년도	재적	3월	4월	5월	6월	7월	8월	9월	10월	11월	12월	계

아동 구분					이동년월일	반	번	성명	생년월일	사유	이동 후의 재적 상황(월)											총계	담임	원감	원장
입학	퇴학	휴학	전학	복학							3	4	5	6	7	8	9	10	11	12	1	2			

4) 유치원 생활기록부 관리

(1) 생활기록부 업무 관리

구분	업무 단계별 처리 방법
유치원 생활기록부 입력	① 유치원 생활기록부는 컴퓨터 저장매체에 입력 ② 유치원 생활기록부는 한글로 입력하고, 입력란이 부족할 때에는 유치원의 필요에 따라 추가
〈관련 근거〉 「유아교육법」 제14조, 제17조의2 「유아교육법 시행령」 제12조, 제15조 〈참고 자료〉 유치원 생활기록부 작성 및 관리 지침 유치원 생활기록부 (양식) 유치원 생활기록부 정정대장	③ 입력 사항 • 인적 사항 • 학적 사항 • 출결 상황 • 신체 발달 상황 • 유아 발달 상황 　- 유치원 교육과정(누리과정)은 신체운동·건강, 의사소통, 사회관계, 예술경험, 자연탐구 영역의 발달 상황에 대한 관찰 결과를 구체적인 문장으로 입력 　- 문장의 끝맺음은 '~함' '~임' 등으로 통일하여 입력 　- 기술 내용은 유치원 교육과정(누리과정)에 제시된 세부 내용을 준거로 입력
보관 및 송부	① 유치원 생활기록부는 컴퓨터 저장매체에 서식에 따라 기재하여 30년간 보관하고, 그 출력물은 유아가 졸업한 이후 3년 동안 보관 ② 유치원장은 유아의 보호자 또는 유아가 입학한 초등학교장 및 특수학교장이 유아의 생활지도에 필요하여 요청하면 보호자가 동의할 경우 유치원 생활기록부를 출력하여 송부
유의사항	① 매 학년이 종료된 이후에는 입력 자료에 대한 정정은 원칙적으로 금지함 ② 불가피한 경우에는 정정 내용에 관한 증빙자료를 첨부하여 정정 사유, 정정 내용 등에 대하여 유치원 생활기록부 정정대장의 결재 절차에 따라 정정 처리를 해야 함

출처: 교육과학기술부·경기도교육청(2013), p. 14.

[생활기록부 양식]

유치원 생활기록부

구분 \ 연령	만 3세	만 4세	만 5세	사진 (3×4)
반				
담임 성명 (서명 또는 인)				

졸업대장번호	20 –	수료대장번호	20 –

1. 인적사항	성명		성별	생년월일	

구분	만 3세	만 4세	만 5세
3. 출결상황 교육일수			
출석일수			
결석일수			
의견			

1. 인적사항
- 주소
- 가족상황

구분 \ 관계	부	모	특이사항
성 명			
생년월일			

구분 \ 검사일	20 . .	20 . .	20 . .
키	cm	cm	cm
몸무게	kg	kg	kg

4. 신체발달상황
- 특이사항

2. 학적사항

입학 전 경험	(년 개월)	특이사항
20 년 월 일	유치원 만 세 입학	
20 년 월 일	유치원 만 세 전입(전출)	
20 년 월 일	유치원 만 세 퇴학	
20 년 월 일	유치원 만 세 졸업(수료)	
졸업 후의 상황	초등학교 진학, 기타:	

성 명		5. 유아 발달 상황		
영역별 \ 연령		만 3세	만 4세	만 5세
신체운동 · 건강				
의사소통				
사회관계				
예술경험				
자연탐구				
종합발달상황				

4. 어린이집 원아 관리

1) 어린이집 입소 준비

(1) 원아 및 가정환경 파악

원아 및 가족의 필요와 요구에 적합한 보육서비스를 제공하기 위해서는 먼저 입소 원아와 가족에 관한 정보를 수집해야 한다. 원아 및 가정환경의 파악은 규정된 양식의 생활기록부(양식 참조)를 부모에게 작성하게 하여 제출받는다. 생활기록부는 반드시 법정 서식을 사용해야 한다. 그동안 영아용과 유아용으로 구분되지 않고 사용되던 생활기록부는 2013년도부터 영아용과 유아용으로 구분되었으며, 포함된 주요 사항은 〈표 5-3〉과 같다.

표 5-3 영아용/유아용 생활기록부 포함 사항

영아용	유아용
인적 사항	인적 사항
기본생활습관 및 발달 상황	출결 상황
출결 상황	국가 필수 예방접종
국가 필수 예방접종	
병력 기록	신체 발달 상황
신체 발달 상황	활동 발달 상황

생활기록부에 기록된 영유아와 가족에 관한 정보는 비밀이 보장되어야 하며, 교육 목적 이외의 용도로 사용하여서는 안 된다는 점에 유의하여야 한다.

[영아 생활기록부 양식 예시]

1. 인적 사항   (앞쪽)

어린이집 명						
아동	이 름	(한글) (한자)		성 별	남 · 여	사진 (2.5×3cm)
	생년월일		입소 · 퇴소일		입소 퇴소	
	주 소					
	전화번호		혈액형			
보호자	아동과의 관 계	부		모	형제 (자매)	기 타
	이 름					
	직 업					
	근 무 지 (전화번호)					
	근무 시간	평 일				
		토요일				
		일요일				
데려오고, 데려가는 사람		(성명: 관계:) (성명: 관계:)				

2. 기본생활습관 및 발달 상황

영역 \ 연령		0세	1세	2세
기본생활습관	수면			
	배변			
	식사			
활동발달	신체운동			
	사회관계			
	의사소통			
	자연탐구			
	예술경험			

3. 출결 상황

구분 연령	0세	1세	2세
보육일수			
결석일수			
의견			

4. 국가 필수 예방접종

대상 전염병	백신 종류 및 방법	접종 차수	접종 일자	접종 기관
결핵	BCG(피내용)	1회		
B형간염	HepB	1차		
		2차		
		3차		
디프테리아 파상풍 백일해	DTaP	1차		
		2차		
		3차		
		4차(추가)		
폴리오	IPV	1차		
		2차		
		3차		
b형헤모필루스 인플루엔자	PRP-T/HbOC	1차		
		2차		
		3차		
		4차(추가)		
	PRP-OMP	1차		
		2차		
		3차(추가)		
홍역, 유행성이하선염, 풍진	MMR	1차		
수두	Var	1회		
일본뇌염	JEV(사백신)	1차		
		2차		
		3차		
	JEV(생백신)	1차		
		2차		
인플루엔자[1]	Flu(사백신)	매년 접종		
	Flu(생백신)			
장티푸스(24개월 이상부터)	주사용	고위험군에 한함		
기타 임시 예방접종 등	명칭 기재			
	명칭 기재			

1) 인플루엔자 사백신은 6개월 이상부터, 생백신은 24개월 이상부터 접종 가능

5. 병력 기록

병명	질병 발생 연월일 및 질병의 정도	
	입소 전	입소 후

6. 신체 발달 상황

구분＼측정 시기						
신　장(cm)						
몸 무 게(kg)						
비고: 18개월 미만의 영아는 2개월마다, 그 이상의 영아는 6개월마다 측정·기록한다.						
기록 관리자　　　　(인)						

[유아 생활기록부 양식 예시]

1. 인적 사항   (앞쪽)

	어린이집 명			졸업대장	
아동	이 름		성 별	남 · 여	사진 (2.5×3cm)
	생년월일		입소 · 퇴소일	입소 퇴소	
	주 소				
	전화번호		혈액형		
보호자	아동과의 관 계	부	모	형제 (자매)	기 타
	이 름				
	직 업				
	근 무 지 (전화번호)				
	근무 시간	평 일			
		토요일			
		일요일			
	데려오고, 데려가는 사람	(성명: 관계:) (성명: 관계:)			

※ 비고: 보호자란 중 부 · 모가 있을 경우 양자 모두 기재

2. 출결 상황

구분 \ 연령	3세	4세	5세
보육일수			
결석일수			
의견			

3. 국가 필수 예방접종

대상 전염병	종류	접종 차수	접종 일자
디프테리아 파상풍 백일해	DTaP	5차(추가)	
	폴리오	IPV	4차(추가)
홍역, 유행성이하선염, 풍진	MMR	2차	
일본뇌염	JEV(사백신)	3차	
4차(추가)			
인플루엔자	Flu(사백신)	매년 접종	
	Flu(생백신)		
장티푸스	주사용	고위험군에 한함	
기타 임시 예방접종 등		명칭 기재	
		명칭 기재	

4. 신체 발달 상황

구분 ＼ 연령	3세	4세	5세
신　장(cm)			
몸 무 게(kg)			
의견			
특이사항			

5. 활동 발달 상황

성명			
영역별 ＼ 연령	3세	4세	5세
기본생활습관			
신체운동 · 건강			
의사소통			
사회관계			
예술경험			
자연탐구			
종합 의견			

(2) 부모면담

보육교사와 학부모들 간의 최초의 면담은 상호 신뢰감을 가질 수 있는 대단히 중요한 기회다. 물론 학부모는 원아모집 시 자녀를 데리고 기관을 방문하거나 입소원서를 제출하는 과정에서 교직원과 면담을 하기도 한다. 그러나 실제적인 면담은 원아가 입소한 후 어린이집의 계획에 의해 이루어지게 된다.

면담의 목적은 어린이집 운영과 보육활동에 대한 계획을 학부모에게 소개하고, 학부모의 기대와 요구를 파악하고, 영유아 개인과 가정생활에 관한 정보를 보다 정확히 파악하는 데 있다. 아울러 면담은 사무실, 상담실 등에서 온화하고 친근한 분위기로 교사와 학부모가 상호 신뢰감을 형성하는 계기가 되어야 한다. 면담 시 사전에 학부모의 편한 시간을 파악하여 면담 일정을 계획하고, 이때 학부모의 편의를 충분히 배려해야 한다.

부모면담은 교사와 학부모 모두에게 도움이 되어야 하는데, 먼저 교사가 부모로부터 얻게 되는 정보는 ① 영유아의 가정환경, ② 부모의 영유아 교육에 대한 이해 정도, ③ 어린이집에 대한 부모의 기대와 요구, ④ 입학에 필요한 각종 서류 등이고, 다음으로 부모가 교사로부터 얻게 되는 정보는 ① 교사진에 대한 인상, ② 어린이집의 시설과 보육환경, ③ 보육프로그램의 철학, 목표 및 운영계획, ④ 입학 전·후 부모의 역할과 태도 등이다. 평가인증 지표에서도 연 2회 이상 부모와 개별면담을 하여 영유아의 발달 상황을 안내할 것을 권고하고 있다(보건복지부, 2014b, c).

(3) 영유아의 어린이집 방문

입학 전에 영유아가 어린이집 환경에 익숙해지도록 하기 위해 실시하는 어린이집 방문은 부모면담과 함께 실시할 수도 있고, 오픈하우스(open house) 등과 같은 별도의 계획에 의해 실시될 수도 있다. 영유아의 어린이집 방문은 자신이 생활하게 될 환경을 두루 살펴보고, 교직원들과 처음 만나는 중요한 의미를 지니는 만큼 세심한 배려를 할 필요가 있다. 즉, 교사는 영유아가 어린이집의 실내와 실외 환경을 자유롭게 탐색하고, 놀잇감과 학습자료를 만져 보고 가지고 놀 수 있도록 배려해야 한다. 영유아의 어린이집 방문은 피로하거나 지루해지기 전에 끝내야 하는데, 대체로 방문 시간은 30분 전후가 적당하다. 영유아의 어린이집 방문은 어린이집의 여건, 부모의 여건에 따라 다소 차이가 있지만 일정한 시간 간격을 두고 소집단별로 실시하는 것이 바람직하다.

(4) 부모 오리엔테이션

부모 오리엔테이션의 목적은 어린이집과 가정과의 긴밀한 유대관계를 형성하고, 교직원과 부모 간의 신뢰감 형성을 토대로 보육활동의 효과를 높이는 데 있다. 대부분의 어린이집에서는 입학 전에 학부모들을 대상으로 오리엔테이션을 실시하며, 필요한 내용을 담은 안내 책자를 배부한다. 부모용 안내 책자에 포함되어야 할 주요 사항들은 다음과 같다.

[어린이집 운영 안내 예시]

> Ⅰ. 보육철학 및 목표
> 　1. 보육철학 　　　　　　　　　　　2. 보육목표
>
> Ⅱ. 운영 현황
> 　1. 어린이집 연혁 　　　　　　　　　2. 어린이집 환경
> 　3. 보육시간 　　　　　　　　　　　4. 보육료
> 　5. 연령별 집단 크기와 교사 수 　　　6. 보육교직원 구성
> 　7. 보육교직원 역할
>
> Ⅲ. 보육 프로그램
> 　1. 보육내용(연간, 월간, 일일계획안 예시)　2. 연간 행사계획
> 　3. 특색 프로그램 　　　　　　　　　4. 신입 원아 적응 절차
> 　5. 기타
>
> Ⅳ. 하루 일과
>
> Ⅴ. 건강·영양·안전 관리
> 　1. 건강관리(건강검진 실시, 정기소독, 개별 침구 세탁 안내 포함)
> 　2. 영양관리(식단 안내 포함)
> 　3. 안전관리(안전교육 및 소방대피훈련 안내 포함)

VI. 부모 및 지역사회와의 협력
　　1. 부모참여프로그램　　　　　　　　　2. 어린이집 운영위원회
　　3. 지역사회 기관과의 연계　　　　　　　4. 지역사회 전문가 정보

공지사항
　　1. 신입원아 적응 프로그램　　　　　　　2. 어린이집의 개방원칙
　　3. 전염성 질환 대책
　　4. 아프거나 다친 영유아에 대한 처리 및 응급처치동의서 작성
　　5. 등·하원 절차 및 귀가동의서 작성
　　6. 영유아 신체·생명 피해보상 관련 공제가입 안내(어린이집 안전공제회 가입)
　　7. 안전사고 발생 시 어린이집이 갖는 책임 한계에 관한 규정
　　8. 기타

출처: 보건복지부, 중앙육아종합지원센터(2014a), p. 119.

오리엔테이션 진행 과정은 어린이집의 특성에 따라 과정이 변화되거나 생략될 수 있으나 일반적으로 [그림 5-1]과 같은 절차로 진행될 수 있다.

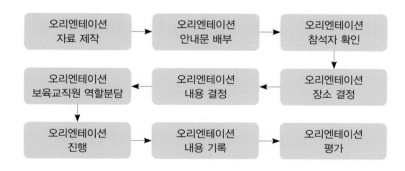

[그림 5-1] 오리엔테이션 진행 절차

(5) 신입 원아 적응

신입 원아가 입소하면 보육교사는 신입 원아 적응프로그램(예시 참조)을 실시하여 새로운 환경에 낯설어하고 부모와 분리되어 불안한 영유아의 점진적인 적응을 도와야 한다. 보육교사는 신입 원아가 어린이집에 적응하기 전에 생활기록부와 부모면담을 통하여 영유아의 기본 정보를 파악하여 적응 프로그램 실시를 위한 기본 준비를 하고, 적응 과정 중 영유아의 적응 상황과 변화를 기록하는 적응일지

를 작성해야 한다. 적응 기간에는 최소 일주일 이상의 단축보육을 실시하면서 개별적 배려를 하여 영유아가 교사와 안정적으로 애착을 형성할 수 있도록 돕는다. 신입 원아 적응프로그램은 3월에 입소한 영유아뿐만 아니라 중도 입소 원아를 대상으로도 실시하여야 한다.

신입 원아의 원만한 초기 적응을 돕기 위해 교사는 다음과 같은 사항에 유의할 필요가 있다(보건복지부, 중앙보육정보센터, 2013c).

- 영유아의 불안한 마음을 공감해 준다.
- 영유아가 잘 적응할 수 있다는 것을 믿는다.
- 영유아의 초기 적응 과정을 지켜보는 부모의 마음을 공감하고 적응 과정을 부모에게 상세하게 전달한다.
- 영유아의 초기 적응 행동을 분석하여 다음 날의 보육에 반영한다.
- 영유아의 애착물이 있을 경우 가정에 요청하여 어린이집에 가져오도록 한다.
- 영유아가 안정적으로 적응할 수 있는 따뜻하고 발달에 적합한 교실 환경을 준비한다.
- 초기 적응 과정에서 나타날 수 있는 영유아의 부정적 행동은 문제가 되는 것이 아니라 누구에게나 나타날 수 있는 행동이라는 것을 부모에게 인식시킨다.

[신입 원아 적응 프로그램 예시]

영유아는 처음 오는 어린이집의 새로운 환경, 낯선 양육자, 익숙하지 않은 또래들과의 만남, 친양육자와의 분리 등으로 불안을 느끼기 쉽습니다. 부모와 가족 역시 영유아를 새로운 어린이집에 보내는 데 심리적인 어려움이 있을 수 있습니다. 이에 본 어린이집에서는 신입원아와 부모가 새로운 상황에 잘 적응할 수 있도록 다음과 같이 '신입 원아 적응 프로그램'을 실시하고 있습니다.

❖ 목적
- 영유아가 보호자와 헤어지는 것을 두려워하지 않고 어린이집을 안전하고 편안한 장소로 느낀다.
- 새로운 교사와 친구에 대해 친밀감을 느낀다.
- 적응기간을 통해 어린이집 생활에 잘 적응한다.

(계속)

❖ 진행 원칙
- 영유아와 보호자가 함께 프로그램에 참여한다.
- 영유아의 적응에 필요한 기본적인 활동(예: 점심, 낮잠 등)을 경험하게 한다.
- 적응 프로그램은 1~2주 정도를 기본으로 하되, 영유아의 개인차를 고려하여 융통성 있게 진행한다.
- 적응기간 초기의 보육시간은 약 2~3시간에서 점진적으로 늘려간다.
- 영유아의 연령, 기질, 발달, 애착, 적응상태, 어린이집 상황, 가정의 상황 등에 따라 기간과 방법을 달리할 수 있다.
- 단기간에 적응시키는 것이 중요한 것이 아니라 영유아의 적응상태를 고려하여 차근차근 진행한다.
- 적응이 늦다는 것은 문제가 있다는 것이 아니라 주변 상황이나 사물, 사람 등에 대해 민감할 수 있음을 말하며, 민감함은 때론 낯선 상황에 대한 판단과 지각 능력이 예민하다는 것을 의미할 수도 있음을 이해해야 한다.

❖ 신입 원아의 초기 부적응 행동의 예
- 어린이집에 가지 않겠다고 떼쓴다.
- 어린이집 현관에 들어서기만 하면 울기 시작한다.
- 또래와 어울리지 않고 시무룩하다.
- 교사와 상호작용을 하지 않으려고 하며 반응이 없다.
- 어린이집에서는 간식이나 식사를 하지 않으려고 한다.
- 어린이집에서는 낮잠을 자려 하지 않는다.
- 울음이 잦고 자주 칭얼댄다.
- 밤에 자지 않고 울면서 깬다.
- 신체적 증상이 없음에도 불구하고 아프다고 한다.
- 대소변을 가리던 영아가 대소변을 가리지 못한다.
- 집에서 어린이집에 대한 좋지 못한 감정을 직접적으로 표현한다.

❖ 진행 단계: 최소 1주일의 예

기간	내용	귀가
등원 첫날	짧게 방문하기 엄마와 함께 놀이해 보기 오전 간식 먹기	적 응: 10:00~12:00 귀가 부적응: 10:00~11:00 귀가
둘째 날	오전 놀이와 점심식사	적 응: 10:00~식사 후 13:00 귀가 부적응: 10:00~12시 이전 귀가
셋째 날	엄마와 잘 헤어지기 선생님과 놀이하기	적 응: 10:00~식사 후 13:00 귀가 부적응: 10:00~12시 이전 귀가

(계속)

넷째 날	엄마와 웃으며 안녕하기 낮잠 자보기	적 응: 09:30~낮잠 잔 후 15:30 귀가 부적응: 09:30~식사 후 13:00 귀가
다섯째 날	친구들과 함께 놀이하기 편안한 마음으로 낮잠 자기	적 응: 09:30~낮잠 잔 후 17:00 귀가 부적응: 09:30~식사 후 14:00 귀가
여섯째 날	하루 종일 지내기	적 응: 09:30~낮잠 잔 후 18:00 귀가 부적응: 보호자와 상담 후 귀가 시간 조정

※ 적응아와 부적응아에 따라 귀가시간을 달리 조정할 수 있다.

❖ 신입 원아 적응을 위한 배려

어린이집	부모님
• 부모와 교사가 친밀한 관계임을 느끼도록 즐겁게 대화하기 • 교실 입구에 가족사진을 붙여 두거나, 흥미를 끌 만한 놀잇감이나 음식을 준비하기 • 신발장이나 개인사물함에 사진과 이름을 붙여 두어 소속감과 안정감을 갖게 하기 • 적응 초기에는 영유아가 탐색할 기회를 충분히 제공하고, 신체적 접촉을 서두르지 않기 • 가정에서 영유아가 좋아하는 베개나 인형, 장난감 등을 가져오게 하기	• 영유아에게 어린이집과 교사 소개하기 • 부모와 교사가 친밀한 관계임을 느끼도록 즐겁게 대화하기 • 적응 초기에는 교실에 들어가 놀이를 함께 하기 • 헤어질 때는 영유아에게 꼭 인사를 하고 가고, 정해진 약속시간을 잘 지키기 • 잠들기 전 어린이집 생활에 대해서 이야기를 나누어 아이의 마음에 긴장을 풀어 주기 • 지속적인 애정을 표현해 주기

2) 학급편성

(1) 반 편성 원칙

「영유아보육법 시행규칙」제23조 별표 8의 규정에 의하여 가능한 한 2세 미만 영아반과 3세 이상의 유아반을 동시에 운영하는 것을 원칙으로 하고 있다. 또한 어린이집 인가증상의 총 정원을 준수하여야 하며, 3세 이상 유아만 보육할 수 없도록 하고 있다. 다만 정원 20인 이하 어린이집은 영아 또는 유아만을 구분하여 보육할 수 있도록 허용하고 있다.

(2) 반 편성 기준

「영유아보육법 시행규칙」제23조 별표 2에서는 보육교사 1인당 영유아 수를 기준으로 하여 반을 편성하도록 보육교사·대 영유아의 비율을 규정하고 있다. 연령

별 반 편성은 동년도 출생아(동년도 1. 1.~동년도 12 .31. 출생아)를 함께 반 편성
하는 것을 원칙으로 하되, 1, 2월생 아동에 한하여 보호자의 신청에 의해 상위 연
령 반에 편성하도록 허용하고 있다. 연령별 반 편성 시 교사 대 아동 비율을 준수
하여야 하며, 보육과정 및 아동 1인당 보육실 면적 등을 감안하여 반별 최대정원
제(예: 교사 대 아동비율 만 0세반 2:6, 만 1세반 2:10, 만 2세반 2:14)를 운영할 수 있다.
교사 대 아동 비율 원칙 및 초과보육 인정 범위는 〈표 5-4〉와 같다(취학유예 아동
은 취학유예통지서를 제출할 경우 만 5세반으로 편성 가능). 2014년도 보육사업안내
(보건복지부, 2014a)에서는 2014년부터 초과보육은 원칙적으로 금지하며, 초과보
육 중인 영유아, 입소대기 상황 등을 고려하여 2년간 보완 조치하고, 2016년 3월
부터 초과보육을 전면 금지한다고 명시하고 있다. 단, 초과보육이 아닌 도서, 벽
지, 농어촌 등은 교사 대 아동비율 특례 규정(「영유아보육법 시행규칙」 제40조)을 지
속적으로 적용한다. 2014년에는 초과보육은 원칙적으로 금지하나 초과보육 시에
는 총정원의 범위 내에서 〈표 5-4〉의 초과보육 인정 범위 유지가 가능하다.

표 5-4 교사 대 아동 비율 및 초과보육 인정 범위

연령 초과 보육 인정 범위	만 0세	만 1세	만 2세	만 3세	만 4세 이상
원칙	1:3	1:5	1:7	1:15	1:20
초과보육 인정 범위	해당 없음	1:7명 이내	1:9명 이내	1:18명 이내	1:23명 이내

(3) 정원 관리 및 혼합반 운영

1 정원 관리

- 신규 기관(2005. 1. 30. 이후 설치 인가된 기관): 영유아 1인당 면적기준(2.64m²)
  이 동일하므로 어린이집 인가증에는 총정원만 표기하고 반별 정원은 별도 표
  기하지 않는다.

- 기존 기관(2005. 1. 30. 이전 설치 신고된 기관): 영아와 유아의 면적이 달라(2세
  이하: 2.64m², 3세 이상: 1.98m²), 인가증에 총정원 외에 반별 정원을 별도 표기
  (2세 미만: ○○명, 2세 ○○명, 3세 이상: ○○명)하여 관리해 왔으므로 기존 기
  관의 반별 정원을 조정할 경우에는 기존 면적 기준에 적합한지를 확인하여

관리하여야 한다(영아반 증원 시 면적 기준을 위반하지 않도록 관리). 또한 총정원을 증원할 경우 개정 「영유아보육법」에 의하여 변경 인가를 받아야 하므로 시설 면적, 기준 등 모든 조건을 신규 인가 기관 요건에 맞추어야 한다.

② 혼합반 운영

혼합반 운영은 〈표 5-5〉의 원칙에 의해서만 가능하고, 혼합반 운영 시 교사 대 아동 비율은 낮은 연령의 교사 대 아동 비율을 준수하여야 한다(보건복지부, 2014a).

표 5-5 혼합반 운영 기준

구분	0세와 1세 영아	1세와 2세 영아	0세와 2세 영아	2세 이하 영아와 3세 이상 유아	3세와 4세 이상 유아
원칙	가능	가능	불가능	불가능	가능
교사 대 아동 비율	1:3	1:5	-	-	1:15

- 장애아는 연령이 아닌 장애(발달) 정도에 따라 적절한 반에 편성·운영할 수 있음. 단, 연령과 달리 편성할 때에는 부모와 협의하고, 시·군·구 담당자의 확인을 받아 조정한다.
- 정부 인건비 미지원 어린이집은 시·군·구 사전 승인 후 만 2세와 만 3세 아동의 혼합반 운영이 가능하며, 이 중 가정어린이집은 만 2세와 유아(방과후 포함)의 혼합반 운영이 가능하다.

제**6**장 교직원 관리

1. 유치원 교직원 관리

2. 어린이집 교직원 관리

　　교육과 보육의 효과는 유치원과 어린이집에 근무하는 교직원의 질에 의해 좌우되기 때문에 원장은 유능한 인재를 확보하여 적재적소에 배치하고, 지속적인 교육과 관리를 통해 사기를 높이는 등 교직원 관리에 힘써야 한다. 이 장에서는 유치원과 어린이집의 교직원 배치기준, 임용과 해임, 자질 및 역할 등에 관하여 살펴보고자 한다.

1. 유치원 교직원 관리

　　교직원 관리란 교직원이 자신의 책무를 다할 수 있도록 교직원을 적합한 업무에 배치하며, 업무의 내용을 지도하고 수행하는 과정을 도와 효율적인 유치원 운영을 통해 유치원 교육목표가 달성될 수 있도록 하는 것이다. 관리를 위해 근무 내용에 따라 또는 개인별로 지원하는 것도 필요하다. 교직원 전체나 개인의 자질을 향상시키고 근무환경을 개선하여 업무 능력을 신장시키고 업무의 효율성을 높인다.

1) 유치원 교직원의 구분과 임무

(1) 유치원 교직원의 구분

「유아교육법」 제20조, 동법 시행령 제23조에 따르면, 유치원 교직원은 다음과 같이 구분할 수 있다.

① 유치원의 교원은 원장·원감·수석교사 및 교사를 두되 대통령령으로 정하는 일정 규모 이하의 유치원(2학급 이하인 유치원)에는 원감을 두지 아니할 수 있다.
② 유치원에는 교원 외에 촉탁의사, 영양사, 간호사 또는 간호조무사, 행정직원 등을 둘 수 있다.

③ 유치원에 두는 교직원의 정원·배치기준 등에 관하여 필요한 사항은 대통령령으로 정한다.

(2) 유치원 교직원의 임무

「유아교육법」 제21조에서는 교직원의 임무에 관하여 다음과 같이 정하고 있다.

① 원장은 원무를 총괄하고 소속교직원을 지도·감독하며 해당 유치원의 유아를 교육한다.
② 원감은 원장을 보좌하여 원무를 관리하고 해당 유치원의 유아를 교육하며, 원장이 부득이한 사유로 직무를 수행할 수 없을 때에는 그 직무를 대행한다. 다만 원감을 두지 아니하는 유치원은 원장이 미리 지명한 교사(수석교사를 포함한다)가 그 직무를 대행한다.
③ 수석교사는 교사의 교수·연구 활동을 지원하며, 유아를 교육한다.
④ 교사는 법령에서 정하는 바에 따라 해당 유치원의 유아를 교육한다.
⑤ 행정직원 등 직원은 법령에서 정하는 바에 따라 유치원의 행정사무와 그 밖의 사무를 담당한다.

(3) 유치원 교원의 자격기준

「유아교육법」과 교원자격실무편람(교육과학기술부, 2014)에서 제시하고 있는 유치원 교원의 자격기준은 〈표 6-1〉과 같다.

표 6-1 유치원 교원의 자격

자격	자격기준	비고
원장	1. 유치원의 원감자격증을 가지고 3년 이상의 교육경력과 소정의 재교육을 받은 자 2. 학식·덕망이 높은 자로서 대통령령이 정하는 기준에 해당한다고 교육부장관의 인정을 받은 자	원장·원감, 「초·중등교육법」의 규정에 의한 교장, 교감, 교육장·장학관·장학사·교육연구관·교육연구사의 경력연수는 교육경력 연수로 볼 수 있다.

원감	1. 유치원 정교사(1급)자격증을 가지고 3년 이상의 교육경력과 소정의 재교육을 받은 자 2. 유치원 정교사(2급)자격증을 가지고 6년 이상의 교육경력과 소정의 재교육을 받은 자	
수석교사	1. 15년 경력을 가지고 교수 · 연구에 우수한 자질과 능력을 가진 사람 중에서 대통령령으로 정하는 바에 따라 교육부장관이 정하는 연수 이수 결과를 바탕으로 검정 · 수여하는 자격을 받은 자	
정교사 (1급)	1. 유치원 정교사(2급) 자격증을 가진 자로서 3년 이상의 교육경력을 가지고 소정의 재교육을 받은 자 2. 유치원 정교사(2급) 자격증을 가지고 교육대학원 또는 교육부장관이 지정하는 대학원의 교육과에서 유치원 교육과정을 전공하여 석사학위를 받은 자로서 1년 이상의 교육경력이 있는 자	1. 원장 · 원감, 「초 · 중등교육법」의 규정에 의한 교장, 교감, 교육장 · 장학관 · 장학사 · 교육연구관 · 교육연구사의 경력 연수는 교육경력 연수로 볼 수 있다.
정교사 (2급)	1. 대학에 설치하는 유아교육과 졸업자 2. 대학(전문대학 및 이와 동등 이상의 각종 학교와 「평생교육법」 제31조제3항에 따른 전문대학 학력인정 평생교육시설을 포함한다, 산업대학 포함) 졸업자로서 재학 중 소정의 보육과 교직학점을 취득한 자 3. 교육대학원 또는 교육부장관이 지정하는 대학원의 교육과에서 유치원 교육과정을 전공하고 석사학위를 받은 자 4. 유치원 준교사 자격증을 가진 자로서 2년 이상의 교육 경력을 가지고 소정의 재교육을 받은 자	2. 이 표 중 전문대학에는 종전의 초급대학 · 전문학교 및 실업고등 전문학교를 포함한다. 3. 2012년부터 5세반을 담당할 교사는 유치원 1급, 2급 정교사이며, 어린이집도 5세반은 보육교사 1급, 2급이 교육한다. 단 1급, 2급 보육교사가 없는 경우 3급 보육교사가 교육하게 된다.
준교사	1. 유치원 준교사 자격검정에 합격한 자	

비고: 정교사(1급) 자격의 경우 현직교원만 취득 가능(기간제 불가)

「유아교육법 시행령」 별표에서 제시하고 있는 강사, 명예교사의 자격 기준은 〈표 6-2〉와 같다.

표 6-2 강사, 명예교사의 자격

강사	• 전문대학 졸업자 또는 이와 동등 이상의 학력이 있는 자로서 유아교육과 관련된 분야를 전공한 자 • 전문대학 졸업자 또는 이와 동등 이상의 학력이 있는 자로서 유아교육과 관련되는 분야에 2년 이상 실무경력이 있는 자 • 제1호 내지 제2호 외의 자로서 교육감이 따로 정하는 자격기준에 해당되는 자
명예교사	유치원규칙 또는 법인의 정관 등이 정하는 자격기준에 해당하는 자

(4) 유치원 교직원의 배치기준

유치원 교직원의 배치기준은 「유아교육법 시행령」 제23조, 제24조, 제27조에 의해 시행된다.

「유아교육법 시행령」 제23조에 따르면, 교원의 배치기준은 다음과 같다.

① 유치원에는 원장·원감 외에 학급마다 교사 1인 이상을 배치하여 학급을 담당하게 한다. 다만, 2학급 이하인 유치원의 경우 원장 및 원감이 학급을 담당할 수 있다.

② 유치원이 2학급 이하 규모일 경우 원감을 두지 않을 수도 있다.

③ 방과후 과정을 운영하는 유치원에는 학급담당교사 외에 방과후 과정 운영을 담당할 교사를 1명 이상 둘 수 있으며, 유치원별 방과후 과정 운영 담당 교사의 배치기준은 관할청이 정한다.

④ 유치원에는 교사 중에서 보직교사를 둘 수 있다. 3학급 이상 5학급 이하의 유치원에는 1명, 6~11학급 유치원에는 2명, 12학급 이상의 유치원에는 3명의 보직교사를 둘 수 있다. 다만, 11학급 이하의 유치원으로서 교육부장관이 지정하는 연구학교에는 앞에서 제시한 인원보다 보직교사 1명을 더 둘 수 있다.

⑤ 수석교사는 유치원별로 1명씩 두되, 유아 수가 100명 이하인 유치원 또는 학급수가 4학급 이하인 유치원에는 수석교사를 두지 않을 수 있다. 수석교사는 학급을 담당하지 않는다. 다만 유치원 규모 등 유치원 여건에 따라 학급을 담당할 수 있다.

⑥ 교원 외에 강사, 기간제 교사 또는 명예교사 등을 두어 유아교육을 담당 또는 보조하게 할 수 있다

⑦ 유치원 직원의 배치 기준은 직원이 필요한 경우 직원을 1명 이상 둘 수 있으며, 유치원별 배치기준은 관할청이 정하는 것으로 되어 있다.

2) 유치원 교원의 임용 및 해임

유치원 교원은 유치원을 관할하는 교육지원청에 임용 보고해야 한다.

(1) 유치원 교원 임용 보고 절차

일반 사립유치원 교원 임용 보고 절차는 〈표 6-3〉과 같다.

표 6-3 사립유치원 교원 임용 보고 절차

절차	담당	첨부 양식	비고
신원조사 의뢰	유치원 → 지역교육청	① 신원진술서 2부(원본) ② 기본증명서 2부(원본)	모든 교원은 반드시 신원조사 실시
※ 교육부의 질의 · 회신(사립유치원 교사의 신원조사에 관해)에 따라 경력교사라 할지라도 임용권자 　(원장)가 바뀔 경우에는 신규교사 임용에 준하여 신원조사를 다시 실시하여야 함(관내 이동 및 타 　교육청에서 이동 시 모두 신원조사 실시) 　☞ 업무 tip: 임용 예정자가 있는 유치원은 임용 예정일 2주 전에 신원조사 의뢰 요청			
성범죄 경력 조회	유치원 → 관내경찰서	① 성범죄경력신청서 ② 성범죄경력동의서 ③ 신분증사본 ④ 위임장	관내경찰서로 조회
신원조사회보	지역교육청 → 유치원		유치원에 전화통보
임용보고 (7일 이내 보고) ※ 임용일 포함 7일이므로 1. 1일자 임용 시 (+6일) 안 1. 7일까지 보고	유치원 → 지역교육청	① 임용제청서 1부 ② 인사기록카드 1부(뒷면 직인, 　도장) ③ 교원자격증 사본 1부(원본 지참) ④ 최종졸업증명서 원본 1부 ⑤ 공무원 채용신체 검사서 원본 　1부 ⑥ 경력확인서 1부(신규교사는 제 　외)(경력확인서 재직 중인 상 　태에서는 임용 안 됨) ⑦ 성범죄경력조회회보서 1부 ※ 임용보고서류는 2부씩 작성하 　여 교육청과 유치원에 1부씩 　보관	교육청에 제출 (신원조사회보 및 모든 서류가 완료된 이후 임용)
해임 보고 (7일 이내 보고) ※ 해임일 포함 7일이므로 1. 1일자 해임 시 (+6일) 안 1. 7일까지 보고	유치원 → 지역교육청	① 자필사직서 1부 ② 해임제청서 1부 ③ 해임사유서 및 징계위원회동 　의서(직권면직일 경우) ④ 원장임용계획서(원장 해임 시)	교육청에 제출

출처: 인천광역시 남부교육지원청 창의인성교육지원과(2014.1.26.). '사립유치원 교원 임용보고 절차 안내' 붙임 자료.

3) 유치원 교원의 특성

유치원 교원이 되기 위해 유아교육과에 들어오는 많은 학생들은 교사양성과정을 통해 유치원 교사의 꿈을 키운다. 졸업 후 교사로 시작하여 경력을 쌓을수록 관리직인 원감이나 원장이 되고, 마침내는 유치원을 설립하여 자신의 교육철학과 신념에 따라 유치원을 운영하기를 원한다.

유치원 교원의 특성을 살펴보면 다음과 같다(임채식 외, 2013).

1 유아를 대상으로 하는 교사

유치원은 유아기 연령에 해당하는 만 3세부터 취학 전 유아를 대상으로 하는 교육으로 다른 학교기관에 비해 연령이 어린 대상을 교육한다. 초·중·고등학교에서 교육을 받는 학생들과 달리 발달적으로 신체, 언어, 사회성, 정서, 인지 발달에 차이가 있어 제한이 있다. 유치원 교사는 이에 대한 이해와 유아에 대한 관심과 사랑이 있어야 한다.

2 전인적 발달을 교육목적으로 하는 교사

다른 학교교육과 달리 유치원 교육의 목적은 유아의 전인적 발달이다. 다른 학교교육은 학생의 요구와 필요에 따라 학문적인 내용이나 신체적 기술 등이 교육목적으로 강조될 수 있으나, 어린 시기의 교육은 이후 성장의 기본 틀이 되는 것으로 모든 면의 발달이 골고루 이루어져야 할 필요가 있다. 유치원 교사는 이러한 교육적 인식을 가지고 교육에 임해야 한다.

3 교육과 보호를 함께하는 교사

유아교육은 어린 유아를 대상으로 하기 때문에 그들의 발달적 특성상 교육과 더불어 보호와 함께 이루어진다. 따라서 교사는 유아의 생리적 현상과 안전을 만족시키며 그들의 정서적 안정을 도모하는 한편, 유아가 경험해야 할 적합한 교육활동도 해야 한다.

④ 유아교육 전문가인 교사

유치원 교육은 유치원교사 자격증을 가진 교사에 의해 이루어지는 전문적 교육이다. 다른 연령의 학생들과는 다른 유아만이 지닌 특성이 있으므로 양성과정을 거쳐 유아교육에 대한 전문적 지식과 기술을 갖춘 교사에 의해 이루어진다.

∶유치원 교사의
활동 모습

4) 유치원 교원의 역할과 자질

유치원 교원에게 기대되는 역할은 다른 연령의 학생을 가르치는 교원보다 더 다양하다. 교사로서 교육적 계획과 실행을 해야 하며, 어머니와 같은 역할을 해야 하며, 가정과의 연계를 위해 가족과 친밀한 관계를 형성하고, 유아의 교육과 관련하여 사회와의 가교 역할을 하는 등 다양한 역할을 해야 한다.

「유아교육법」 제21조 교직원의 임무에 따라 원장, 원감, 교사는 유치원에서 각자 그 역할을 수행해야 한다. 구체적으로 살펴보면 다음과 같다.

(1) 원장의 역할과 자질

① 유치원 전체를 조직·관리·감독하는 역할
● 유치원의 교육철학과 교육목적 설정

- 교육프로그램 및 교육의 질 관리
- 원아모집 및 관리
- 시설 · 설비 및 재정 관리
- 교직원 관리
- 부모, 지역사회 인사 협력관계 유지
- 행정당국 및 지역사회 관련 단체와의 관계 유지
- 원장 회의 등 대외적 활동 참석 등

2 자질

- 올바른 교육철학과 아동관 정립
- 행정 처리 능력과 관리 능력 구비
- 합리적인 사고와 의사결정 능력
- 원만한 대인관계 능력
- 전문가로서의 자질
- 봉사자로서의 자질 등

(2) 원감의 역할과 자질

1 원장 보좌 · 대리 · 원무 관리 역할

- 교육계획 운영관리 및 확인
- 교사들의 교육활동 및 직원의 업무 지원
- 원장과 교직원 간의 가교 역할
- 교사와 학부모 간의 관계 지원
- 시설 · 설비 관리 및 지원
- 업무 추진 및 진행 상태 점검
- 교육 연구 및 새로운 교육 활동의 적용
- 평가 및 보고자의 역할
- 원장 유고 시 원장 직무 대행 등

2 자질

- 원만한 성격과 대인관계 능력
- 합리적인 사고와 문제해결 능력
- 융통성 및 창의성
- 유아교육 전문가로서의 자질
- 시설 · 설비, 교재 · 교구 점검 및 구입
- 유치원 현장에 대한 관심 등

(3) 교사의 역할과 자질

1 역할

- 유아발달 및 유아교육 전문가
- 교육과정 개발 및 교수 · 학습 활동 운영자
- 유아 권리 옹호 및 유아 보호자
- 유아, 학부모, 교육 관계자들과의 소통
- 유아들의 역할 모델
- 유아 및 교육 관련 정보 관리자
- 평가자

2 자질

- 정신과 육체적 건강
- 좋은 인성과 성품
- 지적 탐구 및 실천 의지
- 긍정적이고 합리적인 사고
- 다른 사람과 세상에 대한 사랑

2. 어린이집 교직원 관리

보육의 효과는 어린이집에 근무하는 교직원의 질에 의해 크게 좌우되는 만큼 유

능한 사람을 최적으로 확보하여 적재적소에 배치하고, 지속적인 현직교육과 근무
여건 개선을 통해 사기를 높이는 등의 관리를 통해 인적자원관리에 힘써야 한다.
　　보육교직원은 크게 교원과 직원으로 구분할 수 있다. 교원이란 영유아의 보호
와 교육을 직접 담당하는 원장과 보육교사를 의미하며, 사무업무와 관리업무를
담당하는 총무, 취사부, 영양사, 관리인, 운전기사, 의사(또는 촉탁의사), 간호사(또
는 간호조무사) 등은 직원에 해당한다.

1) 보육교직원의 자격

　　어린이집 원장 및 보육교사의 전문성을 향상시켜 우수한 보육교직원을 확보하
고 이를 통하여 어린이집에서 양질의 보육서비스를 제공하도록 하기 위해 2011년
12월 8일에 영유아보육법 시행령 및 시행규칙을 개정하여 2014년 3월 1일부터 시
행한다. 보육교직원의 종별과 자격기준에 관하여 구체적으로 살펴보면 〈표 6-4〉
와 같다(한국보육진흥원, 2013a).

표 6-4 보육교직원의 자격기준

구 분		자격기준
원장	일반 기준	• 보육교사 1급 자격을 취득한 후 3년 이상의 보육 등 아동복지 업무 경력이 있는 자 •「유아교육법」에 의한 유치원 정교사 1급 자격을 취득한 후 3년 이상의 보육 등 아동복지업무 경력이 있는 자 • 유치원 원장의 자격을 가진 자 •「초・중등교육법」에 의한 초등학교 정교사 자격을 취득한 후 5년 이상의 보육 등 아동복지업무 경력이 있는 자 •「사회복지사업법」에 의한 사회복지사 1급 자격을 취득한 후 5년 이상의 보육 등 아동복지업무 경력이 있는 자 •「의료법」에 의한 간호사 자격을 취득한 후 7년 이상의 보육 등 아동복지 업무 경력이 있는 자 • 국가 또는 지방자치단체에서 7급 이상의 공무원으로 보육 등 아동복지 업무에 5년 이상 근무한 경력이 있는 자
	가정어린이집	• 일반 기준에서 정한 자격을 갖춘 자 • 보육교사 1급 자격을 취득한 후 1년 이상의 보육업무 경력이 있는 자

(계속)

원장	영아전담 어린이집	• 일반 기준에서 정한 자격을 갖춘 자 • 간호사 자격증을 취득한 후 5년 이상의 아동간호업무 경력이 있는 자

	장애아전담 어린이집	• 일반 기준에서 정한 자격을 갖춘 자로서 다음 각 호의 어느 하나에 해당하는 자
		  – 대학(전문대학 포함)에서 장애인 복지 및 재활 관련 학과를 전공한 자
		  – 장애아어린이집에서 2년 이상의 보육업무 경력이 있는 자

	대학(전문대학 포함) 또는 보육교사교육원 부설 어린이집	• 일반 기준에서 정한 자격을 갖춘 자 • 어린이집을 운영하는 대학의 전임강사 또는 교육훈련시설의 전임교수 이상으로서 보육 관련 교과목에 대하여 3년 이상의 교육경력이 있는 자
	보육교사 1급	• 보육교사 2급 자격을 취득한 이후 3년 이상의 보육업무 경력과 보건복지부장관이 정하는 승급교육을 받은 자 • 보육교사 2급의 자격과 보육 관련 대학원에서 석사학위를 취득한 자로서 1년 이상 보육업무 경력과 보건복지부장관이 정하는 승급교육을 받은 자
	보육교사 2급	• 전문대학 또는 이와 동등 이상의 학교에서 보건복지부령이 정하는 보육 관련 교과목 및 학점을 이수하고 졸업한 자 • 보육교사 3급 자격을 취득한 이후 2년 이상의 보육업무 경력과 보건복지부장관이 정하는 승급교육을 받은 자
	보육교사 3급	• 고등학교 또는 이와 동등 이상의 학교를 졸업한 자로서 보건복지부령이 정하는 교육훈련시설에서 소정의 교육과정을 수료한 자

비고: 1. "보육 등 아동복지업무 경력"이라 함은 다음의 어느 하나에 해당하는 경력을 말한다.
　　가. 「영유아보육법」에 의한 어린이집 또는 육아종합지원센터에 근무한 경력
　　나. 「유아교육법」에 의한 유치원에서 근무한 경력
　　다. 「아동복지법」에 의한 아동복지시설에서 근무한 경력
　　라. 「장애인복지법」의 규정에 의한 장애영유아 생활시설에서 장애아동과 관련된 업무에 종사한 경력
　　마. 「유아교육법」 및 「초·중등교육법」에 의한 특수학교(유치원 과정)에서 특수학교교원으로 근무한 경력
　　바. 법률 제7120호 「유아교육법」으로 폐지되기 전 「유아교육진흥법」에 의한 새마을 유아원에 근무한 경력
　　사. 위의 가~바의 아동복지업무를 수행하는 시설에서 간호사로 근무한 경력
　　아. 국가 또는 지방자치단체에서 7급 이상의 공무원으로 보육 등 아동복지에 관한 행정업무에 근무한 경력
　2. "보육업무 경력"이라 함은 다음의 어느 하나에 해당하는 경력을 말한다.
　　가. 「영유아보육법」에 의한 어린이집 또는 육아종합지원센터에 근무한 경력
　　나. 「유아교육법」에 따른 교육과정과 방과후 과정을 운영하는 유치원에서 원장, 원감, 수석교사 또는 교사로 근무한 경력
　3. "아동간호업무 경력"이라 함은 병원 소아청소년과나 신생아실, 보건소 모자보건센터, 초등학교 보건실에서 근무한 경력을 말한다.

2) 보육교직원 임용

(1) 서류 전형

지원자들의 능력이나 문제점 등을 사전에 파악할 수 있으며, 서류 검토를 통하여 부적격 사유가 있는 경우에는 서류 전형 단계에서 탈락 조치하고, 미심쩍은 사항이 있는 경우는 메모하여 면접과정에서 자세히 관찰하고 판단할 수 있도록 한다.

① 전형 서류

- 자필 이력서(사진 부착): 이적 사항, 학력, 경력, 자격증, 가족사항, 상벌, 외국어 등
- 자기소개서
- 기타 필요하다고 인정되는 서류(자격증 사본, 경력자인 경우 경력증명서 등)

② 평가요소

- 학력 및 전공
- 가정환경
- 자기소개서 내용
- 자격증 소지 여부
- 기타 필요한 경력사항

③ 서류 전형 방법

- 출신교, 전공 등을 고려하여 채용 예정 인원과 지원자 수준에 따라 탄력적으로 조정 · 적용한다.
- 부적격 사유가 발견된 경우에는 부적격 판정하여 탈락시키되, 사유를 정확히 기재한다.
- 서류 전형은 A, B, C, D, E의 5단계 평가가 적절하다.
- 서류 전형 합격자는 채용 예정 인원의 2~3배수 내외가 적당하다.

(2) 면접 전형

면접은 인물 평가를 종합적으로 할 수 있고 성격과 성품을 판별할 수 있으며, 지원 동기 및 의욕을 확인할 수 있다. 또한 지원자의 지식과 교양 정도를 알 수 있으며, 지도력, 협조성 등 사회적 능력과 적응력을 알 수 있을 뿐만 아니라 가치판단의 기준 및 가치관을 파악할 수 있어 효과적이다.

(3) 신체검사/채용 시 구비서류

면접 합격자 발표 후 종합병원이나 지정병원에서 한 신체검사 결과와 채용에 필요한 서류를 구비하여 제출한다. 구비하여야 할 서류는 〈표 6-5〉와 같다.

표 6-5 채용 시 구비서류

구 분	구비 서류	비 고
공통서류	• 인사기록카드 • 주민등록등본 • 채용신체검사서 • 성범죄 경력 조회서	공무원 채용 신체검사서 준용 가능
원장 및 보육교사	• 국가자격증 사본 　- 대학(전문대학 졸업자 포함) 이상 졸업자 → 졸업증명서, 성적증명서, 학위증명서(석사학위소지자의 경우), 보육실습확인서(1998년 3월 이후 졸업자), 유사 교과목 확인서(해당자에 한함) 각 1통 　- 기타 임용에 필요한 서류	
특수교사 및 치료사	• 특수학교 교사 및 치료사 자격증 및 자격을 증명하는 서류 • 기타 임용에 필요한 서류	
간호사 · 영양사 등 자격을 요하는 종사자	• 자격증(면허증) 사본	

(4) 성범죄 경력 조회

어린이집의 교직원 임면권자는 「청소년의 성보호에 관한 법률」 제28조제2항에 의거 교직원으로 채용하고자 하는 자(2006년 10월 이후 채용자)의 성범죄 경력 조회를 양식에 따라 관할 경찰서에 요청하여야 한다. 조회 요청 시 「영유아보육법」

에 의한 어린이집임을 확인할 수 있는 인가증 사본(인가증이 없는 국공립어린이집은 고유번호증)을 반드시 첨부하여야 한다. 성범죄 경력 조회 결과 어린이집에 취업이 제한되는 자는 채용에서 배제하여야 하고 근무 중인 자는 해임하여야 한다.

3) 어린이집 복무규칙과 근로계약

어린이집에서는 근무조건, 상벌제도 등에 관한 세부 사항을 정해 놓은 복무규칙을 마련해야 한다. 복무규칙을 전제로 근로계약을 체결하며, 보육교직원은 근로계약을 맺음으로써 직무에 임할 권리와 의무가 생긴다. 복무규칙과 근로계약은 기관의 질서 유지와 체계적 운영을 위해 반드시 필요하므로 규모가 작은 기관에서도 차후 불미스러운 상황이 발생하지 않도록 반드시 작성해 둘 필요가 있다.

(1) 복무규칙

보육교직원은 공무원도 아니고 특별한 신분보장에 관한 법령이 있는 것도 아니다. 보육사업안내(보건복지부, 2014a)에서는 복무 형태 및 근무시간과 원장의 겸직 금지에 관하여 제시하면서 기타 교직원의 경우는 「근로기준법」을 준용하도록 규정하고 있다. 복무규칙은 다음과 같은 기능을 한다.

- 복무규칙의 내용은 근로계약의 내용이 되고, 교직원은 복무규칙에 따라 직무에 종사할 의무를 지니는 것이다.
- 복무규칙은 인사관리에 관하여 원장의 지침을 분명히 하는 것이다. 예를 들면, 근무조건은 어떠한지, 규율은 어떤 것인가를 교직원에게 명시하는 것이므로 원장의 의도를 알 수 있게 될 뿐만 아니라, 원장의 자의적 취급을 받지 않는다는 보장을 하는 것이다.

복무규칙은 주로 어린이집 운영규정안에 포함되어 있는데, 보건복지부와 중앙보육정보센터(2014)에서 발간한 어린이집 운영 서식 및 문서자료집에 복무규칙의 예시가 제시되어 있으므로 이를 참고하여 각 어린이집의 실정에 맞게 마련하도록 한다.

(2) 근로계약

근로계약이란 원장이 교직원으로 하여금 근로를 제공하는 권리와 임금지급의 의무를 얻기 위해 일정한 형식을 갖춘 계약을 맺는 것을 의미하며, 근로계약서의 예(보건복지부 · 중앙육아종합지원센터, 2014)는 다음과 같다.

(기관명) 대표 ○○○(이하 '갑'이라 함)와 근로자 △△△(이하 '을'이라 함)는 다음과 같이 근로계약을 체결하고 상호 성실히 이행할 것을 확약한다.

제1조(담당업무)
"을"의 담당업무는 (   )로 하되, 업무상 필요한 경우 갑은 을의 담당업무를 변경할 수 있다.

제2조(취업 장소)
"을"의 취업 장소는 (   )로 하되, 업무상 필요한 경우 갑은 을의 취업 장소를 변경할 수 있다.

제3조(근로시간 및 휴게시간)
"을"의 근로일 및 근로일별 근로시간과 휴게시간은 다음과 같다. 단, 업무상 필요한 경우 변경할 수 있다.
가. 근로일-평일, 토요일
나. 근로시간-평   일 00:00~00:00(휴게시간 00:00~00:00), 토요일 00:00~00:00(휴게 시간 00:00~00:00)

제4조(임금)
① "을"의 임금은 월급 총액 (   )원으로 한다.(※ 월 급여는 매년 ○○시 보육정책위 원회에서 결정되는 최저임금을 기본으로 직원의 경력, 능력, 태도, 업무성과, 기여도 등을 반영하여 상향 조정할 수 있다.)(※ 필요한 경우 수당별 금액 기재)
② 전 항의 임금은 매월 (   )일부터 (   )일까지 기산하여 당월 (   )일에 "을"이 지정하는 은행계좌로 송금한다.
  ※ '국고보조시설'의 경우 아래 조항으로 대체
  ① "을"의 임금은 매년 보건복지가족부 장관이 정한 인건비 지원 기준에 따라 (   ) 호봉 갑(을) 월급 총액 (   )원으로 시작한다.(※ 필요한 경우 수당별 금액 기재)

(계속)

② 전 항의 임금은 매월 (   )일부터 (   )일까지 기산하여 당월 (   )일에 "을"
  이 지정하는 은행계좌로 송금한다.

제5조(휴일)
① "을"의 유급휴일은 주휴일(매주 ○요일)과 근로자의 날로 한다.
② 그 밖의 유급휴일은 "갑"의 복무규정에 따른다.

제6조(휴가)
"갑"은 "을"에게 「근로기준법」에 따라 연차유급휴가(전년도 개근 시 연간 10일, 9할 이상
출근 시 연간 8일)와 월차유급휴가(전월 개근 시 월 1일)를 주며, 그 외 휴가는 "갑"의 복
무규정에 따른다.

제7조(준용)
본 계약서에 명시되지 않은 사항은 복무규정 및 「근로기준법」의 관련 조항을 준용하도
록 한다.
                        20 년   월   일

갑(사용자)   을(근로자)
사업장명: 성 명: (인)
대표자: (인)   주민등록번호:
소재지: 주 소:

출처: 보건복지부 · 중앙육아종합지원센터(2014a), pp. 53-54.

4) 교직원 평가관리

교직원에 대한 평가가 정확하고 객관적으로 수행될 때 교직원 관리를 효율적으
로 하여 보육의 질을 높일 수 있다. 교직원 평가는 연 1회 또는 연 2회(상반기 · 하
반기) 실시하는 것이 적당하다.
보육교사 평가기준표를 예로 제시하면 〈표 6-6〉과 같다(보건복지부 · 중앙보육
정보센터, 2013b).

표 6-6 보육교사 평가기준표 예시

구분	내용	잘함	못함	보통
수업	• 수업계획 • 수업진행 • 수업내용 • 교구 제작 및 관리 • 영유아와의 상호작용			
환경	• 환경 정리 • 교재 · 교구 정리 및 관리 • 교실 청결 유지			
업무	• 일일 보육계획안 작성 • 월간, 주간 보육계획안 작성 • 보육일지 작성 • 신입원아 적응일지, 관찰일지, 상담일지 작성 • 안전 관리			
자기관리	• 출퇴근 시간 준수 • 당직 업무 준수 • 교사 간 상호작용 및 유대관계 • 상사와의 관계 • 용모, 복장 관리, 표정, 언어 • 외부 인사 관리			
총평				

5) 업무 조직 및 분담

어린이집의 원활한 운영을 위해서는 교직원의 적성에 맞게 업무를 조직하고 분담하는 것이 매우 중요하다. 일반적으로 새 학년 시작 전에 이루어지는 업무 조직과 분담은 원장이 일방적으로 결정하기보다는 교직원 개개인의 적성, 특기, 관심 등을 고려하고 본인의 희망을 반영하여 결정하는 것이 바람직하다.

어린이집 운영에 필요한 업무는 각자의 직책에 따라 반드시 수행해야 할 고유업무와 교직원이 협력해서 수행해야 할 공동업무로 구분할 수 있다. 예를 들면, 담임교사의 고유업무에는 자신의 학급관리와 관련된 모든 업무, 즉 수업 준비 및 진행, 보육일지 작성, 교실환경 구성 및 청결관리, 관찰일지 작성, 학부모 상담 등이 포함된다. 공동업무로는 어린이집의 청결을 위한 공동 공간의 청소, 실외놀이터 관리, 현관환경 구성, 전체가 참여하는 견학 및 행사 계획과 진행 등 각자의 학급관리 업무 이외의 업무들을 들 수 있다. 원장은 미숙한 일 처리로 교직원들 간에 불편한 일이 발생하지 않도록 고유업무와 공동업무를 적절하게 분담시키고 관리를 철저히 해야만 한다. 업무분담을 할 때는 경력교사와 신입교사, 연장자와 연소자, 교사와 다른 교직원을 적절하게 안배할 필요가 있다.

〈표 6-7〉은 교직원별 업무분담표의 예다. 각 기관에서는 이를 참조하여 적절하게 업무를 분장하도록 한다. 교직원 각자의 고유업무 외에도 공동업무들이 있으므로 이 역시 적절하게 분담해야 하는데, 원장은 공동업무와 공동영역 청소도 공평하고 적절하게 분담하여서 교직원들 간에 불화가 발생하지 않고 원만하게 업무가 이루어질 수 있도록 관리해야 한다.

표 6-7 교직원별 업무분담표 예시

구분	담당	업무 내용	비고
고유업무	원장	• 원의 전반적인 교육 및 운영 계획 • 견학 및 행사 계획 • 업무 분장, 감독, 근무평정 등 업무관리 • 시설 설비 및 재정 관리 • 운영 및 교육 정보 수집 • 행정당국 및 단체와의 관계 유지 • 일지 취합 검사	• 전체 청소 구역 관리
	교사	• 보육활동 진행 및 준비 • 보육일지 작성 • 각 보육실의 환경 구성 및 청결 관리 • 학부모 상담 • 영유아에 대한 관찰일지 및 보고서 작성 • 영유아 건강 및 안전 관리 • 영유아 영양 및 급식 관리	• 담당 교실 관리

(계속)

기타업무	교 사 ○ ○ ○	• 영아반의 전반적인 교육내용 관리 • 연간 보육계획안, 주간 보육계획안, 일일 보육계획안 작성 • 원아관리 및 관찰지도 • 소모성 교재 점검 및 신청 • 시청각 기자재관리(O.H.P, 빔프로젝터, 비디오 카메라 등) • 안전관리(소화기 점검), 비상대피훈련 담당	• 계단 청소 • 외부 청소
	교 사 ○ ○ ○	• 입학 상담 및 자원봉사자 담당 • 위생 소독 • 식단표 작성 및 주문 담당 • 화분 관리 • 게시판(주간 보육계획안, 주간 식단표, 월행사) 담당 및 관리	• 화장실 청소 • 화장실 수건 관리
	교 사 ○ ○ ○	• 유아반의 전반적인 교육내용 관리 • 연간 보육계획안, 주간 보육계획안, 일일 보육계획안 작성 • 원아관리 및 관찰지도 • 교재 · 교구 정리 및 관리 • 행사일지 작성 • 비디오 및 테이프 정리 담당	• 실외놀이터 청소
	교 사 ○ ○ ○	• 사무실 도서 정리 및 관리 • 업무일지 작성 • 종이, 시트지, 코팅지, 복사지(복사기) 등 지류 정리 및 관리 • 약품장 관리 및 약품 사용 대장 담당 • 생일잔치 계획 및 준비	• 현관 청소
	운전사 ○ ○ ○	• 차량 안전 준수사항 • 차량 내 소화기 관리	• 차량 청결
	조리사 ○ ○ ○	• 1층 물컵 관리 • 식자재 주문 및 관리 • 2층 정수기 물컵 관리	• 수족관, 화초 • 세탁기 관리

출처: 보건복지부 · 중앙보육정보센터(2013a), p. 141.

제**7**장

부모 및 지역사회와의 협력

1. 유치원의 부모 및 지역사회와의 협력

2. 어린이집의 부모 및 지역사회와의 협력

교육·보육의 효과를 높이기 위해서는 가족 및 지역사회와의 협력이 중요하다. 영유아교육기관에서는 기관을 개방하고 다양한 방법으로 부모와 의사소통하며, 부모 간 교류와 다양한 부모참여의 기회를 제공해야 한다. 또한 영유아가 자신이 살고 있는 지역사회에 대한 이해의 폭을 넓히고 지역사회에 원만하게 적응하도록 돕기 위해서 기관 주변의 환경과 자원을 적극 활용하는 등 지역사회와의 긴밀한 협력이 필요하다. 그러므로 이 장에서는 유치원 및 어린이집과 가족 및 지역사회와의 협력 방법에 관하여 살펴보고자 한다.

1. 유치원의 부모 및 지역사회와의 협력

1) 부모와의 협력

유아의 성장발달은 가정에서 부모에 의해 가장 많은 영향을 받는다. 유치원의 유아교육이 성공적으로 이루어지기 위해 유치원과 가정이 연계가 되어야 하며, 교직원과 부모가 협력적인 관계를 이루어야 한다. 부모의 협력을 얻기 위해 먼저 유치원과 유치원 교육과정에 대한 이해를 도모해야 하며, 여러 가지 방법으로 부모의 양육관이나 태도에 도움이 될 수 있는 정보의 제공이나 기술 등을 습득할 수 있도록 도와야 한다. 그리고 무엇보다도 행복하고 인간성이 풍부한 부모가 전인적 발달을 하는 유아를 기를 수 있으므로 부모의 긍정적인 자아 형성에 도움이 될 수 있는 교육도 필요하다.

유치원에서 부모와의 협력을 이루고 성공적인 유아교육을 하기 위해 부모교육 계획을 수립하여 운영해야 한다. 부모교육의 방법은 강의, 상담, 참여수업, 참관수업, 가정통신문 발송, 체험활동, 유치원 홈페이지에 부모교육 내용 탑재 등 여러 가지가 있다.

(1) 유치원 교육과정 이해를 위한 부모교육

1 목적

● 부모교육을 통해 유아의 발달 및 유치원 교육과정에 대한 이해를 돕는다.
● 가정과 연계한 활동을 통하여 교육의 효과를 높인다.

2 방침

● 유치원 교육과정에 대한 이해를 돕기 위하여 부모면담, 학부모연수(학부모 모임, 외부 강사 초청), 부모참여수업을 실시한다.
● 가정통신문과 유치원 홈페이지를 통해 자녀교육 및 양육에 대한 정보를 제공한다.
● 학부모 인성 역량강화를 위한 부모교육을 실시한다.

3 세부 실천 활동

표 7-1 부모교육 세부 사항 예시

월	활동	내용	비고
2	• 오리엔테이션	• 유치원의 운영방침 교육목표, 교육내용을 소개한다.	인쇄물 시청각교재
3	• 입학식 • 학부모면담 (만 3세, 5세 반)	• 교직원소개 및 원내 환경 둘러본다. • 유아에 관련된 정보를 얻고 관찰한 바를 근거로 유아에 대한 의견을 교환한다.	유아에 대한 자료 학부모 대기 장소 환경 구성(부모용 도서, 다과)
4	• 학부모면담 (만 4세 반)	• 유아에 관련된 정보를 얻고 관찰한 바를 근거로 유아에 대한 의견을 교환한다.	
5	• 학부모연수 • 부모참여수업 (만 3~5세 반)	• 유치원 교육활동과 유아발달에 관한 교육을 안내한다. • 학부모가 원에서 이루어지는 여러 가지 활동을 경험함으로써 가정과의 연계 교육이 이루어진다.	일일교육 계획안

(계속)

6	• 학부모연수	• 유치원 교육활동과 유아발달에 관한 교육을 안내한다. • 학부모가 원에서 이루어지는 여러 가지 활동을 경험함으로써 가정과의 연계 교육이 이루어진다.	일일교육 계획안
7 · 8	• 생활지도	• 방학 중 생활에 대한 가정통신문을 발송한다.	가정 통신문
9	• 학부모연수 • 문화의 밤	• 유아 인성교육을 위한 부모훈련 프로그램을 실시한다. • 가족음악회	학부모 인성 역량 강화를 위한 부모 훈련 프로그램
10	• 학년말 면담 (만 3세~4세 반)	• 유치원 교육활동과 유아발달에 관한 사항을 안내한다.	
11	• 연말 면담 (만 5세 반)	• 평가 자료를 통해 유아발달에 대한 정보를 제공한다. • 초등학교 입학 안내를 한다.	
12	• ○○마당 공개	• 학부모에게 유치반 활동을 공개한다.	
1	• 취학을 위한 준비	• 초등학교 예비 학부모가 갖추어야 할 사전지식에 대한 안내를 한다.	가정 통신문
2	• 학부모만족도 조사	• 학기 말 학부모만족도 조사를 실시하여 유치원 운영에 학부모의 의견을 반영한다.	학부모만족도 조사지

표 7-2 학부모만족도 조사 예시

안녕하십니까? 저희 유치원에 귀댁의 자녀를 보내 주신 학부모님께 진심으로 감사드리며, 앞으로 더 나은 교육을 하기 위하여 유치원에 대한 만족도를 알아보고자 하오니 각 문항별로 체크해 주시기 바랍니다.

영역	항목	매우 불만	불만	보통	만족	매우 만족
		1	2	3	4	5
물리적 환경	1. 유치원 주변 환경 시설·설비에 대해 어느 정도 만족하십니까?					
	2. 실내·실외 공간의 면적 및 구조에 대해 어느 정도 만족하십니까?					

(계속)

물리적 환경	3. 실내 환경 및 비품·교재·교구에 대해 어느 정도 만족하십니까?					
	4. 실외 환경 및 놀이시설에 대해 어느 정도 만족하십니까?					
운영 관리	5. 원아 모집 방법 및 시기에 대해 어느 정도 만족하십니까?					
	6. 하루 운영시간에 대해 어느 정도 만족하십니까?					
	7. 유치원 원비에 대해 어느 정도 만족하십니까?					
	8. 유치원 예산편성 및 회계 관리의 공정성에 대해 어느 정도 만족하십니까?					
	9. 운영관리자(원장 및 원감)의 운영관리 방침에 대해 어느 정도 만족하십니까?					
원아 교육	10. 유아교육 내용 혹은 유아교육 프로그램에 대해 어느 정도 만족하십니까?					
	11. 담임교사의 자질 및 역할에 대해 어느 정도 만족하십니까?					
	12. 자녀를 유치원에 보낸 후 자녀의 생활태도의 변화에 대해 어느 정도 만족하십니까?					
	13. 교사와 부모와의 상호작용에 대해 어느 정도 만족하십니까?					
가정 연계	14. 부모교육(예: 신입생 오리엔테이션, 학부모 모임, 학부모 참여 행사, 수업 참관 등)에 대해 어느 정도 만족하십니까?					
	15. 학부모와 교원 대표로 이루어진 유치원 운영위원회 구성 및 운영에 대해 어느 정도 만족하십니까?					
영양 건강 안전 관리	16. 원아의 건강관리에 대해 어느 정도 만족하십니까?(기본 체격 검사 및 보건소 지원 시력검사, 구강검사 등)					
	17. 원아의 영양관리(식단)에 대해 어느 정도 만족하십니까?					
	18. 원아의 위생관리에 대해 어느 정도 만족하십니까?					
	19. 원아의 안전관리에 대해 어느 정도 만족하십니까?					

건의 사항이 있으시면 적어 주십시오.

○○○유치원

(2) 부모지원 프로그램

유치원에서 실시할 수 있는 부모지원 프로그램의 한 예를 소개하면 다음과 같다.

1 목적

학부모에게 생활에서의 즐거움과 자기 계발의 장을 마련해 주고자 실시하는 교육 서비스의 일환으로 주민센터나 대학의 다양한 시설 및 인적 자원을 활용하여 실생활에서 유익한 연수의 기회를 학부모에게 제공한다.

2 방침

- 연수의 주제는 부모의 자존감 높이기, 육아역량강화, 실생활의 유용성을 고려하여 선정한다.
- 연수는 1학기에 2회씩 1년에 총 4회 실시한다.
- 인원은 강좌의 특성과 연수의 효율성을 높이기 위해 30명 내외로 신청을 받아 실시한다.
- 활동 후 활동에 대한 평가를 받아 그 내용과 횟수를 융통성 있게 조정한다.

3 세부 실천 활동

시기	내 용	비고
4월	학부모 모임 (천연화장수 만들기 및 봄철 피부관리법)	연수 내용은 바뀔 수 있음
6월	학부모 모임 (부모교육 강좌 I)	
10월	학부모 모임 (부모교육 강좌 II)	
11월	학부모 모임 (공예)	

(3) 유치원운영위원회 학부모대표 활동

학부모의 유치원에 대한 보다 적극적인 참여가 「유아교육법」 및 동법 시행령에 의해 활성화되고 있다. 「유아교육법」 제19조의 3~6 및 동법 시행령 제22조의 2~12에 따르면, 유치원운영위원회 구성에 학부모 대표를 참여시키도록 되어 있으며, 유치원급식소위원회 등 필요한 경우 예산·결산소위원회 등 분야별 소위원회를 둘 수 있다. 유치원규칙의 개정, 유치원 예산 및 결산, 유치원 교육과정의 운영방법, 학부모가 부담하는 경비, 급식, 방과후 과정 운영, 유치원 운영에 대한 제안 및 건의에 관한 사항 등 유치원 운영관리에 대해 학부모 대표가 참여를 하도록 되어 있다.

2) 지역사회와의 협력

유치원에서 실시할 수 있는 지역사회와의 협력 활동의 예를 몇 가지 소개하면 다음과 같다.

(1) 지역사회 인적 자원 활용

유치원이 소재하고 있는 지역의 훌륭한 인적 자원인 은율탈춤 전수자에게 은율 탈춤 배우기 활동을 실시한다. 이를 통하여 지역의 전통문화를 접하며 내가 살고 있는 고장에 대한 자긍심을 가질 수 있는 시간이 될 수 있다.

: 은율탈춤 전수자에게 은율탈춤 배우기
  – 은율탈춤 보존회 현장학습

(2) 지역사회 기관 활용

　한중문화원, 차이나타운, 재래시장, 노인정 방문, 어린이 도서관 등의 지역사회 기관을 적극적으로 활용하여 다양한 활동을 실시함으로써 다양한 문화와 예절을 배우고, 서로 배려하고 협력하며 존중하는 경험을 할 수 있다.

: 한중문화원, 차이나타운(중국어 마을 어린이 체험교실)

: 재래시장 현장학습(봄나물을 사러 가요)　　　: 어린이 도서관 현장학습

(3) 지역사회 봉사활동

1 독거노인 돕기(김장 담그기)

지역사회, 가정, 그리고 유치원이 연계하여 독거노인을 돕기 위한 김장 담그기 활동을 실시한다. 김장을 담근 후 주민 센터와 연계하여 유치원 소재 지역에 살고 계신 독거노인에게 유아들이 직접 나누어 드리며 나눔과 더불어 효를 함께 실천할 수 있다.

: 학부모와 유아가 함께 독거노인 돕기 (김장 담그기)

: 지역주민센터를 통해 독거노인에게 김장김치 나누어 드리기

2 노인정 방문

노인정을 방문하여 효를 실천하고 웃어른을 공경하는 태도를 기르도록 한다. 다과 드리기, 공연하기, 할머니·할아버지 안마해 드리기 등의 활동을 통해 지역사회 어르신에게 효를 실천할 수 있는 활동의 예다.

: 노인정 방문

(4) 유보 협력 현장체험

유아교육·보육 협력 활동으로 같은 지역사회 내의 어린이집과 함께 실시할 수 있다. 지역적 특성을 살린 활동을 협력 어린이집 유아들과 함께 실시하여 두 기관의 어린이들의 사회성 발달과 인성 발달을 도우며 지역사회에 대한 공동체 의식을 기르도록 한다.

활동을 계획하기 위해 두기관의 교사들이 모여 적절한 활동 주제 선정 등 활동 계획을 세우고 진행한다. 활동 후 평가를 하여 차후 활동의 자료로 활용한다.

: 유치원, 어린이집 교사들 모임

: 두 기관 어린이들의 협동 활동 모습

3) 유치원 가정 · 지역사회 연계 운영 평가

유치원 평가 항목에는 가정과 지역사회의 연계에 대한 평가 내용이 있다. 유치원평가지표 10번에 다양한 부모교육·참여활동을 실시하고 가정 및 지역사회와의 연계를 위하여 노력하는가를 평가한다. 평가요소와 평가방법 및 확인자료를 보면 다음과 같다(인천광역시 유아교육진흥원, 2014).

(1) 평가 요소

- 부모교육 및 참여활동을 체계적으로 수립·운영하고 있다.
- 유치원의 교육 활동 및 유아의 발달 상황을 학부모에게 안내하고 있다.
- 지역사회와의 협력을 도모하고, 지역사회의 인적·물적 자원을 활용하고 있다.

(2) 평가방법 및 확인자료

- 서면평가: 유치원교육계획서, 자체평가보고서에 기록된 내용 확인
- 현장평가
  - 부모교육 및 참여활동 관련 자료 확인(연간 부모교육 및 참여활동 계획안 등)
  - 지역사회와의 연계 관련 자료 확인
  - 가정 및 지역사회와의 연계 관련 원장 및 교사 면담

2. 어린이집의 부모 및 지역사회와의 협력

보육의 효과를 높이기 위해서는 가족 및 지역사회와의 협조가 중요하다. 어린이집에서는 기관을 개방하고 다양한 방법으로 부모와 의사소통을 하며, 부모 간 교류나 부모교육 및 다양한 부모참여의 기회를 제공해야 한다. 아울러 영유아가 자신이 살고 있는 지역사회에 대한 이해의 폭을 넓히고, 지역사회에 원만하게 적응하도록 돕기 위해서는 어린이집 주변의 환경과 자원을 적극 활용하는 등 지역사회와의 긴밀한 협력이 필요하다. 가족 및 지역사회와의 협력은 평가인증에서도 중요하게 보는 지표로서 그 중요성이 높아지고 있는데, 반면 이에 대한 이해는 부족한 실정이다. 그러므로 다음에서는 어린이집에서 실행할 수 있는 가족 및 지역사회와의 협력 방법에 관하여 살펴보고자 한다.

1) 어린이집과 부모와의 협력

(1) 부모와의 교류

운영 안내 책자 배포와 부모 오리엔테이션 시행을 통해 어린이집에 대한 정보를 제공함으로써 부모와 교류할 수 있다.

1 운영 안내 책자 배포

어린이집에 대한 정보를 제공하는 운영 안내 책자는 어린이집의 보육목표 및 철학, 보육프로그램, 학급 구성, 하루 일과, 보육환경, 부모 대상 활동과 주요 행

사, 보육교직원을 소개하는 내용으로 구성할 수 있다. 일반적으로 작은 브로슈어나 팸플릿, 소책자를 제작하여 배포하게 되는데, 이러한 정보 활용은 기관을 선택한 부모의 어린이집 운영 전반에 대한 이해를 도울 수 있을 뿐만 아니라 재원아 부모에게도 어린이집의 운영방침을 전달할 수 있는 기회가 될 수 있다.

2 부모 오리엔테이션

신입 원아 부모 오리엔테이션은 부모에게 어린이집 운영 전반에 관한 사항을 안내해 줌으로써 부모의 이해를 돕는 동시에 어린이집과 가정과의 협력을 통해 신입 원아의 초기 적응을 효과적으로 도울 수 있다. 또한 재원아 부모의 경우 대집단 모임을 통해 지난해 어린이집에 대한 정보 및 변화된 어린이집 운영방침에 대한 구체적인 정보를 제공함으로써 부모의 이해 및 협조를 구하는 기회를 갖도록 한다. 신입 원아 부모 오리엔테이션을 준비하고 실시할 때는 다음과 같은 사항에 유의한다.

- 오리엔테이션 실시 전에 안내문을 전달하여 실시 목적과 일시 등을 알리고, 학부모의 참석 여부를 파악한다.
- 오리엔테이션 자료를 준비한다. 이때 설명을 위한 파워포인트로 작성하여 준비하고, 부모용은 보관하여 참고할 수 있도록 인쇄물로 준비한다. 별도의 오리엔테이션 자료 준비가 번거롭다면 준비되어 있는 어린이집 안내 책자를 사용하도록 한다.
- 오리엔테이션의 내용에는 부모에게 반드시 알려야 하는 사항(예: 운영철학, 보육 목표와 운영 내용, 신입 원아 적응프로그램, 보육프로그램 및 보육과정, 보육시간, 안전사고 시 어린이집의 책임 한계, 응급처치 시 처리 절차, 보육실 개방 원칙, 등원·하원 절차 등)이 포함되어야 한다.
- 오리엔테이션을 실시할 때는 어린이집의 방침을 부모에게 일방적으로 전달하기보다는 부모들의 의문사항도 충분히 논의해야 한다. 필요하다면 전체 모임 이후 반별 모임 시간을 갖는 것도 한 방법이 된다.
- 학기 중에 들어오는 신입 원아는 개별적으로 오리엔테이션을 진행한다.
- 오리엔테이션 실시 후 평가를 통해 잘된 점과 미비한 점 등을 평가하여 다음 오리엔테이션에 반영한다.

신입원아 부모 오리엔테이션 및 부모 간담회 안내문과 보육실 개방 안내의 예시는 다음과 같다.

[신입 원아 오리엔테이션 및 부모 간담회 안내문 예시]

신입 원아 OT 및 부모 간담회 안내

본 어린이집에서는 신입 원아의 어린이집 적응을 위한 오리엔테이션 및 부모 간담회를 통해 부모님들에게 다양한 교류 기회를 제공하고자 하오니, 부디 참석하시어 활발한 교류의 장이 마련될 수 있도록 협조 바랍니다.

일 시	20 년 월 일 (요일) 오후 시 분 ※ 부모 간담회는 신입 원아 오리엔테이션이 끝나고 이어집니다.
장 소	각 반 교실
내 용	• 신입 원아 오리엔테이션 • 반 특징 및 담임 소개 • 부모 소개 • 부모교육 안내 • 각 반 담임을 중심으로 간담회 실시

-- 절 취 선 --

※ 신입 원아 OT 및 부모 간담회 참가 신청서

_____반   이름: _____

참석	불참	불참 사유

※ 참석 여부에 따라 해당하는 곳에 ○표 하여 어린이집으로   일(요일)까지 보내 주시기 바랍니다.

출처: 보건복지부 · 중앙보육정보센터(2013a), p. 124.

[어린이집 개방 안내문 예시]

어린이집 개방 안내문

부모님께

본 어린이집 개방과 관련하여 안내드립니다.

저희 ○○어린이집에서는 부모님께 보육일과를 지켜보거나 활동의 일부를 자녀와 함께할 수 있도록 어린이집을 개방하고 있습니다. 자녀와 함께하는 보육 경험은 자녀의 행동 및 어린이집을 이해하는 데 도움이 될 것입니다.

영유아보육에 지장을 초래하지 않는 범위 내에서 모두에게 유익한 기회가 되도록 다음 사항에 협조해 주시기 바랍니다.

1. 반별 보육실 개방시간과 관련하여서는 담임선생님과 협의하여 주시기 바랍니다.
2. 부모님의 보육실 입실 과정에서 영유아의 안정된 생활과 선생님의 보육활동이 원활히 진행될 수 있도록 협조 부탁드립니다.
3. 특히, 영아반 부모님께서는 보육실 입실 시 어린이집 원아의 건강과 청결한 위생을 위해 손을 깨끗이 씻고 입실하여 주시기 바랍니다.
4. 감기, 전염성 질환 등이 있는 경우에는 어린이집 입실에 제한되오니 이점 양해 바랍니다.

20 년 월 일

○○ 어린이집

출처: 보건복지부·중앙보육정보센터(2013a), p. 120.

(2) 다양한 경로를 통한 부모와의 교류 방법

어린이집과 부모 간의 의사소통은 다양한 의사소통 경로를 통해 영유아에 대한 정보 교환과 교류가 활발하게 일어나야 한다. 게시판이나 가정통신문을 통한 일방적 전달만이 아니라 대화수첩, 등원ㆍ하원 시간의 부모ㆍ교사 간 대화, 일일보고서, 개별 알림장, 전화통화기록일지, 이메일, 홈페이지 등 다양한 경로를 통해 양방적으로 이루어져야 한다(중앙보육정보센터, 2006).

1 가정통신문

가정통신문은 어린이집의 지난 일주일간 실행된 보육활동 및 다음 한 주간 진행될 보육활동과 행사들을 부모에게 안내해 줌으로써 각 가정에서 자녀의 학습내용을 강화하고 학습할 수 있는 기회를 제공할 수 있다. 또한 가정에서 부모가 자녀와 함께할 수 있는 관련 활동을 소개해 줌으로써 부모-자녀 간의 긍정적인 상호작용을 도모할 수 있다.

2 전화통화

가장 접근성이 좋고 자주 쓰이는 의사소통방법은 전화통화다. 특히 등원ㆍ하원 차량을 이용하는 기관의 경우 부모와 담임교사가 만날 기회가 적기 때문에 전화통화는 부모-담임교사 간 교류의 중요한 매체라 할 수 있다. 부모는 주로 결석이나 전날 가정에서 발생한 특별한 상황에 대해 교사가 알고 있으면 도움이 되는 사항을 전화통화를 통해 알려 줄 수 있고, 교사는 하루 일과 중 특별하게 전달해야 할 사건이나 상황, 준비물에 대해 부모에게 전화로 전달할 수 있다. 전달 내용에 따라 전화통화보다는 직접 만나서 의사소통하는 것이 효과적인 경우가 있기 때문에 전화를 선택하는 것에 대해 신중히 고려할 필요도 있다. 전화통화 내용은 양식에 근거하여 기록에 남기는 것이 어린이집 운영에 효과적이다.

3 일일보고서 및 개별알림장

일일보고서 및 개별알림장은 영유아에 대한 정보를 교사와 부모가 매일 서로 교류하는 형식의 협력 방안이다. 일일보고서 및 개별알림장에 기록되는 내용은 주로 영유아의 기분, 건강, 식사, 배변, 수면 등의 기본 생활과 투약사항 및 기타 전달사항이 포함된다. 교사는 부모에게 영유아가 하루 동안 지낸 사항을 기록하여 전달하고, 부모는 교사에게 가정에서 있었던 일들을 기록하여 전달함으로써 영유아에 대한 기본 정보를 공유하며, 아울러 가정과 어린이집의 연계를 통해 더욱 효과적인 보육이 이루어질 수 있도록 한다.

4 홈페이지

최근 대부분의 가정에 컴퓨터가 보급됨에 따라 인터넷의 홈페이지를 통한 의사소통이 활발하게 이루어지고 있다. 부모는 홈페이지를 통해 어린이집의 전반적인 운영 변화 및 행사에 대해 알 수 있고, 게시판이나 방명록 등을 이용하여 자녀 양육 및 제반 궁금한 사항에 대해 질의하고 응답받을 수 있다. 홈페이지를 제작하여 운영하기가 용이하지 않을 경우 블로그 및 카페를 활용하는 것도 하나의 방법이 될 수 있다. 홈페이지를 효과적인 의사소통 수단으로 활용하기 위해서는 홈페이지 정보를 정기적으로 갱신하고 활성화하는 노력이 요구된다.

2) 어린이집 부모상담

(1) 부모상담의 유형

어린이집에서의 부모상담은 개별 또는 집단 상담으로 이루어질 수 있다.

1 개별상담

어린이집에서는 영유아의 적응 상태나 생활 내용, 발달 정도에 대하여 연간 2회 이상 일대일 부모상담 혹은 전화상담 등의 방법을 이용하여 부모와의 개별상담을 실시해야 하며, 특별한 문제가 있는 경우에는 보다 자주 부모와 상담을 해야 한다. 개별상담을 위한 자료로는 그동안의 영유아 관찰기록, 영유아의 활동 결과물이나 작품들, 영유아의 신체발달 측정 결과 등을 준비하여 의견을 교환하고, 가정에서의 영유아의 생활에 관하여 부모로부터 정보를 수집하여 영유아의 제반 발달을 돕는 데 반영할 수 있도록 한다.

개별상담을 위한 준비부터 진행 과정 및 효율적 상담방법에 관한 구체적인 내용을 살펴보면 다음과 같다(중앙보육정보센터, 2006).

교사는 개별 상담을 위해 다음의 사항들을 준비해야 한다.

- 각 영유아에 대한 교사의 관찰기록을 정리한다. 교사는 매 학기 영유아에 대한 자료들을 모아 총괄적인 평가 및 기록을 하고 부모상담에 앞서 부모에게 전달할 내용을 관찰기록지에 정리한다. 아울러 상담에 도움을 줄 보충자료로서 필요한 경우 영유아의 작품들도 준비한다. 상담 준비가 완료되면 모든 자료를 개별 영유아의 개인 파일에 모아서 상담 시에 사용한다.
- 부모의 관찰기록을 참고한다. 매 학기마다 2회 정도 부모에게 참관일을 통해 영유아를 관찰하고 그 기록을 제출하게 하여 상담 전에 교사의 관찰과 비교하면서 시각 차이가 있는 부분을 평가한다. 부모는 관찰 경험이 적기 때문에 부모용 관찰기록지는 한 번에 관찰할 항목이 너무 많지 않은 것이 효과적이므로 교사가 사용하는 관찰기록지의 항목 중에서 범주별로 나누어 학기별로 2회에 걸쳐 기록하도록 하는 것이 바람직하다.
- 상담 시간과 장소를 정한다. 미리 한 달 전에 상담 안내문을 부모에게 보내 가능한 상담 일시를 회답받아 모두 수합한 후 교사가 중복되는 것을 다시 부모와 조정하여 정하도록 한다. 상담 전에 다시 한 번 일시와 장소를 알려서 상담이 차질 없이 진행되도록 준비한다. 상담 시간은 한 부모당 20~30분 내외로 하는 것이 적절하다.
- 상담 장소의 환경을 정비한다. 아늑한 분위기에서 편안하게 상담이 이루어질 수 있도록 채광, 온도, 조명, 환경 등을 조절하여 조성한다. 상담 자리는 시야가 복잡하지 않고 정돈된 곳이 집중하기에 좋으며, 교사와 부모가 적절한 간격을 두고 마주 앉아 진행할 수 있도록 준비한다.

표 7-3 개별상담 진행 과정

인사 나누기	• 교사는 부모에게 자리를 안내하고 간단히 인사를 나눈다.
상담의 진행	• 교사는 상담을 할 때 부모가 부담을 갖지 않도록 부드럽고 편안한 분위기에서 진행한다. • 상담의 내용은 영유아가 어린이집에 와서 변화하고 발달한 것을 중심으로 영유아의 현재 상태를 알리고, 앞으로 부모와 교사가 협조하여 중점을 두고 지도해야 할 부분을 의논하는 방식으로 진행한다. • 상담의 서두는 반드시 그 영유아만이 지닌 독특성과 장점을 중심으로 이야기하여 부모가 충격을 받는 일이 없도록 하고, 계속적으로 지도해야 할 부분을 이야기할 때는 지나치게 우회적이어서는 안 된다는 점에 유의해야 한다. • 교사가 부모의 관찰기록을 검토한 결과에 비추어 부모가 과소평가하거나 과대평가하고 있는 부분도 상담에서 참고자료로 사용할 수 있으나, 이에 관한 언급은 상황에 따라 꼭 필요한 경우에만 하는 것이 좋다.
마무리	• 교사의 관찰결과를 모두 이야기한 후 부모의 질문과 남은 기간 동안 영유아를 위해서 교사에게 부탁하고 싶은 말이 있으면 이야기하도록 시간을 할애한 뒤 인사하고 끝맺음을 한다.

② 집단상담

집단상담은 부모들의 관심과 요구 그리고 보육교사의 요구가 대다수 부모들에게 공통된 것일 때 활용할 수 있다. 일반적으로 부모참여 행사가 끝난 후에 각 반별로 집단상담을 실시한다. 어린이집의 전체 부모를 대상으로 또는 반별로, 또는 5~10명의 소집단을 대상으로 실시하게 된다. 집단이 너무 클 경우에는 상담의 효과를 기대하기가 어려우므로 가능한 한 소집단을 중심으로 진행하도록 한다.

집단상담에서의 주제는 각 가정에서의 영유아의 행동, 친구관계, 놀이, 습관, 문제점 등에 대해 이야기하고, 영유아에 대한 바람이나 어린이집에 대한 건의사항 등에 대해 이야기 나눈다. 또한 보육교사는 어린이집의 보육방침, 지도방법 등을 이해시킬 수 있는 기회로 삼을 수 있으며, 영유아의 발달 상황과 생활을 알려 줄 수 있는 기회가 될 수 있다(한국보육진흥원, 2011).

(2) 효율적인 부모상담을 위한 제언

효율적인 상담을 위해 고려해야 할 사항을 살펴보면 다음과 같다(정정옥, 2011).

- 상담 자료를 정리하며 상담을 위한 준비를 한다.
- 모든 문제는 긍정적으로 표현한다.
  - 교사는 부모의 말 한 마디에 민감할 수 있다.
  - '공격적' '산만'과 같은 부정적 용어를 사용하지 않는다.
  - '주변에 관심이 많다' '주의집중이 짧은 편이다' 등 긍정적인 용어로 바꾸어 사용한다.
  - 영유아의 상담에 대한 이야기를 먼저 나누어 부모에게 심리적인 안정감을 준다. 그다음 유아에게 노력이 필요한 부분을 조심스럽게 언급한다.
  - 부모가 상담 시간을 정한다.
  - 부모의 이야기를 많이 들어 준다. 부모는 교사에게 자신의 어려움을 말하는 것만으로도 편안한 느낌을 가질 수 있다.
  - 상담의 처음부터 끝까지 부모가 주도권을 가지는 것은 아니며, 중간 중간 부모가 하는 이야기를 요약, 반문, 전환하여 상호 간 의사소통이 이루어지도록 한다.
- 부모가 문제를 다양한 각도에서 볼 수 있도록 돕는다.
  - 부모는 자녀에 대해 객관적이지 못하기 때문에 문제를 정확히 못 볼 수 있다.
  - 부모가 문제를 이성적이고 폭넓은 시각에서 바라볼 수 있도록 돕는다.
- 느낌을 반영해 준다.
  - 교사는 고개를 끄덕이거나 감탄사 등을 사용하여 느낌을 표현해 준다.
  - 부모가 한 말을 교사가 다른 말로 표현해 주는 것도 한 방법이다. 이러한 경우 서로 공감대가 형성되고 상담이 원활해진다.
- 중요한 결단을 부모 대신 내리지 않는다.
  - 영유아에 대한 중요한 결정은 부모 몫임을 명심한다.
  - 부모가 문제를 정확하게 이해하고 해결방안을 찾을 수 있도록 도와주는 것이 교사의 역할이다.
- 상담 시간을 너무 길게 하지 않는다.
  - 특별한 사유가 없는 한 상담 시간은 20~30분 정도가 적당하다.
- 부모가 특별한 사정(맞벌이, 질병 등)으로 상담에 참석하지 못하는 경우 다시 시간을 조정하여 개별 상담을 할 수 있도록 배려한다.

3) 부모참여

(1) 부모참여의 개념

부모참여는 부모가 육아지원기관의 다양한 활동에 직접 참여하는 것으로 학급 활동, 부모회활동, 부모교육, 기금 마련, 자원봉사, 교사와의 정보 교환, 기관 운영 관련 활동 등 다양한 형태와 수준의 참여가 포함되는 것으로 부모가 육아지원기 관의 동반자로서 협력관계를 유지하며 자녀의 교육에 대한 책임을 나누어서 지고 영유아교육과 발달을 위해 노력하는 모든 과정이라고 할 수 있다.

부모교육은 어린이집으로부터 부모에게로 주어지는 활동으로 형태상 개별교육 과 집단교육을 통하여 자녀양육에 관한 도움을 제공한다면, 부모참여는 부모 쪽 에서 기관으로 제공하는 활동으로 목적에 따라 자원 제공과 자원봉사 및 의사결 정에 대한 참여로 구분지어 볼 수 있다. 따라서 부모교육이 과거에 사회적으로 통 용되는 용어였다면 부모참여는 최근에 보다 다양한 형태로, 적극적 방식으로 활 발한 교류 속에 이루어지고 있는 현대적 개념이라고 할 수 있다(김은설 외, 2009).

(2) 부모참여의 유형

1 부모 강연회

강연회는 많은 사람들에게 정보를 동시에 전달할 수 있고 손쉽게 진행할 수 있 는 장점이 있다. 주로 한 가지 주제에 대해 전문가가 일정 시간 동안 부모들에게 연설하는 형태로서, 일반적으로 강연회가 성공적으로 이루어지기 위해서는 적절 한 시간의 안배가 필요하다. 시간적 여력이 될 경우 강연회가 끝난 후 소집단으로 나누어 부모들이 직접 참여할 수 있는 활동과 연계할 수 있다. 강연회가 끝난 후 참석한 부모들에게 부모참여용 설문지를 작성하도록 하여 평가한 후 그 결과를 다음 강연회를 위한 참고자료로 활용하도록 한다.

표 7-4 부모 강연회 계획의 예시

주 제		책 읽기 상호작용	
일 시		• 강사: ○○○ 교수님(○○대학) • 일시:　년　월　일　요일 오후 ○시 • 장소:	
내 용		진행 준비	담 당
행사 전	게시판과 공지사항	게시판 알림글 작성-○○일 ○요일 개시	○○○교사
	참석인원 파악	참석 여부 확인서-○○일 공지하여 ○○일까지 파악	각 반 담임 ○○○교사
	벽면 환경	부모 강연회/강사 소개/제목 등-○○일 제작	○○○교사
행사 당일	1층 안내 및 신발정리	스티커 이름표 책상, 바구니 신발정리 안내	○○○교사
	부모와 함께 온 영유아	영아반은 ○○반에서 통합보육 유아반은 ○○반에서 통합보육 • 풍선, 보육용 비디오, 자유선택 활동 등	○○○교사
	강당 정리 및 배치	강당 환경 정리 참석 인원에 맞추어 의자 준비 마이크와 스피커 준비	○○○교사
	교사실 전화 담당	행사 당일 문의 전화 담당-전화로 자세한 안내	○○○교사
행사 시	강의 자료	부모용 자료 ○○부 인쇄-강당 입구 배치	○○○교사
	간단한 다과	○○○떡, 과일, 커피, 주스 등 간단한 차 책상, 식탁보 준비	조리사 ○○○교사
	행사 사진	행사 당일 사진 촬영 비디오 촬영	○○○교사

출처: 한국보육진흥원(2011), p. 359.

② 부모자원봉사

어린이집에서 부모에게 자원봉사활동의 기회를 제공하는 것은 부모로 하여금 자녀를 보다 잘 이해하도록 돕고, 자녀양육과 가정환경의 변화도 기대할 수 있다. 자원봉사활동으로는 현장견학, 소풍, 운동회, 동화 들려주기, 간식 및 식사 준비, 교구 제작, 놀잇감 세척, 도서 정리 등이 있다. 자원봉사활동이 효과적으로 이루어지기 위해서는 자원봉사자에 대한 사전준비와 교육이 필요하다. 어린이집에서는 자원봉사자에 대한 사전 오리엔테이션 자료를 준비해 둠으로써 자원봉사자가 활동에 대한 구체적인 지침을 제공받을 수 있도록 도와야 한다. 또한 어린이집의 모든 교직원들은 자원봉사자의 역할에 대하여 관심을 갖고 지지해 주고 지원해 줌으로써 자원봉사자로 하여금 자신의 역할에 대한 보람과 긍지를 가질 수 있도록 하며, 나아가 자원봉사활동을 통해 부모 자신이 발전하였다는 느낌을 갖게 해 주어야 한다.

③ 수업참관

수업참관은 부모가 어린이집을 직접 방문하여 영유아의 활동 상황을 볼 수 있기 때문에 부모의 참여율 및 선호도가 가장 높은 부모참여 프로그램이다. 수업참관을 위해서는 별도의 참관실을 갖추어 부모가 수시로 영유아의 활동을 관찰함으로써 부모로 하여금 자녀의 생활과 발달특성을 이해할 수 있도록 하는 것이 가장 바람직하다. 그러나 이러한 환경이 어려울 경우, 특별한 날짜를 정하여 부모가 수업참관을 할 수 있도록 배려해야 한다. 이때 주간계획안이나 가정통신문을 이용하여 수업참관 당일의 참관내용 및 참관요령 등을 미리 공지하는 것이 좋다. 수업참관 시에 부모가 무엇을 관찰할 것인지를 미리 알려 주고, 이때 부모가 기록하는 체크리스트를 토대로 평가의 기회를 갖는 것은 매우 중요하다.

④ 부모참여수업

부모참여수업은 어린이집에서 실시하는 부모참여 프로그램 중에서 가장 적극적인 형태의 방법으로, 부모는 이러한 방법을 통해 어린이집 보육프로그램을 이해하고, 자녀의 생활을 새로운 시각에서 조망할 수 있는 기회가 된다. 부모참여수업을 통해 자녀와 함께하는 활동의 즐거움을 경험하며, 부모-자녀 관계 증진을 도모할 수 있으며 나아가 부모역할의 중요성을 인식할 수 있는 기회가 될 수 있다.

부모참여수업의 형태는 일반적으로 어머니 참여수업, 아버지 참여수업, 조부모 참여수업으로 이루어지나, 최근 다양한 가족 형태가 출현하면서 아버지나 어머니가 참여하지 못할 경우 다른 가족도 참여할 수 있도록 배려해야 한다. 부모참여수업은 1년에 1~2회 정도 실시하는 것이 효과적이며, 참여활동은 미술활동, 창의성 활동, 과학활동 등으로 참여수업을 계획하여 운영할 수 있다. 부모참여수업 후 평가설문지를 통해 평가를 받은 후 결과를 다음 부모참여수업에 반영할 수 있도록 한다.

(3) 부모참여 프로그램 계획

부모참여 프로그램을 실시하는 데 따르는 어려움으로 인해 부모참여 프로그램을 실시하지 않는다면 어린이집과 부모 간의 상호 이해와 협조가 원활하게 이루어지기 어렵다. 따라서 부모의 참여를 높일 수 있는 다양한 유형 및 내용의 부모참여 프로그램을 계획하여 실시하는 노력이 요구된다. 무엇보다 부모가 관심을 가지고 있는 내용을 주제로 선정하며, 부모가 참석 가능한 편리한 시간을 파악하여 일정을 조율하는 것이 좋다.

부모참여를 통해 소기의 목적을 달성하기 위해서는 어떠한 내용을 누가, 언제, 어떻게 가르치고 운영할 것인가에 대한 상세한 계획이 필요하다. 부모참여가 효과적으로 실행될 수 있기 위해서는 사전 계획에서 다음과 같은 점들을 고려해야 한다(정옥분, 정순화, 2010).

- 장기적이고 지속적인 교육이 이루어지도록 계획해야 한다. 한 번으로 끝나는 일회성 교육은 효과를 기대하기 힘들다.
- 부모참여의 계획을 세우는 과정에서 부모들을 참여시켜 그들의 욕구가 충분히 반영되도록 한다. 부모참여 주제로는 자녀를 교육하면서 직면하는 구체적이고 실제적인 문제를 다루는 것이 좋고, 프로그램의 대상은 비슷한 연령 혹은 비슷한 문제를 가진 자녀의 부모들로 세분화하며, 일반적인 원리나 학습적인 용어보다는 부모가 바로 적용할 수 있도록 구체적이고 다양한 사례와 실습 위주의 내용을 구성하는 것이 효과적이다.
- 그 지역사회의 특성이나 집단의 특성에 적절한 교육 내용이나 방법, 실시 시기, 일정 등을 고려함으로써 교육의 효과를 높이도록 한다. 직업을 가진 부모나 농어촌 지역의 부모를 위해서는 별도의 세부 계획이 필요하다.
- 교육에 참여하는 부모의 직업이나 교육수준과 같은 사회경제적 지위를 고려하여 계획하여야 한다. 일반적으로 사회경제적 지위가 높은 부모들에게는 정

보 제공보다는 신념의 변화를 강조하는 것이 효과적이며, 저소득층일수록 가능한 한 경제적 부담을 주지 않는 것이 바람직하다.

● 부모참여계획은 연간, 월간으로 수립되어야 할 뿐만 아니라 구체적이고 실천 가능하도록 일간계획을 수립하는 것이 효과적이다. 연간계획안은 모든 계획안의 기본 골격이 되는 것으로서 해당 교육기관에서 실시하고자 하는 부모참여의 방향을 파악하는 데 도움이 된다.

● 부모참여 계획을 수립할 때 해당 어린이집의 실정이나 부모들의 사정을 고려하여 실천 가능성이 많은 구체적이고 쉬운 일부터 시작하여 점차적으로 활동의 폭을 확대해 나가는 것이 바람직하다.

부모참여 연간계획안의 예를 제시하면 〈표 7-5〉와 같다.

표 7-5 부모참여 연간계획안 예시

시기	프로그램명	방법	대상	내용
2월	오리엔테이션 (신입 원아/ 재원아)	강연회	전체 학부모	• 어린이집 운영 안내
	졸업식		5세아 학부모	• 4세 동생들이 참석한 가운데 졸업식 실시
4월	적응보고서	부모통신	전체 학부모	• 영유아의 어린이집 적응에 관한 교사의 관찰기록
5월	학부모 주제 강연 및 간담회	강연회 및 간담회	유아반 학부모	• 유아반 관련 주제 강연회 후 학급별 간담회(부모 교류)
9월	학부모 주제 강연 및 간담회	강연회 및 간담회	영아반 학부모	• 영아반 관련 주제 강연회 후 학급별 간담회(부모 교류)
11월	부모 개별상담	개별상담	전체 학부모	• 영유아의 발달 및 생활에 관한 교사와의 개별상담 • 만 5세반 유아의 학교 준비에 관한 심층상담
1월	생활보고서	부모통신	전체 학부모	• 영유아의 어린이집 생활에 관한 교사의 관찰기록

(계속)

홈페이지를 통한 상설	교육상담	개별상담	희망 학부모	• 자녀양육과 교육에 관한 개별 문제를 홈페이지를 통해 교사 및 원장과 상담
	공지사항	개별상담	전체 학부모	• 어린이집의 행사, 식단, 견학 등의 공지 사항은 홈페이지 및 어린이집 게시판을 통해 알림
	주간 보육계획안	부모통신	전체 학부모	• 연령별 주간 보육계획안을 간단한 설명과 함께 제공
	가족생활	정보 제공	지역사회	• 부모교육 및 가족지원 차원에서의 정보 제공
	육아 및 교육상담	개별상담	지역사회	• 자녀 양육과 교육에 관한 개별적인 문제를 홈페이지를 통해 교육 전문가와 상담
	육아 및 교육정보	정보 제공	지역사회	• 자녀 양육과 교육에 관한 다양한 정보를 제공
	육아칼럼	정보 제공	지역사회	• 자녀 양육과 교육에 관한 전문가 칼럼

출처: 중앙보육정보센터(2006), p. 93.

(4) 부모참여의 어려움

가정과 어린이집의 연계성을 고려한 부모참여 프로그램의 운영은 영유아의 발달에 매우 긍정적인 영향을 미친다. 부모참여는 이러한 차원에서 매우 중요하다고 볼 수 있는데, 어린이집에서 실제로 이를 실행하는 데 있어서는 많은 어려움에 직면하게 된다. 이를 학부모의 측면과 어린이집의 측면으로 나누어 살펴보고자 한다.

1 학부모의 측면

- 일부 학부모들은 어린이집에 아이를 맡긴 이상 모든 책임과 역할을 원장과 교사에게 일임하려는 생각을 가지고 있다.
- 학부모들은 부모참여 프로그램에 참가하는 것을 귀찮아하거나 별로 중요하지 않다고 생각할 수 있다. 특히 취업모의 경우에는 참여하고 싶어도 시간적으로 여유가 없다는 이유로 불참하는 경우가 많다.

- 학부모의 교육수준이나 사회경제적 지위가 낮은 경우에는 특히 교육에 대한 인식 부족 열등감으로 교사와의 접촉을 꺼리기도 한다.
- 부모참여의 필요성을 못 느끼는 경우도 많다.
- 일부 학부모들은 부모참여 프로그램에 참가할 때 심리적·물질적 부담을 느끼는 경우도 있다. 예를 들어, 빈손으로 찾아가는 것이 예의에 어긋나지 않을까 하는 생각으로 참여를 포기하기도 한다.

❷ 어린이집의 측면

- 일부 어린이집의 원장이나 교사는 어린이집 운영에 학부모가 참여하는 것이 오히려 방해가 된다는 생각을 가지고 있다. 이러한 생각을 가지고 있는 기관의 경우 부모참여를 거의 실시하지 않거나 실시하더라도 형식적이고 피상적인 수준에 머무르고 있는 실정이다.
- 평소에 학부모로 하여금 아이와 함께 교실에 들어가지 못하게 하는 등 폐쇄적인 운영을 하는 기관도 있다. 이러한 경우에는 학부모가 마음 놓고 출입 할 수 있는 분위기가 아니기 때문에 학부모의 참여율이 저조할 수밖에 없다.
- 부모참여 방법이 일방적이고 전달식 위주일 경우, 학부모의 흥미와 참여도가 떨어질 수밖에 없다.
- 대부분의 어린이집이 부모참여를 효과적으로 실시할 수 있는 시설과 자원이 부족한 실정이다. 예를 들어, 학부모회를 할 수 있는 대회의실이나 관찰실, 부모면담실, 부모용 도서 등을 갖추고 있지 않다. 또한 부모교육을 실시할 전문 강사 등을 별도로 초빙하는 데 따른 비용 문제도 있다.

(5) 부모참여 활성화 방안

부모참여가 활발하게 이루어지기 위해서는 우선적으로 어린이집 교직원의 부모참여 프로그램에 대한 긍정적인 인식이 요구된다. 아울러 영유아의 발달과 학습에 공동책임을 지고 있는 부모와 교사가 함께 영유아를 키우는 주체로서 관계를 맺고, 협력할 때 보육과정을 더욱 효과적으로 만들 수 있다. 그러므로 부모참여를 높일 수 있는 방법과 전략에 대한 연구와 평가가 지속적으로 이루어질 필요가 있다.

부모참여를 활성화시키기 위한 전략을 살펴보면 다음과 같다(김경회 외, 2006).

1 긍정적인 분위기 형성

부모참여를 활성화하기 위해 어린이집에서 해야 할 가장 중요한 것은 어린이집
과 보육실에서 긍정적인 분위기와 문화를 형성하는 것이다. 특히 어린이집 운영
자는 교사와 교직원이 부모에게 완전한 동반자라는 느낌을 보여 주는 환경을 만
들기 위해 가장 많이 노력해야 한다.

2 정규적인 의사소통

의사소통은 부모와 건설적인 파트너십을 형성하고 유지하는 데 가장 중요한 요
소 중의 하나다. 어린이집에서 가정으로, 가정에서 어린이집으로 정규적이고, 지
속적이며 양방향으로의 의사소통이 필요하다. 부모마다 의사소통하는 방식과 다
른 사람의 말이나 행동을 해석하는 능력이 다르며, 직장과 집안일로 일과 시간 중
에 의사소통을 위한 시간을 내는 것도 쉽지 않다. 따라서 어린이집은 어린이집과
가족 모두가 정보를 나눌 수 있는 다양한 의사소통기술을 사용할 필요가 있다.

3 다양성의 존중

포괄적인 부모참여 프로그램은 어린이집과 교사가 영유아와 가족의 다양성을
이해하고 인정하도록 한다. 가정이란 한부모 가정, 맞벌이 가정, 장애아 가정 등
의 형태와 같이 다양할 수 있으며, 경제적 또는 교육적 배경도 다양하다. 따라서
교사가 부모의 신념, 태도, 가치를 알고 있으면 부모참여를 효율적으로 계획하고
수행하는 데 도움이 될 것이다.

4 교육자와 부모 훈련

부모참여가 적극적으로 이루어지기 위해서 어린이집 운영자는 교직원, 부모를
지원하는 것이 중요하다. 생산적인 가정·어린이집의 파트너십을 효과적으로 수
행하기 위하여 운영자는 정서적이고 사회적인 지원을 해 주고 교직원과 부모를
적절하게 훈련시키기 위한 재원을 확보해야 한다.

5 포괄적인 부모참여 프로그램 제공

어린이집이 포괄적인 부모참여 프로그램을 개발하고 다양한 형태의 참여를 제공할 때, 부모의 다양성을 인정한다고 볼 수 있다. 어린이집을 이용하는 부모는 기술, 능력, 관심, 요구, 스케줄, 가족에 대한 의무, 연령, 자녀의 학급 연령 등에 있어 서로 다르다. 그러므로 모든 부모는 자녀의 교육 참여에 다르게 응할 것이다. 가령, 어떤 부모는 어린이집에서 일과 시간 동안 참여할 수 있으나 대부분의 부모들은 집에서 이루어지는 활동을 선택할 것이다. 이러한 부모참여 프로그램의 포괄성과 융통성이야말로 부모의 요구와 관심을 이끌어 내는 기초가 될 것이며, 이 모든 것은 어린이집에서의 부모참여의 양과 유형에 영향을 미칠 것이다.

4) 지역사회와의 협력

보육프로그램의 활동내용은 주로 영유아의 실생활 및 주변 환경과 밀접한 관계가 있는 것이어야 하므로, 어린이집에서는 영유아가 가정 및 어린이집 외에 지역사회 환경을 보다 친밀하게 이해할 수 있도록 지역사회 기관과의 협조관계를 유지하고, 지역사회의 자원을 이용한 프로그램과 활동 기회를 제공해야만 한다. 지역사회 기관과의 협조에 관하여 간략하게 소개하면 다음과 같다(중앙보육정보센터, 2006).

(1) 지역사회 기관과의 협조체제

1 지역사회 자원을 이용한 활동

영아의 경우는 발달특성상 지역사회 자원을 이용한 활동의 종류와 횟수가 유아에 비해 제한될 수 있다. 지역사회 자원을 이용한 활동의 예를 몇 가지 들면 다음과 같다.

- 지역사회 병원과 연계하여 응급 시 협조
- 병원이나 보건소의 의사나 간호사가 어린이집을 방문하여 영유아에게 건강한 치아관리에 대해 교육하는 활동
- 지역사회 도서관과 연계하여 책이나 놀잇감 대여

- 인근 노인정과 연계하여 영유아와 노인이 함께 활동
- 아동보호전문기관과 협조하여 영유아를 대상으로 아동학대 예방교육(아동권리교육) 실시, 교사 대상으로 아동학대 예방교육 실시

❷ 지역사회 기관 활용

- 지역사회 관련 기관이나 시설의 활용을 통해 협력적인 관계를 유지한다.
- 현장학습을 위해 공공건물이나 시설을 활용한다.
- 다양한 지역사회 기관, 시설과 형식적 · 비형식적 관계를 유지한다.
- 지역사회와의 의사소통을 위해 어린이집을 개방한다.
- 보육 관련 단체 및 개인의 요청에 따라 어린이집의 참관을 허용한다.
- 대학생에게 실습을 허용하여 예비교사로서의 자질을 함양하고 보육현장에 대한 이해를 돕는다.
- 공공기관과 연계하여 영유아에게 필요한 서비스를 연결해 준다.
- 시청, 구청, 동사무소, 경찰서, 소방서, 보건소, 의료기관, 어린이 교통공원, 사회복지관, 아동보호전문기관, 경로당, 초등학교, 환경단체, 도서관, 박물관, 은행, 대형마트, 농장, 과수원, 재래시장, 문화회관 등

❸ 지역사회 자원 활용

- 지역사회의 인적 자원을 기관의 운영에 참여할 수 있도록 어린이집운영위원회의 위원(지역사회 대표)으로 위촉하여 지역사회의 기대나 요구를 기관 운영에 반영하고, 지역사회의 다양한 지원을 받는다.
- 지역사회 연계 보육프로그램 활동 시 지역사회 자원을 활용한다.
  - 전통에 관한 보육 주제 전개를 위해 지역사회 인사의 참여를 유도한다.
  - 다양한 직업 관련 보육 주제를 전개하기 위하여 소방관, 경찰관, 의사, 사서, 노인정 어르신 등 지역사회의 다양한 인적 자원을 적극 활용한다.

지역사회 자원 활용과 관련한 영유아 프로그램 연계를 위한 자원, 지자체 및 위탁기관 활용하기 등의 예를 살펴보면 다음과 같다(한국보육진흥원, 2013b).

표 7-6 영유아 프로그램 연계를 위한 지역사회 자원의 종류의 예

자원 내용	가능한 활동	참고사항
공원, 놀이터, 도서관, 박물관, 동물원, 기타 지역사회의 특별한 자연(바닷가, 습지, 산 등)	• 주제와 관련한 견학하기 • 일상생활 활동으로서의 나들이하기 • 주기적으로 계획하여 방문하기	
경찰서, 소방서, 우체국, 은행, 병원, 보건소, 약국, 서점 등	• 주제와 관련한 견학하기 • 그곳에서 일하시는 분들의 이야기 듣기 • 견학이나 방문 후 감사편지 쓰기	
대형 마트, 문방구, 슈퍼마켓, 영화관, 연극공연장, 놀이동산 등	• 주제와 관련한 견학 또는 공연 관람하기 • 기관에서 운영하는 영유아용 프로그램 활용하기	

표 7-7 지방자치단체 및 지방자치단체 위탁기관 활용하기

자원 내용	가능한 활동	참고사항
지방자치단체가 운영하는 도서관/장난감 도서관, 안전관리공단, 교통안전공단, 육아종합지원센터	• 책, 장난감 대여하기 • 안전교육, 교통안전교육 받기 • 유아 및 부모를 위한 프로그램 참여하기 • 교사 활동 지원 받기	
육아종합지원센터, 건강가정지원센터, 복지관, 다문화가정지원센터, 아이존	• 부모 교육 시 강사 초빙 지원받기 • 위기 가정의 영유아 및 부모 지원 연계하기 • 장애 영유아를 위한 지원 내용 안내하고 참여하기 • 문제행동 아동을 위한 연계하기	
노인 일자리 창출 관련 굿네이버스, 아름다운 가게, 위스타트, 아동학대 예방센터, 장애인 및 복지관 어린이 안전재단	• 청소 지원, 견학 시 장애 영유아 개별 돌봄 지원받기 • 성교육 참여하기 • 저소득 가정, 학대 유아에 대한 지원받기	
알코올 상담센터, 보건소, 의료원, 구청, 시청 등 지방자치단체, 주민센터, 고용지원센터, 지역 언론기관	• 위기 가정의 부모 자원 연계하기 • 영유아 건강검진 및 치과진료 • 불소도포하기 • 도우미 지원받기 • 어린이집 프로그램 및 지역사회 관련활동 홍보, 견학 및 기타 지원	

4 자원봉사활동 활용

● 영유아가 지역사회 주민들과 접촉함으로써 대인관계를 풍부하게 한다.

– 지역주민과 주변 학교 학생들의 자발적인 참여를 통해 영유아와의 대인관계가 긍정적으로 유지되도록 돕는다.

– 다양한 성인 모델과의 접촉을 통하여 인간관계에 대한 이해를 돕는다.

● 육아종합지원센터나 자원봉사센터, 대학 등의 외부기관과의 긴밀한 협력관계를 통해 필요한 자원봉사자를 모집하거나 받는다.

– 어린이집에서 자원봉사의 의미를 알고 체험할 기회를 제공한다.

(2) 지역사회 연계 프로그램

지역사회와의 연계를 위한 기관 방문 및 견학 활동은 연간계획을 세워서 실행하는 것이 바람직하다. 방문기관을 결정하면 방문기관으로부터 허락을 받고, 부모에게 미리 공지함으로써 견학에 대한 동의서를 부모에게 받도록 한다. 또한 차량 및 영유아의 이동에 따른 안전 등을 꼼꼼히 체크하여 안전하게 다녀올 수 있도록 세심한 사전준비가 필요하다. 지역사회 연계 프로그램의 예를 제시하면 〈표 7-8〉과 같다.

표 7-8 가족 및 지역사회연계 연간계획서 예시

월	주제 (만 4세)	소주제	부모교육	가족지원	지역사회 연계
3	어린이집과 친구	• 어린이집의 환경 • 어린이집에서의 하루 • 어린이집에서 만난 친구 • 함께 만드는 어린이집	운영위원회 구성	전문기관에 대한 정보제공	협력기관과 협약 공원관리사무소와 연계한 공원 이용·교육
4	봄	• 봄의 변화 • 봄의 생활 • 봄의 식물 • 봄의 동물	1학기 부모개별면담/ 운영위원회 1차 회의		협력병원 (보건소)에서 구강교육 실시
5	나와 가족	• 나의 몸과 마음 • 소중한 나 • 소중한 가족 • 가족의 생활과 문화	부모교육 (강연회)/ 부모간담회		노인정(노인대학, 노인시니어클럽)과 교류 책 읽어 주기 실시

(계속)

6	우리 동네	• 우리 동네 모습, 우리 동네 생활 • 우리 동네 사람들 • 우리 동네 전통과 문화			도서관 견학 (도서대여 프로그램 참여)
7	여름	• 여름의 날씨와 생활 • 여름철 놀이와 안전 • 신나는 물놀이	운영위원회 2차 회의		아동보호전문 기관과 연계하여 아동학대 예방교육 실시
8	건강과 안전	• 즐거운 운동과 휴식, 깨끗한 나와 환경 • 맛있는 음식과 영양 • 안전한 놀이와 생활	중간 입소 원아 오리엔테이션/ 부모간담회		동사무소 (주민자치센터) 방문
9	교통기관	• 여러 가지 교통기관 • 고마운 육상 교통기관 • 교통안전	부모워크숍/ 간담회	전문기관에 대한 정보 제공	도로교통안전관리 공단 의뢰 교통안 전교육 실시
10	가을과 열매	• 가을의 변화 • 풍성한 가을 • 추석과 놀이 • 가을 나들이	부모교육 운영위원회 3차 회의		보육정보센터 방문 프로그램참여 −지역내 사회복지관/ 자활 후견기관과 연계
11	환경과 생활	• 물과 우리생활 • 돌·흙과 우리 생활 • 바람·공기와 우리생활 • 빛과 우리생활, 소리와 우리생활	2학기 부모개별상담		소방서 견학 프로 그램 참여 (화재대피교육)
12	생활도구/ 겨울	• 다양한 생활도구 • 미래의 생활도구 • 겨울의 날씨와 생활 • 성탄절			경찰서 방문 프로그 램 참여, 아름다운가 게와 연계하여 재활 용, 교육 후 벼룩시장 개최 (어려운 이웃에 게 나눔)
1	우리나라와 세계 여러 나라	• 우리나라와 세계 여러 나라 사람들의 생활 • 우리나라와 세계 여러 나라 문화 유산	운영위원회 4차 회의		도서관 견학
2	형님이 되어요	• 많이 컸어요 • 동생들에게 알려 주어요 • 형님이 될 준비를 해요 • 즐거웠던 우리 반	신입/ 재원 유아 오리엔테이션 부모간담회		○○초등학교 방문

출처: 보건복지부 · 중앙보육정보센터(2013a), p. 130.

Management of
Kindergarten and
Child Care Center

제**8**장

교육 · 보육활동 관리

유치원에서는 만 3~5세 누리과정을 토대로 교육프로그램을 계획하고 운영하며, 어린이집에서는 3차 어린이집 표준보육과정을 토대로 보육프로그램을 계획하고 운영해야 한다. 특히 만 0~5세 영유아가 이용하는 어린이집에서 실행하고 있는 국가수준의 보육과정인 표준보육과정은 0~2세 영아 보육과정과 만 3~5세 공통과정인 누리과정으로 구성되어 있다. 따라서 이 장에서는 표준보육과정에 토대를 두고 어린이집 0~2세 영아반 보육활동 관리와, 누리과정에 토대를 두고 유치원 · 어린이집 3~5세 유아반 교육 · 보육활동 관리에 관하여 살펴보고자 한다.

1. 어린이집 0~2세 보육활동 관리

1) 0~2세 표준보육과정의 이해

보육의 질적 향상을 위한 사회적 요구에 따라 개발된 국가수준의 1차 표준보육과정은 2007년 1월 3일 여성가족부 고시 제 2007-1호로 고시되어 시행되었다. 이는 영유아의 보육을 위한 시대적 요구를 반영하는 일로, 국가적 수준에서의 개발이라는 점과 실천이라는 점에서 의미가 매우 크다고 할 수 있다.

2013년 보건복지부 고시 제2013-8호에 의하여 2013년부터는 개정된 제3차 어린이집 표준보육과정이 실시되고 있다. 고시문에 따르면, "어린이집 표준보육과정(이하 '표준보육과정'이라 함)은 어린이집의 만 0~5세 영유아에게 국가 수준에서 제공하는 보편적이고 공통적인 보육의 목표와 내용을 제시한 것이다. 어린이집 표준보육과정은 0~1세 보육과정, 2세 보육과정, 3~5세 보육과정(누리과정 포함)으로 구성한다. 국가 수준의 어린이집 표준보육과정을 시행함으로써 영유아의 전인적 발달과 우리 문화에 적합한 내용을 일관성 있고 연계적으로 실천하며, 궁극적으로 사회에서 추구하는 인간상을 구현하고 전국 어린이집의 질적 수준을 높이는 데 기여하고자 한다."고 밝히고 있다.

(1) 표준보육과정이 추구하는 인간상과 목적

표준보육과정의 목적은 영유아의 심신의 건강과 전인적 발달을 도와 행복을 도모하며, 민주시민의 기초를 형성하는 데 있다. 표준보육과정을 통해 추구하는 인간상은 다음과 같다.

- 심신이 건강하고 행복한 사람: 신체는 물론 심리적으로 건강하고 행복감을 느끼는 사람
- 자율적이고 창의적인 사람: 자율적인 능력을 습득하고 자신의 독특한 생각과 탐색을 즐기는 사람
- 자신과 타인을 존중하고 배려하는 사람: 자신을 존중하고 다른 사람의 생각과 느낌을 존중하며 배려하고 사랑하는 사람
- 자연과 우리 문화를 사랑하는 사람: 주변의 자연환경 및 자원을 아끼고 사랑하며 우리나라 문화에 대한 자긍심과 이해를 바탕으로 새로운 가치를 추구하는 사람
- 다양성을 인정하는 민주적인 사람: 열린 사고를 바탕으로 타인과 집단에서 조화롭게 협력하며 긍정적으로 관계를 형성하여 민주적인 의사결정을 하는 사람

(2) 0~2세 표준보육과정의 목표

0~2세 표준보육과정의 목표는 표준보육과정을 구성하는 6개 영역과 연계되는데 구체적인 목표는 다음과 같다.

표 8-1 0~2세 표준보육과정의 목표

0~1세 보육과정	관련 영역	2세 보육과정
건강하고 안전한 일상생활을 경험한다.	기본생활 영역	건강하고 안전한 생활습관의 기초를 마련한다.
감각 및 기본 신체운동 능력을 기른다.	신체운동 영역	감각, 신체조절 및 기본 운동 능력을 기른다.

(계속)

말소리를 구분하고 의사소통의 기초를 마련한다.	의사소통 영역	의사소통 능력의 기초를 기른다.
친숙한 사람과 관계를 형성한다.	사회관계 영역	나를 인식하고 다른 사람과 더불어 생활하는 경험을 한다.
아름다움에 관심을 가진다.	예술경험 영역	아름다움에 관심을 가지고 예술경험을 즐긴다.
보고, 듣고, 만지면서 주변 환경에 관심을 가진다.	자연탐구 영역	주변 환경에 호기심을 갖고 탐색하기를 즐긴다.

(3) 0~2세 표준보육과정의 구성 체계

0~2세 표준보육과정은 다음과 같이 구성되어 있다.

첫째, 표준보육과정은 총 6개 영역으로 구성되어 있다. 6개 영역은 사회관계, 의사소통, 자연탐구, 예술경험, 신체운동 및 기본생활 영역이다. 각 영역은 인간의 5개 발달영역인 사회, 언어, 인지, 정서, 신체 발달 영역에서 밝히고 있는 연령에 적합한 내용과 그 영역에서 영아가 알아야 할 지식과 기술 및 태도를 포함한다.

표 8-2 0~2세 표준보육과정의 구성 체계

	기본생활	신체운동	의사소통	사회관계	예술경험	자연탐구
0~1세, 2세 보육과정	건강하게 생활하기 안전하게 생활하기	감각과 신체 인식하기 신체조절과 기본운동하기 신체활동에 참여하기	듣기 말하기 읽기 쓰기	나를 알고 존중하기 나와 다른 사람의 감정 알기 더불어 생활하기	아름다움 찾아보기 예술적 표현하기 예술 감상하기	탐구하는 태도 기르기 수학적 탐구하기 과학적 탐구하기

둘째, 각 영역은 연령집단별로 구분되어 있다. 연령집단은 2세 미만 영아, 2세 영아로 구분되어 있다. 각 영역은 연령별 목표와 내용이 구분되어 기술되어 있다.

셋째, 각 연령별 내용은 다시 발달 특성 및 개인차를 고려하여 수준으로 나누어 구분하고 있다. 즉, 0~1세는 1·2·3·4 수준으로, 2세는 1·2수준으로 구분하고 있는데, 수준이란 기질, 상황, 사전 경험, 환경에 따른 개인적 발달차를 포함하는 의미로 동일 연령 집단 내에서 개별 영유아의 발달차를 고려하여 수준을 적용하는 것을 의미한다.

0~1세 보육과정	2세 보육과정
1수준	
2수준	1수준
3수준	2수준
4수준	

(4) 편성과 운영

1 편성

- 어린이집의 운영시간에 맞추어 편성한다.
- 표준보육과정에 제시된 각 영역의 내용을 균형 있게 통합적으로 편성한다.
- 영아의 발달 특성 및 개인차, 경험을 고려하여 놀이를 중심으로 편성한다.
- 영아의 일과 중 일상생활을 포함하여 편성한다.
- 어린이집과 보육실의 특성에 따라 융통성 있게 편성한다.
- 성별, 종교, 신체적 특성, 가족 및 민족 배경 등으로 인한 편견이 없도록 편성한다.

2 운영

- 연간, 월간(주제별), 주간(소주제별), 일일계획 등 보육계획에 의거하여 운영한다.
- 실내·실외 환경을 다양한 흥미영역으로 구성하여 운영한다.
- 영아의 능력과 장애 정도에 따라 조정하여 운영한다.
- 부모와 각 기관의 실정에 따라 부모교육을 실시한다.
- 가정과 지역사회와의 협력과 참여에 기반하여 운영한다.
- 교사 재교육을 통해 어린이집 표준보육과정운영을 개선해 나간다.

③ 교수 · 학습 방법

● 주도적인 놀이를 중심으로 교수 · 학습활동이 이루어지도록 한다.

● 흥미를 중심으로 활동을 선택하고 지속할 수 있도록 한다.

● 생활 속 경험을 소재로 하여 지식, 기술, 바람직한 태도를 기르도록 한다.

● 교사와 신뢰감을 형성하고 개별적인 활동이 이루어지도록 한다.

● 교사, 환경, 또래와 능동적인 상호작용이 이루어지도록 한다.

● 주제를 중심으로 여러 활동이 통합적으로 이루어지도록 한다.

● 만 0~1세아, 만 2세아는 일상생활 및 개별 활동, 휴식 등이 균형있게 이루어 지도록 한다.

(5) 평가

① 운영 평가

● 어린이집 표준보육과정의 목표와 내용에 근거하여 보육 내용이 적절히 편성 · 운영되는지 평가한다.

● 어린이집 표준보육과정의 운영 내용 및 활동이 영유아의 발달 수준과 흥미, 요구에 적합한지 평가한다.

● 영아의 발달수준, 흥미, 요구에 적합한 경험 및 학습을 촉진할 수 있는 다양한 활동과 교수 · 학습 방법이 계획되고 통합적으로 운영되는지 평가한다.

● 일과 운영 및 보육활동 구성 시 놀이 활동과 일상생활 활동의 양과 내용이 영아 각 연령의 발달에 적합하게 계획되고 운영되는지 평가한다.

● 만 0~1세아, 만 2세아는 집단활동보다 개별적인 상호작용과 교수법을 중심으로 상호작용이 진행되는지를 평가한다.

● 어린이집 표준보육과정 운영 평가 결과를 수시로 반영하여 보육과정 운영 계획을 수정 · 보완하거나 다음 연도의 계획 수립 및 운영에 반영하는지 평가한다.

② 영아 평가

● 어린이집 표준보육과정의 목표와 내용에 근거하여 영아의 특성과 변화 정도를 평가한다.

- 지식, 기술, 태도 등을 평가한다.
- 일상생활과 보육과정 활동 전반에 걸쳐 평가한다.
- 관찰, 활동 결과물 분석, 부모면담 등 다양한 방법을 사용하여 종합적으로 평가하고 그 결과를 기록한다.
- 평가 결과는 영아에 대한 이해와 어린이집 표준보육과정 운영 개선 및 부모면담 자료로 활용한다.

2) 0~2세 보육프로그램 계획 및 운영관리

(1) 연간보육계획안 수립

연간보육계획안은 1년 동안 영아가 달성해야 할 보육 목표와 내용을 주제로 제시하며 영아에게 흥미 있는 주제, 계절, 어린이집이나 지역사회의 행사 등을 근거로 작성한다. 주제는 동일 연령 내에서 그리고 연령이 증가할수록 친숙하고 구체적이며 자주 경험하는 것에서부터 점차 추상적이고 멀어진 환경에 대한 주제가 포함되도록 한다. 주제는 어린이집에서 이루어지는 연간행사 일정과 연계하여 계획하되, 0~1세는 행사와 연계하지 않아도 무방하다.

연령	주제 선정 근거
0세	• 월령에 따른 발달적 차이가 큼. 양육활동 > 놀이활동 • 0세 발달 특성과 발달과업 중심으로 세상에 대한 호기심, 애착을 보이는 사람과 사물을 중심으로 1세와의 연계 고려하여 연간주제 선정
1세	• 0세에 비해 일과 중에 놀이 활동의 비중 증가 • 1세의 발달특성과 발달과업, 적응, 어린이집이나 지역사회의 특성을 반영하되, 0세 및 2세와의 연계성을 고려하여 선정
2세	• 0~1세에 비해 놀이활동의 비중 증가 • 2세 발달특성을 반영하여 어린이집-나-가족-친구로 관계를 확장해 나가고 동시에 계절의 변화, 흥미와 관심 등을 반영하는 주제를 선정

표 8-3 0~2세 연령별 어린이집 프로그램의 연간 주제

번호	0세	1세	2세
1	낯설어요	새로운 것이 낯설어요	어린이집이 좋아요
2	느껴 보아요	느낄 수 있어요	봄 나들이 가요
3	움직여요	놀이할 수 있어요	나는요
4	놀이는 재미있어요 I	나는 할 수 있어요	재미있는 여름이에요
5	놀이는 재미있어요 II	움직이는 것이 재미있어요	나는 가족이 있어요
6	좋아해요	좋아하는 놀이가 있어요	동물놀이해요
7		새로운 것도 좋아요	알록달록 가을이에요
8			겨울과 모양을 즐겨요
9			나는 친구가 있어요

(2) 주제별 보육계획안(월안) 수립

- 0~2세아는 동일 활동을 충분히 반복하면서 질적 변화를 가져오는 연령이므로 한 가지 주제를 한 달 이상 지속하여 진행할 수 있다. 따라서 월안이라는 용어보다 주제안이란 용어가 더 적절할 수 있다.
- 주제안은 주제를 소주제 단위로 나누어 통합활동을 계획해야 한다.
- 오후 활동은 오전 활동의 확장 또는 새로운 활동의 제시로 이루어질 수 있다.
- 등원 및 맞이하기, 실내자유놀이, 실외활동, 일상생활활동, 기본생활 및 안전 관련 내용, 귀가 및 가정 연계로 구성(즉, 하루 일과 순서로 구성함)한다.

표 8-4 영아반 주제별 보육계획안의 활동 구성

영아반 보육계획안의 활동 구성			
활동명	0세	1세	2세
등원 및 맞이하기	등원 및 맞이하기	등원 및 맞이하기	등원 및 맞이하기
기본생활 및 안전	기본생활 및 안전	기본생활 및 안전	기본생활 및 안전
일상생활	수유 및 이유	점심 및 간식	점심 및 간식
	낮잠	낮잠	낮잠
	기저귀 갈이	기저귀 갈이 · 배변활동	배변활동
실내자유놀이	신체	신체	신체
	언어	언어	언어
	감각 · 탐색	감각 · 탐색	감각 · 탐색
		역할 · 쌓기	역할 · 쌓기
			미술
			음률
실외놀이	실외놀이	실외놀이	실외놀이
귀가 및 가정과의 연계	귀가 및 가정과의 연계	귀가 및 가정과의 연계	귀가 및 가정과의 연계

표 8-5 0세아 월간(주제별) 보육계획안 예시

주제: 느껴 보아요

추정기간		5월(1~2주)	5월(3~4주)	6월(1~2주)	6월(3~4주)	6월(5주)
소주제		씻으며 느껴요	입으며 느껴요	먹으며 느껴요	놀며 느껴요	자연을 느껴요
맞이하기 및 가정과의 연계		선생님과 눈 마주치며 인사해요		엄마와 손 흔들며 헤어져요		
일상생활	수유 및 이유	선생님과 눈을 마주치며 수유해요		새로운 맛을 보아요		
	낮잠	선생님이 들려주는 노래를 들으며 잠들어요		쪽쪽이 체조를 해요		
	기저귀 갈이	선생님과 눈맞춤하며 기저귀 갈아요		우리 아가 응가 했네		
놀이활동	신체	보글보글 거품놀이	만세놀이	꽉 쥐고 먹어요	이불썰매	나뭇잎 간질이기
		기저귀부채		과일 손수건 줄다리기		
	언어	앗, 차가워	쑥쑥 비닐	분유통 북을 통통통!	따닥따닥 박수책	
		물에 뜨는 그림책	보들보들 로션을 발라요	따뜻하게 먹어요	젖병 마라카스	주룩주룩 비가 와요
	감각·탐색	따뜻한 물수건	손수건 과일 물들이기	밀가루풀 주머니	비닐 속 뻥튀기 과자	손전등 불빛을 따라가 보아요
				음~ 맛있는 바나나	내 물건을 잡아 보아요	바람이 불어요
				미끌미끌 국수		
실외놀이		빗소리를 들어요	나뭇잎으로 가려 놓은 보물찾기	돗자리 위에서 책 보기	시원한 바람을 느껴 보아요	유모차에 풍선 달고 주변 산책하기
귀가 및 가정과의 연계		오늘 즐겁게 한 놀이 소개하기		엄마를 반갑게 안으며 맞이하기		

출처: 보건복지부(2013d), p. 201.

표 8-6 1세아 월간(주제별) 보육계획안의 예시

주제: 느낄 수 있어요

월		5월				6월				7월
주		1주	2주	3주	4주	1주	2주	3주	4주	1주
소주제		만져 보아요		살펴보아요		들어 보아요		맡아 보고 맛보아요		온몸 으로 느껴 보아요
등원 및 맞이하기		부모와 교사가 반갑게 인사하기 부모가 친구들과 반갑게 인사하기								
일상 생활	기본생활 및 안전	혼자서 양말을 벗어요				양말을 서랍에 넣어요				내 물건을 찾아요
	식사 및 간식	즐겁게 먹어요				숟가락, 포크를 사용해요				꼭꼭 씹어 먹어요
	낮잠	내 이불, 내 베개를 찾아요				편안한 옷 입고 잠을 자요				이불을 덮고 잠을 자요
	기저귀 갈이/ 배변활동	친구들도 기저귀가 있어요				기저귀를 휴지통에 버려요				쉬, 응가 라고 표현 해요
놀이 활동	신체	둥근 고리 끼우기 놀이 해요	촉감 신발 신고 걸어요	굴러 가는 공을 따라 가요	데굴 데굴 색깔 물병	소리 나는 구슬 발을 지나 가요	부엌 물건 으로 '쿵짝 쿵짝'	삶은 달걀 톡톡톡	굴러라 참외야	감각 터널을 지나 가요

(계속)

놀이 활동	언어	내 이름을 부르면 대답해요	울퉁 불퉁 종이에 끼적여요	이게 뭐야?	물로 끼적인 그림을 보아요	속닥 속닥 작은 소리	토닥 토닥 발헤기 놀이	코코코	향기 나는 그림 책을 보아요	몸을 부딪 쳐서 소리 내요
	감각·탐색	선생님과 로션을 발라요	친구 기저귀를 만져 보아요	색깔판 으로 보아요	신문 지로 놀아요	종이가 쿵쿵	놀잇감 으로 소리 내요	간식 냄새를 맡아요	참외 맛보기/ 토마토 맛보기	손발로 물 도장을 찍어요
	역할·쌓기	밀가루 반죽을 담아요	촉감 블록 으로 놀이 해요	원통 블록 으로 놀이 해요	가방을 메고 다녀요	소리 나는 블록 쌓아요	동물 소리 듣고 흉내 내요	유유팩 을 쌓아요	주스 따르는 흉내 내요	하얀 블록에 끼적 여요
실외놀이		모래로 놀아요		색안경으로 공원을 보아요		소리 나는 신발을 신고 걸어요		향기 나는 꽃과 풀을 찾아요		바람이 불어요
귀가 및 가정과의 연계		놀이 사진을 함께 보아요				'누가 왔을까?' 목소리를 들어요				만났을 때 꼭 안아요

출처: 보건복지부(2013e), p. 165.

표 8-7 2세반 월간(주제별) 보육계획안의 예

- 주제: 알록달록 가을이에요
- 소주제: 가을이에요
- 목표: 가을의 변화에 대해 알아본다.

활동 / 요일		월	화	수	목	금	토
등원 및 맞이하기		아침에 먹고 온 음식을 이야기해 보기					
일상 생활	기본생활·안전	스스로 겉옷을 벗어 보기 길을 잃었을 때는 제자리에서 기다리기					
	점심 및 간식	바르게 앉아서 먹어 보기 (새로운) 음식 먹어 보기					
	낮잠	자고 나서 내 베개를 정리해 보기					
	배변활동	배변 후 선생님의 도움 받아(스스로) 옷을 올려 보기 – 지퍼, 단추 잠가 보기					
놀이활동	신체	낙엽비가 내려요					
	언어	과일까꿍카드					
	감각·탐색	내 짝을 찾아 주세요(과일 반쪽 찾기) 낙엽을 청소해요					
	역할·쌓기	큰 나무, 작은 나무 쌓아보기					
	미술	알록달록 가을나무 꾸미기					
	음률	열매 마라카스 흔들기					
실외놀이		동물인형 목욕시키기			여러 가지 색, 모양의 나뭇잎이 있어요		
귀가 및 연계	귀가	가을 날씨 이야기하며 귀가하기					
	가정 및 지역사회 연계	가정과의 연계–가족과 함께 공원 나들이 해 보기					

출처: 보건복지부(2013f), p. 11.

(3) 소주제별 계획안(주안) 작성하기

- 소주제 관련 활동을 월~금요일에 걸쳐 요일별, 일과시간대별로 어떻게 구성할 것인지 염두에 두어야 한다.
- 월요일에는 익숙한 활동과 환경을 통해 안정감을 갖는 것이 중요하므로 새로운 활동을 제공하기보다는 이전 활동을 반복하도록 계획하는 것이 바람직하다.

(4) 일일 보육계획 및 실행

◼ 일일 보육계획 시 고려사항

- 활동의 균형(동적 vs 정적 등) 고려
- 하루 일과가 유사하게 반복적으로 이루어져 영아가 안정감을 갖고 하루 일과를 예측할 수 있도록 계획
- 개별 활동 위주로 계획(2세 후반은 5~10 정도의 전이활동 가능)
- 40인 이상: 일일 실내자유놀이활동 2시간 30분 이상, 실외활동 30분 이상 계획
  39인 이하: 일일 실내자유놀이활동 2시간 30분 이상, 실외활동과 일상생활 관련 활동을 일일 30분 이상 주 3회 이상 계획

◼ 영아반 보육일지 작성

영유아의 등원에서부터 귀가까지 이루어지는 보육활동을 일과계획에 맞추어 기록하고 평가하기 위한 일상적 관찰기록이 보육일지다. 일일 보육계획이 주안에 기초하여 하루 동안 영유아를 어떻게 보육할 것인지에 대한 사전계획서라면, 보육일지는 계획했던 일상활동과 놀이활동, 일과 등이 어떻게 진행되었는지에 대한 교사의 평가를 기록한 것으로 의미상으로는 일일 보육계획 및 평가라고 할 수 있다. 보육일지 작성은 영유아를 이해하는 데 필수조건일 뿐만 아니라 교사가 자신을 이해하고 자신의 보육활동에 대해 평가하고 점검함으로써 전문성을 기를 수 있는 중요한 자료가 된다.

영아반 보육일지 작성 방법은 다음과 같다.

- 일일계획의 목표는 주간보육계획의 목표에 기초하여 기록하되 하루 동안 영아가 경험하게 될 보육목표로 제시한다. 영아의 발달 특성에 적합해야 하고,

단위 활동의 목표가 일일목표로 제시되지 않도록 유의한다.

- 일상적 양육활동은 영아의 발달수준과 시기 등을 고려하여 구체적으로 계획한다.
  - 도움받아 손 씻기, 스스로 손 씻기 등 단계적 · 구체적으로 기술한다.
- 실내놀이는 영역별로 다양하게 구성하고, 영아의 발달 특성을 고려하여 수준별 활동을 계획하며, 매일 2시간 30분 이상 계획한다.
- 실외활동은 매일 30분 이상 계획하고, 실외활동 운영이 어려운 경우에 대비하여 대체활동을 계획한다.
- 조용한 놀이와 동적인 놀이, 실내놀이와 실외놀이, 개별활동과 소집단 활동, 교사주도와 영아주도 활동을 균형 있게 배치한다.
- 활동이 개별 또는 소집단으로 운영되게 하고 교과목 형태나 특활로 운영하지 않고 일과를 통합적으로 운영한다.
- 일과를 영아의 흥미, 건강상태, 날씨 등에 따라 융통성 있게 운영하고, 계획하지 않았지만 실행된 활동이나 변경된 일과를 기록한다.
- 활동 실행 후 목표 달성 여부, 영아의 발달이나 흥미 정도, 교재 · 교구의 적절성, 시간 안배의 적절성, 일과 중 영아의 전반적 상태, 추가로 진행된 활동 등을 고려하여 평가한다. 활동평가가 특정 영아에 대한 관찰일지 형식으로 기록되거나 교사의 기분 및 감정 상태가 기록되지 않도록 유의한다.
- 보육일지의 전체 평가의 내용이 다음날의 일일계획에 반영되어야 한다.

표 8-8 2세반 일일 보육계획 실행 및 평가 예

2세 일일 보육계획 및 실행	2012년 10월 29일 월요일 날씨: 맑음	담임	원장

주제	알록달록 가을이에요		
소주제	가을이에요		

시간 및 활동명	활동계획 및 방법	준비물 및 유의점	실행
7:30~9:00 등원 및 통합보육	• 등원하는 영아 반갑게 맞이하기 • 영아의 기분과 건강상태 확인하기 • 스스로 소지품 정리할 수 있도록 도와주기 • 투약의뢰서 유무 확인하기 • 통합 보육실에서 자유놀이하기	출석카드 투약의뢰서 일일연락장 영역별 놀잇감	부모님과 등원하는 영아에게 아침에 무엇을 먹었는지를 물어보거나 함께 이야기를 나누었다. 자신이 무엇을 먹었는지를 생각하는 모습이 참 귀여웠다.
9:00~9:30 화장실가기 및 오전간식	• 화장실 다녀오기 및 손 씻기 • 준비된 간식 가지고 자리에 앉기 • 간식 먹은 후 함께 자리 정리하기	시리얼 우유	
9:30~10:50 오전 실내 자유놀이	• 새로운 영역활동 개별적으로 소개하기 • 관심 있는 영역에서 자유롭게 활동하도록 돕고, 긍정적 상호작용 나누기 • 교사의 도움이 필요한 놀이에 적절히 참여하기 [신체] 낙엽비가 내려요 – 이전에 산책활동 통해 낙엽을 뿌리며 관찰한 경험 회상하기 – 환경 인쇄물로 만든 낙엽을 위로 던지며 움직임 관찰하기 [언어] 과일·열매 까꿍카드 – 벽에 붙인 과일·열매 사진을 보고 함께 탐색하기 – 까꿍판에 같은 사진 넣어 함께 열어 보고 탐색하기 – 벽에 붙인 사진과 까꿍판 같은 사진 고르기 [감각·탐색]	과일·열매 사진 까꿍판 환경 인쇄물 종이낙엽 영아용 빗자루 영아용 쓰레받기 영역별 기본 놀잇감	[언어] 벽에 붙은 과일 사진을 보고, '사과'라고 말하기도 하고 까꿍판을 열고 '사과'가 나오자 벽을 바라보며 사진을 찾는 모습을 보았다. 벽에 있는 사진과 까꿍판 사진이 같은 사진이라고 생각하는 아이들이 대부분이었다. [역할] 종이 낙엽을 빗자루로 쓸어서 쓰레받기로 담다가 몇 개가 담기 힘들자 손으로 집어 쓰레받기에 담기도 했다. 그리고 또 쏟아서 쓸고 담는 놀이를 반복했다. 어떤 친구는 쓰레받기에 낙엽을 담아서 휴지통에 넣으려고 하였다. "청소하자."라는 말에 대한 친구들의 반응이 전보다 빨라졌다.

(계속)

시간	활동	준비물	관찰/평가
	[역할·쌓기] 낙엽을 청소해요 – 종이 낙엽이 떨어진 바닥을 함께 빗자루로 쓸고 쓰레받기에 담아 보기 [미술] [음률]		
10:50~11:10 정리정돈 및 화장실 가기	• 놀잇감 바르게 사용도록 안내하고 함께 정리하기 • 화장실 다녀오기		
11:10~11:50 실외놀이 및 손 씻기	[실외활동] 동물인형 목욕시키기 – 전 주에 했던 활동 회상 질문하기 – 좋아하는 동물인형을 스스로 선택하여 함께 목욕놀이하기 (대체활동) 실내에서 동물인형 목욕시키기 • 화장실 다녀오기 및 손 씻기	동물인형 수조 목욕의자 스펀지 비누 수건	여러 가지 동물인형 바구니를 함께 들고 나갔다. 비누칠을 해 주면서 '세수해'라고 말하기도 했다.
11:50~13:20 점심식사 및 이닦기	• 골고루 음식 먹고 함께 정리하도록 안내하기 • 이 닦기 • 먼저 먹은 친구는 자유롭게 놀이하기	현미밥 맑은 콩나물국 채소치즈계란 말이 연근조림 배추김치	밥을 먹다가 숟가락을 떨어뜨리자 한 친구가 자기 숟가락을 들고 '줄까?'라고 했다. 다른 수저로 교체해 주니까 '좋아?'라고 친구에게 말을 했다.
13:20~15:00 낮잠	• 편안한 분위기 느끼도록 낮잠 준비 • 편하게 낮잠자기 • 개인이불 함께 정리하기		
15:00~15:30 화장실 가기 및 오후간식	• 화장실 다녀오기 및 손 씻기 • 준비된 간식가지고 자리에 앉기 • 간식 먹은 후 함께 자리 정리하기	간장비빔 쌀국수 사과	
15:30~16:50 오후 실내 자유놀이	• 원하는 영역에서 자유롭게 놀기 • 놀잇감 바르게 사용하도록 안내하고 함께 정리하기		[신체] 낙엽을 보여 주며 "우리 공원에서 보았지요?"라고 말하니까 어떤 친구는 고개를 끄덕이기도 했다. 미리 만든 종이 낙엽을 손으로 집어 서로에게 뿌려 주었는데 매우 즐거워했다. '또'라고 말하며 손을 잡아 끌기도 했다. 손으로 잡아 뿌리는 활동에 매우 흥미를 보였다.

(계속)

16:50~17:30 실외놀이 및 손씻기	[실외활동] 실외놀이터에서 자유놀이 (대체활동) 실내 유희실에서 자유놀이 • 화장실 다녀오기 및 손 씻기		
17:30~19:30 귀가 및 통합보육	• 통합보육하면서 개별적으로 귀가하기 • 자신의 소지품 함께 정리해 보기 • 선생님과 친구에게 '안녕' 인사하기		귀가하는 친구에게 "오늘 뭐했는지 엄마께 말해 보자."라고 했더니 손을 위로 올리면서 웃었다. 궁금해하는 어머니께 낙엽을 뿌리는 활동을 흉내내는 것 같다고 말씀드렸다.
일일평가			
비고			

출처: 보건복지부 · 중앙보육정보센터(2013d), pp. 191-192.

3) 영아반 보육교사의 역할

영아 보육교사로서 가장 중요한 점은 우선적으로 영아의 요구와 신호에 민감해야 하며 다양하게 반응해야 한다. 신체적인 따뜻한 접촉을 통하여 영아-교사 간 신뢰가 이루어질 수 있도록 해야 하며, 영아에게 풍부한 언어적 자극을 통하여 영아의 언어에 대한 모델을 제공해야 한다. 영아 보육교사의 역할을 살펴보면 다음과 같다.

역 할	내 용	
계획과 준비	• 일일 보육계획 작성 • 안전하고 교육적인 환경 구성과 제공 • 관심과 흥미 유발, 놀이를 촉진하는 분위기 제공	
일상생활 지도	• 영아의 일상적인 습관에 개인차가 있음을 인정하고 민감하게 반응 • 욕구 충족과 신뢰감 형성	
놀이 지원	• 놀이에 관심 보이기 • 자료와 아이디어 제공하기 • 흥미 유도하기	• 칭찬하거나 격려해 주기 • 놀이에 참여하기
관찰과 평가	• 영아를 관찰 · 기록하고 평가 • 자신의 보육계획을 점검하고 기록 평가	

2. 3~5세 유아반 교육 · 보육활동 관리

1) 누리과정에 대한 이해

영유아기는 인지, 정서, 사회 영역 등의 기초 능력을 집중적으로 형성해야 하는 시기로, 이 시기의 발달 정도는 개인의 전 생애 학습에 대한 태도나 학습 능력에 큰 영향을 미치므로 생애 초기 단계인 영유아기 교육 · 보육에 대하여 국가 지원이 이루어져야 한다는 필요성이 대두되었다. 특히 저출산이 국가의 심각한 당면 문제로 대두되고 이를 해결하기 위해서도 국가의 적극적 개입이 중요하게 되었다.

이러한 배경하에 정부는 2011년 5월 2일 만 5세 교육 · 보육에 대한 국가의 책임을 강화하는 만 5세 공통과정을 시행한다고 발표하였다. 만 5세 공통과정은 교육과학기술부 소관의 유치원과 보건복지부 소관의 어린이집 관리체제를 유지하면서 만 5세 유아의 교육과 보육내용을 통합하여 하나의 교육과정으로 만든 것이다. 그리하여 2013년 3월부터 만 5세 유아는 유치원과 어린이집에서 공통의 5세 누리과정을 배우게 되었으며, 만 5세 자녀를 유치원과 어린이집에 보내는 모든 학부모에게 유아 학비 · 보육비 지원을 연차적으로 늘려 부모의 경제적 부담도 경감하게 되었다.

정부는 2012년 제3차 위기관리 대책회의(2012. 1. 18.)에서 유아교육 · 보육에 대한 국가 책임을 강화하기로 결정하고, 2013년에는 만 3~4세까지 누리과정을 확대한다는 3~4세 누리과정 도입계획을 발표하였다. 이에 따라 2013년 3월부터 유치원과 어린이집에 다니는 만 3~5세 유아는 누리과정으로 교육받고 있다. 누리과정의 도입은 현재 유치원과 어린이집으로 이원화되어 있는 교육 · 보육과정을 통합하여 유아기 단계에서 교육의 질을 제고하고, 생애 초기 출발점 평등을 보장하는 데 그 의의가 있으며, 특히 유아기부터 타인을 배려하고 존중하며 공감하는 역량을 기르기 위한 인성교육을 대폭 강화하고자 하였다. 교육과학기술부와 보건복지부(2013)에서 제시하고 있는 3~5세 누리과정의 구성방향, 목적과 목표, 편성과 운영에 관하여 간략히 살펴보면 다음과 같다.

(1) 구성 방향

- 질서, 배려, 협력 등 기본생활습관과 바른 인성을 기르는 데 중점을 두어 구성한다.
- 자율성과 창의성을 기르는 데 중점을 두어 전인발달을 이루도록 구성한다.
- 사람과 자연을 존중하고, 우리 문화를 이해하는 데 중점을 두어 구성한다.
- 만 3~5세아의 발달 특성을 고려하여 연령별로 구성한다.
- 신체운동·건강, 의사소통, 사회관계, 예술경험, 자연탐구의 5개 영역을 중심으로 구성한다.
- 초등학교 교육과정과 0~2세 표준보육과정과의 연계성을 고려하여 구성한다.

(2) 누리과정의 목적과 목표

누리과정은 만 3~5세 유아의 심신의 건강과 조화로운 발달을 도와 민주 시민의 기초를 형성하는 것을 목적으로 한다. 이를 실현하기 위하여 다음과 같은 다섯 가지 교육목표를 제시하고 있다.

- 기본 운동 능력과 건강하고 안전한 생활습관을 기른다.
- 일상생활에 필요한 의사소통 능력과 바른 언어 사용 습관을 기른다.
- 자신을 존중하고 다른 사람과 더불어 생활하는 능력과 태도를 기른다.
- 아름다움에 관심을 가지고 예술 경험을 즐기며, 창의적으로 표현하는 능력을 기른다.
- 호기심을 가지고 주변 세계를 탐구하며 일상생활에서 수학적·과학적으로 생각하는 능력과 태도를 기른다.

(3) 편성과 운영

1 편성

- 1일 3~5시간을 기준으로 편성한다.
- 5개 영역의 내용을 균형 있게 통합적으로 편성한다.
- 유아의 발달 특성 및 경험을 고려하여 놀이를 중심으로 편성한다.

- 반(학급) 특성에 따라 융통성 있게 편성한다.
- 성별, 종교, 신체적 특성, 가족 및 민족 배경 등으로 인한 편견이 없도록 편성한다.
- 일과 운영 시간에 따라 심화 · 확장할 수 있도록 편성한다.

② 운영

- 연간, 월간, 주간, 일일 계획에 의거하여 운영한다.
- 실내 · 실외 환경을 다양한 흥미영역(쌓기놀이, 역할놀이, 언어, 과학, 수 · 조작, 음률, 미술, 모래 · 물놀이 등)으로 구성하여 운영한다.
- 유아의 능력과 장애 정도에 따라 조정하여 운영한다.
- 부모의 요구와 각 기관의 실정에 따라 부모교육을 실시한다.
- 가정과 지역사회와의 협력과 참여에 기반하여 운영한다.
- 교사 재교육을 통해서 누리과정 활동이 개선되도록 운영한다.

③ 교수 · 학습 방법

- 놀이를 중심으로 교수 · 학습 활동이 이루어지도록 한다.
- 유아의 흥미를 중심으로 활동을 선택하고 지속할 수 있도록 한다.
- 유아의 생활 속 경험을 소재로 하여 지식, 기능, 태도 및 가치를 습득하도록 한다.
- 유아와 교사, 유아와 유아, 유아와 환경 간에 능동적인 상호작용이 이루어지도록 한다.
- 주제를 중심으로 여러 활동이 통합적으로 이루어지도록 한다.
- 실내 · 실외 활동, 정적 · 동적 활동, 대 · 소 집단활동 및 개별 활동, 휴식 등이 균형 있게 이루어지도록 한다.
- 유아의 관심과 흥미, 발달이나 환경 특성 등을 고려하여 개별 유아에게 적합한 방식으로 학습하도록 한다.

(4) 평가

1 누리과정 운영 평가

- 운영 내용이 누리과정의 목표와 내용에 근거하여 편성 · 운영되었는지 평가한다.
- 운영 내용 및 활동이 유아의 발달수준과 흥미, 요구에 적합한지를 평가한다.
- 교수 · 학습 방법이 유아의 흥미와 활동의 특성에 적합한지를 평가한다.
- 유아의 발달 특성과 활동의 주제, 내용 및 효율성 등을 고려하여 운영 환경이 구성되었는지를 평가한다.
- 계획안 분석, 수업 참관 및 모니터링, 평가척도 등 다양한 방법을 활용하여 평가한다.
- 운영 평가의 결과를 반영하여 운영계획을 수정 · 보완하거나 이후 누리과정 편성 · 운영에 활용한다.

2 유아 평가

- 누리과정 목표와 내용에 근거하여 유아의 특성과 변화 정도를 평가한다.
- 유아의 지식, 기능, 태도를 포함하여 평가한다.
- 유아의 일상생활과 누리과정 활동 전반에 걸쳐 평가한다.
- 관찰, 활동 결과물 분석, 부모면담 등 다양한 방법을 사용하여 종합적으로 평가하고 그 결과를 기록한다.
- 유아 평가 결과는 유아에 대한 이해와 누리과정 운영 개선 및 부모면담 자료로 활용할 수 있다.

(5) 누리과정의 영역

누리과정은 신체운동 · 건강, 의사소통, 사회관계, 예술경험, 자연탐구 등 5개 영역으로 구성되어 있다. 각 영역별 성격과 목표, 내용 범주와 내용을 간략히 살펴보면 다음과 같다. 연령별 세부내용은 『3~5세 연령별 누리과정 해설서』(보건복지부 · 교육과학기술부, 2013; 교육과학기술부 · 보건복지부, 2013)를 참고하도록 한다.

2) 3~5세 교육 · 보육프로그램 계획 및 운영관리

(1) 유치원 교육프로그램 계획 및 운영관리

유치원 교육과정은 국가수준의 3~5세 연령별 누리과정에 기초하며, 유치원이 소재한 지방자치단체 교육청에서 제시하는 교육과정 편성 · 운영지침을 고려하여 교육계획을 수립한다.

1 연간 교육계획

- 연간 교육계획은 국가수준 3~5세 연령별 누리과정에서 제시한 생활주제와 소주제, 생활주제를 중심으로 계획한다.
- 생활주제, 주제 및 소주제는 유치원의 교육목표, 교육철학, 지역적 특성, 사회문화적 특성, 계절, 유아의 흥미, 요구, 발달수준에 따라 재구성한다.
- 생활주제, 주제 및 소주제의 내용 구성은 전년도 연간 교육계획에 대한 평가 결과와 교육의 위계성과 연계성, 반복성을 고려하여 계획한다.
- 교육적 필요에 따라 국가적, 지역적으로 큰 행사가 교육적으로 소개되어야 할 필요가 있을 때 연간 교육계획에 포함할 수 있다.

표 8-9 만 5세 연간 교육계획안

학기	월	생활주제	주	주제	학기	월	생활주제	주	주제
1학기	3	유치원과 친구	1	유치원의 환경	2학기	9	우리나라	1	우리나라 사람들의 생활/ 우리나라의 놀이와 예술
			2	유치원에서 만난 친구				2	우리나라의 역사/ 우리나라의 자랑거리
		나와 가족	3	나의 몸과 마음/ 소중한 나			세계 여러나라	3	세계 여러 나라 사람들의 생활과 문화유산
			4	소중한 가족				4	세계 여러 나라 사람들의 생활과 교류
	4	우리 동네	1	우리 동네 모습/ 우리 동네 생활		10	생활도구	1	다양한 생활도구
			2	우리 동네 사람들				2	생활도구 프로젝트
		봄 · 여름 · 가을 · 겨울	3	봄				3	
			4	봄꽃 프로젝트				4	
			5				교통기관	5	교통기관의 변천과 구조
	5		1			11		1	교통통신과 교통생활
			2				봄 · 여름 · 가을 · 겨울	2	가을
		동식물과 자연	3	궁금한 동식물				3	
			4	동물과 우리의 생활			환경과 생활	4	돌 · 흙과 우리 생활
	6		1	자연과 더불어 사는 우리		12		1	바람 · 공기와 우리 생활
		건강과 안전	2	맛있는 음식과 영양			봄 · 여름 · 가을 · 겨울	2	겨울
			3	안전한 놀이와 생활				3	
			4	즐거운 운동과 휴식				4	겨울방학
	7	봄 · 여름 · 가을 · 겨울	1	깨끗한 나와 환경		1	겨울방학	1	방과후과정 방학
			2	여름				2	동화나라여행
			3					3	글자나라여행
			4	더운 여름 나기				4	즐거웠던 겨울방학/ 새해
	8	여름방학	1	방과후과정 방학		2	유치원을 마치고	1	즐거웠던 유치원
			2	재미있는 놀이				2	초등학교에 가요
			3	즐거웠던 여름방학				3	졸업
		봄 · 여름 · 가을 · 겨울	4	여름곤충					

표 8-10 만 4세 연간 교육계획안

학기	월	생활주제	주	주제	학기	월	생활주제	주	주제
1학기	3	유치원과 친구	1	유치원에서의 하루	2학기	9	교통기관	1	즐거운 교통 생활
			2				우리나라	2	우리나라 사람들의 생활/놀이
			3	유치원에서 만난 친구				3	우리나라의 예술과 자랑거리
			4	함께 만드는 유치원			세계 여러 나라	4	세계 여러 나라 사람들의 생활과 교류
	4	나와 가족	1	나의 몸과 마음		10		1	세계 여러 나라의 문화유산
			2	소중한 나			생활도구	2	사진 프로젝트
		봄·여름·가을·겨울	3	봄				3	
			4					4	
		나와 가족	5	소중한 가족			봄·여름·가을·겨울	5	가을
	5	우리 동네	1			11		1	
			2	우리 동네 생활			환경과 생활	2	빛과 우리 생활
			3					3	돌·흙과 우리 생활
			4	우리 동네 모습			생활도구	4	다양한 생활도구
	6	동식물과 자연	1	동물과 우리 생활		12		1	생활도구를 움직이는 힘/생활도구로서의 미디어
			2				봄·여름·가을·겨울	2	겨울
		건강과 안전	3	즐거운 운동과 휴식				3	
			4	맛있는 음식과 건강				4	
	7	봄·여름·가을·겨울	1	비		1	겨울방학	1	방과후과정 방학
			2	여름				2	동화나라여행
			3					3	글자나라 여행
		여름방학	4	신나는 여름철 놀이				4	겨울
			5	방과후과정 방학		2	공연	1	공연 프로젝트
	8		1	여름철놀이				2	
			2	유치원 텃밭			형님반에 가요	3	수료
		교통기관	3	여러 가지 육상, 해상, 항공 교통기관					
			4						

표 8-11 만 3세 연간 교육계획안

학기	월	생활주제	주	주제	학기	월	생활주제	주	주제
1학기	3	유치원과 친구	1	유치원에서의 하루	2학기	9	교통기관	1	즐거운 교통생활
			2				우리나라	2	우리나라 사람들의 생활
			3	유치원의 환경				3	우리나라의 놀이와 예술
			4					4	돌, 흙과 우리 생활
	4		1	함께 놀이하는 유치원		10	환경과 생활	1	빛과 우리 생활
			2	유치원에서 만난 친구				2	바람, 공기와 우리 생활
		봄 · 여름 · 가을 · 겨울	3	봄				3	소리와 우리 생활
		나와 가족	4	소중한 나			봄 · 여름 · 가을 · 겨울	4	가을
			5	나의 몸과 마음				5	
	5	동식물과 자연	1	소중한 가족		11	건강과 안전	1	즐거운 운동과 휴식
			2	동물과 우리의 생활				2	안전한 놀이와 생활
			3				생활도구	3	다양한 생활도구
			4	식물과 우리의 생활				4	
	6	우리 동네	1	우리 동네 모습		12		1	생활도구를 움직이는 힘
			2	우리 동네 사람들				2	생활도구로서의 미디어
		건강과 안전	3	깨끗한 나와 환경			봄 · 여름 · 가을 · 겨울	3	겨울
			4	맛있는 음식과 영양				4	
	7	봄 · 여름 · 가을 · 겨울	1	여름			겨울방학	5	방과후과정 방학
			2			1		1	동화나라여행
			3					2	동화나라여행
		여름방학	4	여름캠프				3	겨울철 놀이
			5	방과후과정 방학			재미있는 우리말	4	재미있는 말놀이
	8		1	물놀이		2		1	
			2	색깔나라			형님반에 가요	2	형님반에 가요
		교통기관	3	여러 가지 육상, 해상, 항공 교통기관				3	수료
			4	고마운 육상 교통기관					

2 월간 교육계획

- 보통 생활주제를 한 달의 생활주제로 하여 월간 교육계획을 수립하거나 다른 생활주제와 연계하여 계획할 수 있다. 예를 들어, 생활주제 '봄 · 여름 · 가을 · 겨울'에서 '봄' 주제와 생활주제 '동식물과 자연'에서 '식물과 우리의 생활' 주제를 연결하여 월간 교육계획을 수립할 수 있다.

- 한 개의 생활주제 중 한 개 또는 두 개의 주제를 확장하여 월간 교육계획을 수립하고 운영할 수 있다. 예를 들어, 생활주제 '우리나라'의 주제는 '우리나라 사람들의 생활' '우리나라의 놀이와 예술' '우리나라의 역사' '우리나라의 자랑거리'의 네 가지인데, 이 중 '우리나라의 놀이와 예술' '우리나라의 자랑거리'를 중심으로 월간 교육계획을 수립하고 운영할 수 있다.

- 월간 교육계획안은 별도로 작성하지 않고 연간 교육계획안에 포함시키거나 주간 교육계획안으로 대체되는 경우가 많으나, 월간 교육계획 중에서 행사 등과 관계되는 중요한 일들을 중심으로 월간 교육계획안을 작성할 수도 있다.

- 월간 교육계획안에는 견학일, 유아의 생일, 학부모 행사, 공휴일 등 그 달에 해당하는 학사일정을 구체적으로 표시하여 놓는다. 따라서 월간 교육계획은 학급 간에 다소 공통점과 차이점이 있을 수 있다.

- 월간 교육계획안은 매월 셋째 주 금요일쯤에 다음 달의 교육계획안을 작성하여 월말에 가정으로 배부하는 것이 효과적이다. 이를 통하여 부모가 가정에서 연계지도를 할 수 있고, 미리 그 달의 행사를 알고 준비하여 협조할 수 있다.

3 주간 교육계획

- 월간 주제에 따라 1주 동안 이루어지는 모든 교육활동에 대한 구체적인 계획으로, 자유선택활동, 대 · 소집단활동을 요일과 활동별로 작성한 것이다.

- 주간 교육계획안을 작성할 때 생활주제, 주제, 소주제, 목표, 활동을 계획한다. 자유선택활동은 각 흥미영역별 활동을 제시하며, 대 · 소집단활동에서 바깥놀이를 매일 포함시켜 계획하여야 한다.

표 8-12 주간 교육계획안(만 4세) 예시

반 이름		○○○		시　기		10월 1주	
생활주제		생활도구		주　제		다양한 생활도구	
목　표		\<ul>• 다양한 생활도구의 종류와 기능에 대해 안다. • 생활도구의 변화과정을 알고 적절하게 사용할 수 있다. • 다양한 생활도구를 안전하게 사용하는 태도를 가진다.\</ul>					
날짜/요일		2일(월)	3일(화)	4일(수)	5일(목)	6일(금)	
소주제 활동		주변에 있는 생활도구 알아보기	편리해진 생활도구 알아보기	생활도구 유용하게 활용하기	생활도구 안전하게 사용하기		
자유선택활동	쌓기놀이영역	자석자동차 놀이					
	역할놀이영역	자석 인형극	주방에서 사용하는 도구				
	언어영역	나는 무엇일까?	도구의 이름을 알아보아요				
	수·조작영역	틀린 그림 찾기	어떤 도구로 재어 볼까요?		필요한 물건을 챙겨요		
	과학영역	여러 종류의 자석	먹지 그림 그리기				
	미술영역	찍찍찍 쥐돌이	포크, 숟가락 인형만들기				
	음률영역	어떤 악기로 연주할까?	젓가락 행진곡(음악감상)				
교육과정	대·소집단활동	이야기 나누기	재미있는 자석	편리하게 사용해요		아차! 조심해요	
		동화·동시·동극	바쁘다 바뻐(동화)	고맙다(동시)		내가 할 게(동화)	내가 제일 멋진 도구야(동화)
		음악		무얼 만들까	가위	내 이름은 망치	돋보기 안경
		신체			꽁꽁 감아라 술술 풀어라		
		게임	꼬꼬댁! 알을 찾아 주세요	힘센 보자기			생활 도구 스피드 게임
		요리			믹서기로 과일주스를 만들어요		
		미술					비밀 그림을 그려요
		현장체험				○○시립박물관	
	바깥놀이 활동	신나는 자석놀이 (체험놀이)	젓가락과 풍선이 만났어요		뚝딱 뚝딱 길을 내자		
※ 위 교육 내용은 유아들의 흥미와 요구에 따라 변경될 수 있습니다.							

4 일일 교육계획

- 주간 교육계획에 따라 하루에 이루어지는 활동들을 구체적으로 작성한 것이다.
- 일일 교육계획안을 작성할 때 생활주제, 주제, 소주제, 목표, 하루 일과 시간표, 활동목표와 내용, 활동방법, 소요시간, 자료와 유의점을 포함한다.

표 8-13 일일 교육계획안(만 4세) 예시

결재	담임	원감	원장

반 이름	풀향기반		시기		수업일시	/180일
생활 주제	생활도구		주제	다양한 생활도구	소주제	주변에 있는 생활도구 알아보기
목 표	• 다양한 활동을 통해 자석의 성질과 쓰임에 대해 안다.					
일과 시간표	9:00 ~ 9:10	등원 및 인사 나누기				
	9:10 ~ 10:30	자유선택활동 및 간식				
	10:30 ~ 10:40	정리정돈 및 화장실 다녀오기				
	10:40 ~ 11:00	이야기 나누기(재미있는 자석)				
	11:00 ~ 11:30	게임(꼬꼬댁! 자석 알을 찾아주세요)				
	11:30 ~ 12:30	점심				
	12:30 ~ 12:50	동화(테이블동화-바쁘다 바뻐)				
	12:50 ~ 13:50	바깥놀이활동(체험놀이-신나는 자석놀이)				
	13:50 ~ 14:00	평가 및 귀가				

시간/활동명	활동 목표	활동 내용	자료 및 유의점
9:00~9:10 등원 및 인사 나누기	• 등원하여 해야 할 일을 알고 스스로 한다. • 하루 일과를 알고 안정감을 갖는다.	• 유아를 반갑게 맞이하고 유아의 기분과 건강상태를 살핀다. • 인사를 나눈다. • 유아는 출석카드에 도장을 찍고 가방과 옷을 정리한다. (약이 있는 유아는 약을 꺼낸다)	출석 카드, 도장
9:10~10:30 자유선택활동 및 간식	• 자석 자동차와 다양한 블록을 이용해 구조물을 구성한다.	[쌓기놀이영역] 자석 자동차 놀이 • 여러 가지 블록으로 자동차 길을 만든다. • 자석이 있는 자동차 블록으로 다양한 형태의 자동차를 만든다. • 다른 유아와 함께 자동차 놀이를 한다.	 다양한 블록 자석 자동차

(계속)

9:10~10:30 자유선택활동 및 간식	• 역할을 나누어 친구와 함께 인형놀이를 한다.	**[역할놀이영역] 자석 인형극** • 토끼와 거북이 동화를 회상한다. • 인형극의 필요한 소품과 자료를 탐색한다. • 막대자석을 이용해 인형들을 조절하며 인형극을 한다.	
	• 자석의 붙는 성질을 안다.	**[언어영역] 나는 무엇일까요?** • 철가루가 들어 있는 판에 그림카드를 넣는다. • 자석을 이용해 철가루 판에 대본다. • 자석에 따라 철가루가 움직이며 나타나는 글자를 본다.	
	• 자석의 당기는 힘을 이용해 틀린 그림을 찾을 수 있다.	**[수 · 조작영역] 틀린 그림 찾기** • 그림판에 있는 그림을 본다. • 양면의 그림을 보며 틀린 그림을 찾는다. • 자석을 붙여 그림이 맞는지 확인한다.	
	• 자석의 종류에 관심 갖고 특징별로 분류한다.	**[과학영역] 여러 종류의 자석** • 여러 종류의 자석을 관찰한다. (말굽자석, 막대자석, 원자석, 네오디움자석, 고무자석, 장구자석 등) • 여러 종류의 자석의 특징을 살펴본다. (두 극이 있다, 한 극만 있다, 색이 있다 등) • 특징별로 자석을 분류한다.	여러 종류의 자석
	• 자석을 이용해 놀잇감을 만든다.	**[미술영역] 찍찍찍 쥐돌이** • 종이컵에 꾸미기 재료를 이용해 쥐의 얼굴을 꾸민다. • 종이컵에 바퀴를 붙이고 종이컵 위에 자석을 붙인다. • 아이스크림 막대에 원자석을 붙인다. • 종이컵의 자석과 막대의 자석은 다른 극이 되도록 유의한다.	 종이컵, 자석, 막대, 바퀴, 뿅뿅이
	• 노랫말 판에 사용된 자석의 원리를 안다.	**[음률영역] 어떤 악기로 연주할까?** • 음률영역의 여러 가지 악기를 탐색한다. • 자석을 이용해 함석판으로 만든 노랫말 판에 연주하고 싶은 악기 그림을 붙인다. • 노래를 부르며 악기 연주를 한다.	 노랫말 판(함석판) 악기 그림, 악기

(계속)

10:30~10:40 정리정돈 및 화장실 다녀오기	• 선택놀이 활동을 마무리 하고 스스로 정리하는 습관을 기른다. • 하루 일과에 적용한다.	• 정리 시간 10분 전에 알려 준다. • 피아노 반주에 맞추어 자신이 활동하던 교구와 놀잇감을 제자리에 정리한다. • 영역판에 붙여 놓은 이름표를 정리한다. • 정리가 마무리 되면 자리에 앉는다. • '남생이 놀이' 노래에 맞춰 출석을 부른다. • 하루 일과를 알아본다.	 일과계획판 장구
10:40~11:00 이야기 나누기	• 자석의 성질에 대해 관심을 갖는다. • 실험을 통해 자석의 당기는 힘에 대해 안다. • 자석에 붙는 물건과 붙지 않는 물건을 분류할 수 있다.	〈재미있는 자석〉 도입 • 모래 속에 떨어뜨린 클립을 찾을 수 있는 방법을 알아본다. (손 인형이 나와 이야기한다) – 여러분 연아가 왜 찾아왔나요? – 여기 모래 속에 클립이 있어요. 어떻게 찾을 수 있을까요? – 클립이 왜 자석에 붙었을까요? (자석은 철이라는 것을 좋아해서 철을 만나면 달라붙으려고 해요. 자석에 붙는 물건에는 철이 들어 있어서 자석에 붙는 거예요. 클립에도 철이 들어 있기 때문에 자석에 붙어요.) 전개 • 자석의 당기는 힘에 대해 이야기 나눈다. (클립실험) – 플라스틱 뚜껑 안에 색 솜이 달린 클립을 넣고 움직여 보는 방법에는 어떤 것이 있을까요? – 자석을 대어 볼 텐데 안에 들어있는 클립이 어떻게 될까요? (자석은 클립처럼 철이 들어있는 물건들을 당기려는 힘이 있어요.) • 자석에 붙는 물건에 대해 이야기 나누고 자석에 붙는 물건과 붙지 않는 물건을 분류한다.	 손인형 자료 놀이터 실험 자료 클립 실험 자료

(계속)

10:40~11:00
이야기 나누기
	• 실험을 통해 자석의 미는 힘에 대해 안다.	- 우리 교실에서도 이렇게 자석이 붙는 물건들이 있어요. 우리 교실에서 클립처럼 자석에 붙는 물건들을 찾아오도록 해요.
		  (3~4명 유아가 물건을 찾아온다)
		- ○○어린이가 고른 이 물건은 왜 자석에 붙을 거라고 생각했나요?
		- 물건을 만져 보았을 때는 느낌이 어떤가요?
		- ○○어린이가 말한 것처럼 자석에 붙는지 실험해 보도록 해요.
		  (자석에 붙는 물건은 화이트보드 자석에 붙고 붙지 않는 물건들은 받침대로 떨어진다)
		- 화이트보드에 붙어 있는 물건들의 공통점은 무엇인가요?
		• 자석의 미는 힘에 대해 이야기 나눈다.
		  (자석 자동차 실험, 공중부양 실험)
		- 선생님 앞에는 장난감 자동차가 있는데 손을 대지 않고 이 자동차를 어떻게 움직일 수 있을까요?
		- 자석을 갖다 대었더니 어떻게 되었나요?
		- 왜 붙었을까요? 왜 멀어졌을까요?
		- 이 자동차가 어떻게 움직일 수 있었나요?
		  (이렇게 자석은 같은 극끼리 미는 힘이 있어요.)
		- (공중부양 자석 실험 도구를 제시하며) 여기 자석이 2개 있어요. 자석 두 개를 막대 사이에 넣어 보면 어떻게 될까요?
		- 왜 자석이 안 붙고 떠 있을까요?
		  (두 막대 사이에서 자석끼리 서로 미는 힘이 있기 때문에 공중에 떠 있을 수 있어요.)
		• 생활 속에서 자석의 미는 힘을 이용한 것들에 대해 이야기 나눈다.
		- 우리 생활 속에서도 자석의 미는 힘을 이용한 것들이 있어요.
		- 자석의 미는 힘을 이용한 열차는 무엇인가요?
			화이트보드,
			여러 가지 자석,
			교실 안의 여러
			가지 물건
			
			자석자동차 실험

(계속)

10:40~11:00 이야기 나누기	• 생활 속 자석의 성질을 이용한 물건에 관심을 갖는다.	– 자기부상열차의 레일은 전자석으로 되어 있어요. 열차의 레일과 열차가 서로 자석의 미는 힘이 작용하여 열차가 레일에 닿지 않고 공중에서 달리는 거예요. 마무리 • 이야기 나누기 내용을 회상하고 평가한다. 　– 오늘 우리가 무엇에 대해 이야기 나누었나요? 　– 새롭게 알게 된 점이 있나요?	자석 띄우는 장치
11:00~11:30 게임	• 자석에는 서로 다른 두 극이 있음을 안다. • 규칙을 지키며 즐겁게 게임에 참여한다.	〈꼬꼬댁! 알을 찾아 주세요〉 • 게임 자료를 보고 활동방법을 생각해 본다. 　(달걀판 2개, 닭, 바구니 2개, 자석이 박힌 달걀 30개, 책상) 　– 이 자료들로 어떤 게임을 할 수 있을까요? 　– 이 달걀 안쪽에는 자석이 있는데 어떤 것은 붙고 어떤 것은 붙지 않아요. 왜 그럴까요? (자석에는 양극이 있는데 같은 극끼리 닿으면 서로 밀어내는 성질이 있어요. 따라서 다른 극끼리는 붙고, 같은 극끼리는 붙지 않아요.) • 게임 방법을 알아본다. 　1. 출발선에서 자석이 박힌 달걀 반쪽을 들고 출발 신호가 울리면 출발한다. 　2. 중간 지점에 있는 다른 극의 자석이 박힌 달걀 반쪽을 찾아 달걀을 맞춘다. 　3. 달걀의 모양을 완성하면 어미 닭의 주머니에 넣어 주고 돌아온다. 　　*달걀 안쪽에 있는 자석의 극이 같을 경우 붙지 않고 다를 경우 붙어서 달걀 모양을 완성할 수 있다. 　4. 달걀을 잘 맞추고 먼저 돌아오는 팀이 이긴다. 　– 게임을 할 때 어떤 극끼리 붙여야 할까요? 　– 게임을 할 때 서로 다른 극의 자석을 잘 찾아서 달걀을 알맞게 완성한 후 어미닭의 주머니에 넣어 주고 오도록 해요. • 팀 이름을 정한 후 두 팀으로 나누어 앉는다.	신호악기, 점수판

(계속)

11:00~11:30 게임		• 교사 또는 유아가 시범을 보인다. • 게임규칙을 정한다. – 게임을 하기 위해 지켜야 할 약속이 있어 요. 어떤 약속을 지킬 수 있을까요? • 게임을 한다. • 평가 후 정리한다.	
11:30~12:30 점심	• 올바른 식습관을 형성한다. • 음식물을 골고루 섭취한다.	• 손을 깨끗이 씻은 후 문 앞에 한 줄로 선다. • 조용히 식당으로 이동한다. • 식판을 받은 후 자리에 앉는다. (뜨거운 국이 있으면 안전하게 이동한다) • 감사의 인사를 한다. "감사합니다. 잘 먹겠습니다. 선생님 먼저 드세요." • 바른 자세로 앉아 식사를 한다. • 식사가 끝난 후 자기 자리를 깨끗이 정리한다. • 교실로 돌아와 칫솔질을 한다. • 양치컵과 칫솔을 바르게 정리한다.	흑미밥 계란국 삼치구이 감자양념조림 깍두기 치약 칫솔 컵
12:30~12:50 동화	• 자석의 특징을 활용한 동화를 즐겁게 듣는다. • 동화 매체의 원리에 대해 안다.	〈바쁘다 바빠〉 • 동화 제목을 소개하고 내용을 추측한다. – 동화의 제목은 '바쁘다 바빠'예요. 어떤 내용일까요? • 동화를 듣는다. – 동화의 제목은 '바쁘다 바빠'예요. 영수가 "바쁘다 바빠"를 외치며 돼지 앞을 지나가요. 돼지는 궁금해서 영수를 따라가요. 영수가 여우, 토끼, 생쥐, 다람쥐 앞을 "바쁘다 바빠"라고 외치며 뛰어가요. 궁금한 동물들은 한 마리씩 영수의 뒤를 따라가요. 영수는 화장실로 가요. 동물들은 웃어요. • 동화를 회상한다. – 동화 주인공이 누구였나요? – 왜 영수가 바쁘게 움직였나요? • 동화 매체의 원리에 대해 이야기 나눈다. – 동화 속 주인공들이 어떻게 움직였을까요? (주인공들의 발에는 자석이 붙어 있어요. 그리고 선생님이 들고 있는 막대에도 자석이 붙어 있어요. 주인공들한테 붙은 자석과 막대에 붙은 자석에는 서로 당기는 힘이 있어서 움직일 수 있었어요)	

(계속)

			클립, 색소금, 자석

12:50~13:50
바깥놀이활동
	• 자석을 활용한 다양한 놀잇감을 이용해 놀이한다.
	
	• 자석의 원리를 체험해 본다.
		〈신나는 자석놀이〉
		• 신나는 자석놀이에 대해 소개한다.
		• 줄을 서서 실외유원장으로 이동한다.
		• 각 영역에서 즐겁게 자석 체험놀이를 한다.
		  – 클립을 찾아라: 색소금에 클립을 넣은 후 자석을 이용해서 클립을 찾는다.
		  – 공중부양: 공중부양 교구놀이를 한다.
		  – 거울로 놀이하자: 자석의 성질을 이용하여 다양한 얼굴 표정을 만들어 본다.
		  – 목재 아이스크림: 자석이 있는 목재 아이스크림으로 놀이한다.
		  – 마그넷 월드: 마그넷을 차례대로 하나씩 연결하여 모양을 만든다.
		  – 자석 퍼즐: 자석 벽에 명화 퍼즐을 맞춘다.
		  – 자석 길: 자석 길 블록으로 다양한 길을 만들어 놀이한다.
		  – 롤러코스터: 자석을 굴려 자석의 미는 힘을 이용해 롤러코스터 놀이를 한다.
		  – 실을 따라가요: 실에 연결된 클립을 자석을 이용해 움직여 본다.
		  – 자석 블록: 여러 가지 자석이 있는 블록을 이용해 다양한 만들기를 한다.
		• 자석 체험놀이 후 활동을 정리하고 교실로 이동한다.
			공중부양
			
			거울로 놀이하자
			
			목재 아이스크림
			
			마그넷 월드
			
			롤러코스터
			
			자석블록

13:50~14:00 평가 및 귀가지도	• 평가를 통해서 하루 활동을 마무리한다.	• 옷을 입고, 가방을 맨 후 카펫으로 모인다. • 하루 활동을 간단하게 평가한다. (즐거웠던 일, 재미있었던 일, 화났던 일 등)	
총평			

Tip! 　**교육계획 수립의 적절성**

- 교육목표가 유아의 지적, 정의적, 신체적 발달을 조화롭게 포괄하고 있는가?
- 교육목표가 유아, 학부모, 지역사회의 특성 및 요구를 반영하고 있는가?
- 연간, 월간, 주간 및 일일 계획의 목표, 활동, 내용 간에 연계성이 있는가?
- 교육 내용 및 활동은 누리과정에 근거하여 유아의 연령별 발달 수준에 적합하게 선정하고 있는가?
- 일일 교육계획안에 당일 소주제, 목표, 내용, 준비물 및 교육방법, 평가 등이 포함되어 연관성 있게 통합되어 운영되고 있는가?
- 자유선택활동을 유아들이 각자 자신이 하고 싶은 활동으로 계획-실행-평가하는 과정이 포함되어 있는가?
- 일과 중 자유선택활동 시간을 충분히 포함하고 있는가?
- 매일의 일과와 주간 교육활동이 연계되어 진행되는가?
- 실내 · 실외, 대근육 · 소근육, 개별 · 소집단 · 대집단, 정적 · 동적, 유아주도 · 교사주도 활동 등이 균형적으로 포함되어 있는가?
- 대근육 활동을 포함한 바깥놀이가 1시간 이상 충분하게 포함되어 있는가?

출처: 임채식 외(2013), p. 58.

(2) 어린이집 보육프로그램 계획 및 운영관리

❶ 연간 보육계획 수립

- 연간 보육계획은 표준보육과정의 기본 개념들을 생활주제로 묶어 제시한 것이다.
- 제시된 보육주제 및 소주제를 중심으로 유아의 흥미, 요구, 어린이집 및 지역사회의 실정에 따라 새로운 주제를 첨가하거나 변형하여 재구성할 수도 있다.
- 선정된 생활주제로부터 핵심적 개념을 추출하여 개념적 활동을 계획한다. 특히 대부분의 연령에서 다루게 되는 나, 가족, 교통수단, 계절 등과 같은 주제는 타 연령과의 연계성 · 계열성을 고려하여 연령에 따라 다루어질 개념의 범위와 수준을 결정한다.

표 8-14 누리과정 프로그램의 만 3~5세 연령별 주제와 소주제

3세		4세		5세	
주제	소주제	주제	소주제	주제	소주제
어린이집과 친구 (3월)	• 어린이집의 환경 • 어린이집에서의 하루 • 어린이집에서 만난 친구 • 함께 만드는 어린이집	어린이집과 친구 (3월)	• 어린이집의 환경 • 어린이집에서의 하루 • 어린이집에서 만난 친구 • 함께 만드는 어린이집	즐거운 어린이집 (3월)	• 새로 만난 우리 반 • 새로 꾸민 우리 반 • 어린이집 탐험 • 사이좋은 친구
봄 (4월)	• 봄의 날씨 • 봄의 풍경	봄 (4월)	• 봄의 변화 • 봄의 풍경	봄과 동식물 (4월)	• 봄의 모습 • 식물의 봄맞이 • 동물의 봄나들이 • 우리들의 봄이야기
동식물과 자연 (4~5월)	• 궁금한 동식물 • 동물과 우리생활 • 식물과 우리생활 • 자연과 더불어 사는 우리	동식물과 자연 (4~5월)	• 동물과 우리생활, 궁금한 동식물 • 식물과 우리생활, 궁금한 동식물 • 자연과 더불어 사는 우리	소중한 가족 (5월)	• 소중한 나 • 나와 우리 가족 • 함께하는 가족놀이 • 여러 가족의 모습 • 사랑하는 우리가족
나와 가족 (5월)	• 나의 몸과 마음 • 소중한 나 • 소중한 가족 • 행복한 우리집	나와 가족 (5월)	• 나의 몸과 마음 • 소중한 나 • 소중한 가족 • 가족의 생활과 문화	우리 동네 (6월)	• 우리 동네 모습 • 우리 동네 기관 1 • 우리 동네 기관 2 • 다양한 직업 • 함께하는 우리이웃
우리 동네 (6월)	• 우리 동네 모습 • 우리 동네 생활 • 우리 동네 사람들	우리 동네 (6월)	• 우리 동네 모습, 우리 동네 생활 • 우리 동네 사람들 • 우리 동네 전통과 문화	신나는 여름 (7월)	• 여름의 모습 • 건강하게 여름나기 • 즐거운 물놀이 1 • 즐거운 물놀이 2
건강과 안전 (6~7월)	• 즐거운 운동과 휴식 • 깨끗한 나와 환경 • 맛있는 음식과 영양 • 안전한 놀이와 생활	건강과 안전 (6~7월)	• 즐거운 운동과 휴식 • 깨끗한 나와 환경 • 맛있는 음식과 영양 • 안전한 놀이와 생활	교통과 안전 (8월)	• 내가 궁금한 교통수단 • 편리한 교통시설 • 미래의 교통수단 • 안전한 교통문화

(계속)

여름 (7월)	• 여름의 날씨 • 여름 꽃과 과일	여름 (7월)	• 여름의 날씨와 물놀이 • 여름 풍경	세계 속의 우리 나라 (9월)	• 우리나라의 생활 • 우리나라의 문화유산 • 세계 여러 나라와 사람들 • 세계 여러 나라의 생활 • 함께하는 세계
교통 기관 (8월)	• 여러 가지 육상 교통기관 • 고마운 육상 교통기관 • 항공/해상 교통기관 • 즐거운 교통생활	교통 기관 (7~8월)	• 여러 가지 육상 교통기관 • 고마운 육상 교통기관 • 항공/해상 교통기관 • 즐거운 교통생활	가을과 자연 (10월)	• 가을의 변화 • 가을 곡식과 열매 • 우리들의 가을 • 이야기−추석 • 가을 나무와 숲
우리나라 (9월)	• 우리나라 사람들의 생활 • 우리나라의 놀이와 예술 • 우리나라의 역사와 자랑거리	우리나라 (8~9월)	• 우리나라 사람들의 생활 • 우리나라의 놀이와 예술 • 우리나라의 역사, 우리나라의 자랑거리	지구와 환경 (11월)	• 우리가 사는 지구 • 지구의 변화 • 고마운 지구 • 지구의 보호
가을과 열매 (9~10월)	• 가을 풍경(1권) • 가을의 변화 • 풍성한 가을 • 추석과 놀이 • 가을 나들이	세계 여러 나라 (9월)	• 세계 여러 나라 사람들의 생활 • 세계 여러 나라의 문화유산 • 세계 여러 나라와의 교류, 세계의 자연과 사회현상	겨울과 놀이 (12월)	• 겨울의 모습 • 동식물의 겨울나기 • 겨울철 건강과 안전 • 이웃과 함께하는 겨울 • 새해맞이와 놀이
환경과 생활 (11월)	• 물과 우리생활 • 돌 · 흙과 우리생활 • 바람 · 공기와 우리생활 • 빛과 우리의 생활 • 소리와 우리의 생활	가을과 열매 (10월)	• 가을 풍경 • 가을의 변화 • 풍성한 가을 • 추석과 놀이 • 가을 나들이	기계와 생활 (1월)	• 편리한 생활 도구 • 우리 주변의 기계 • 우리는 발명가 • 미래의 생활

(계속)

겨울과 놀이 (12월)	• 겨울 날씨(1권) • 겨울 풍경(1권) • 사랑을 나눠요 • 건강한 겨울나기 • 눈과 눈사람	환경과 생활 (11월)	• 물과 우리생활 • 돌 · 흙과 우리생활 • 바람 · 공기와 우리생활 • 빛과 우리의 생활, 소리와 우리의 생활	초등학교에 가요 (2월)	• 궁금한 초등학교 • 일학년이 되면 • 즐거웠던 어린이집 1 • 즐거웠던 어린이집 2
생활도구 (1월)	• 다양한 생활도구 • 생활도구를 움직이는 힘 • 생활도구로서의 미디어	겨울과 놀이 (12월)	• 겨울 날씨 • 겨울 풍경 • 감사와 사랑을 나눠요 • 건강한 겨울나기 • 신나는 겨울놀이		
형님이 되어요 (1~2월)	• 많이 컸어요 • 동생들에게 알려주어요 • 형님이 될 준비를 해요 • 즐거웠던 우리 반	생활도구 (1월)	• 다양한 생활 도구 • 생활도구를 움직이는 힘 • 생활도구로서의 미디어, 미래의 생활도구		
		형님이 되어요 (1~2월)	• 많이 컸어요 • 동생들에게 알려주어요 • 형님이 될 준비를 해요 • 즐거웠던 우리 반		

출처: 보건복지부 · 중앙육아종합지원센터(2014b), pp. 72-74.

② 월간 보육계획 수립

유아반의 월간 보육계획안의 활동은 〈표 8-15〉과 같이 구성한다.

표 8-15 유아반 월간 보육계획안의 활동 구성

활동명	3세	4세	5세
기본생활	기본생활	기본생활	기본생활
등원	등원	등원	등원
오전자유선택 활동	쌓기놀이영역	쌓기놀이영역	쌓기놀이영역
	역할놀이영역	역할놀이영역	역할놀이영역
	미술영역	미술영역	미술영역
	언어영역	언어영역	언어영역
	수과학 · 조작영역	수과학 · 조작영역	수 · 과학영역 → 수과학 · 조작영역
	음률영역	음률영역	음률영역
대 · 소집단 활동	대 · 소집단활동	대 · 소집단활동	대 · 소집단활동
실외활동	실외활동	실외활동	실외활동
점심 및 낮잠(휴식)	점심 및 낮잠	점심 및 낮잠	점심 및 휴식
오후자유 선택활동	오후자유선택활동	오후자유선택활동	오후자유선택활동
귀가 및 가정 과의 연계	귀가 및 가정과의 연계	귀가 및 가정과의 연계	귀가 및 가정과의 연계
비고 (활동 간 연계)	비고	비고	활동 간 연계

월간 보육계획안은 다음과 같은 원리에 따라 작성한다.

- 주제와 3~4개의 소주제로 구성하되 각 소주제마다 보육목표를 설정한다.
- 각 주에 이루어지는 모든 활동을 제시하되 요일의 구별은 하지 않는다.
- 기본생활습관과 관련된 활동은 교사가 특정 시기에 놓치지 않고 해야 하는

기본생활습관 관련 활동들을 제시한다.

❸ 주간 및 일일 보육계획 수립

주간 보육계획안은 다음의 원리에 따라 작성한다.

- 주안은 연간, 월안에 기초하여 수립한다.
- 주간 소주제별 다루어질 주요 내용을 선정한다.
- 소주제의 전개 순서에 따라 자유선택활동 및 대·소집단활동을 결정한다.
- 선정된 활동을 월요일부터 금요일까지 연계성을 고려하여 배치한다.
- 주말 지내고 온 월요일에는 친숙한 활동이 주가 되도록 한다.
- 새로운 활동을 모두 같은 날 시작하기보다는 각 요일에 걸쳐 고루 시작되도록 한다.
- 다양한 측면에서의 활동의 균형을 고려한다.
- 일과에 실외놀이가 반드시 포함되도록 한다.
- 가정과의 연계가 필요한 활동이 있는 경우 주안에 기록하여 가정과 기관 연계 교육이 구체적으로 계획될 수 있게 한다.

표 8-16 만 4세반 주간 보육계획안 예시

4세반 주간 보육계획안

| 기 간 | 8월 2주 |

주 제	교통기관			소주제	즐거운 교통 생활 (교통안전 규칙 알아보기)	
구 분	월	화	수	목	금	토
목 표	즐거운 교통 생활을 위하여 필요한 교통안전에 대해서 알아본다.					
기본생활	차에서 안전벨트를 매고 돌아다니지 않기					
등 원	등원할 때 본 자동차에 대해 알아보기					
오전자유선택활동 / 쌓기놀이 영역	공간 블록 이용하여 승용차 만들기		자동차 경주장 꾸미기			
역할놀이 영역		비행기타고 여행을 가요	자동차 정비소 놀이			
미술 영역	교통표지판 스텐실		우유팩으로 교통기관 만들기			
언어 영역	교통안전 어린이		나는야! 교통안전 지킴이		교통안전 책 만들기	
수 · 과학 영역		과학: 바퀴 모양 샌드위치	조작: 무엇이 필요할까요?	수: 숲을 살리는 교통수단	수: 별별섬에 가요	
음률 영역	줄을 섭시다	자동차는 바빠요		타이어 두드리며 노래 부르기		
대 · 소집단 활동	이야기 나누기: 어린이집 버스 탈 때 지켜야 할 약속	신체: 교통표지판 따라 움직여 봐요	이야기 나누기: 이런 경기도 있어요	동화: 미림이의 자동차 여행	동시: 자동차도 쉬어요	
실외활동	현장체험: 교통안전공원	세발 자전거 경주		어린이집 주변 산책하며 교통표지판 찾아보기		
점심 및 휴식	좋아하는 음식과 싫어하는 음식 함께 먹어 보기			밥 먹는 중에 물 많이 마시지 않기		
오후자유 선택활동	교통안전 규칙을 지켜요	배가 나오는 명화를 감상해요	모양으로 만든 탈것 프로타주			
귀가 및 가정과의 연계	가족과 함께 외출 시 교통신호와 안전표지판을 보고 교통규칙에 대해 이야기 나누고 지키기					
비 고						

출처: 보건복지부 · 중앙보육정보센터(2013c), p. 131.

일일 보육계획안은 다음의 원리에 따라 작성한다.

- 주안에 기초하여 일일목표와 활동 선정하고, 유아의 흥미와 관심 반영하여 융통성 있게 활동을 추가 또는 삭제한다.
- 하루 동안 이루어질 활동들의 시간과 순서를 정한다.
- 계획한 활동 실행에 필요한 교재·교구, 자료 등을 제시한다. 단위 활동의 도입, 전개, 마무리, 평가를 계획한다.

4 유아반 보육일지 작성

- 실내 자유선택활동을 흥미영역별로 다양하게 구성하고 매일 2시간 30분 이상 계획한다.
- 대·소집단활동을 주제에 따라 다양하게 구성한다.
- 보육과정을 통합적으로 운영: 대·소집단활동과 자유선택활동의 연계, 오전·오후 활동의 연계, 어제와 오늘의 활동 연계 등
- 실외활동을 매일 1시간 이상 계획하고, 대체활동을 계획한다.
- 활동을 균형 있게 배치한다.
- 일과계획 시 간식 및 점심, 화장실 가기, 낮잠, 휴식 등 유아의 신체적 욕구를 고려한다.
- 일과와 보육활동을 유아의 흥미, 건강상태, 날씨 등에 따라 융통성 있게 운영하고, 계획하지 않았지만 실행된 활동이나 변경된 일과를 기록한다.
- 활동 실행 후 목표 달성 여부, 유아의 발달이나 흥미 정도, 교재·교구의 적절성, 시간 안배의 적절성 등을 고려하여 평가한다. 활동평가가 특정 유아에 대한 관찰일지 형식으로 기록되거나 교사의 기분, 감정상태가 기록되지 않도록 유의한다.
- 보육일지의 전체 평가의 내용이 다음 날의 일일계획에 반영되어야 한다.

표 8-17 만 4세 반 일일 보육계획 및 실행 예시

일 시	2014년 8월 12일 화요일	기 간	8월 2주
주 제	교통기관	소주제	즐거운 교통생활 (교통안전 규칙 알아보기)
목 표	편리하고 안전하게 교통 기관을 이용한다.		
시간 및 구분	활동 계획 및 방법	준비물 및 유의점	실행 및 평가
7:30~9:00 등원 및 통합보육	• 통합 보육실에서 자유놀이하기 • 엄마 아빠와 인사하고 헤어지기	투약의뢰서 일일연락장	
9:00~9:15 오전간식	• 사과, 우유 (→ 배, 우유) • 음식 남기지 않고 다 먹기		
9:15~10:45 오전자유 선택활동	[쌓기] 공간 블록 이용하여 승용차 만들기 – 승용차를 타 본 경험을 이야기 나눈다. – 승용차의 구조에 대해 이야기 나눈다.	공간블록, 핸들, 승용자동차, 벽면 게시물	[쌓기] 공간 블록 이용하여 승용차 만들기 – 몇몇 유아가 승용자동차 벽면 게시물에 관심을 가짐, 대부분의 유아가 승용차를 타고 가족여행을 다녀온 경험이 있었기 때문에 승용차에 관한 이야기 나누기 전개가 원만히 진행됨(내용 적절성 평가) – 남아 3~4명이 공간블록으로 승용차의 외관과 내부의 의자를 만들었고, 승용차 내부에 백미러가 있어야 한다는 의견이 제기되어 미술영역에서 상자곽을 이용하여 백미러를 만들어 놀이에 첨가함. 이는 친구와 함께 놀이에 필요한 소품을 생각해 보고 서로 협력하여 만들어서 놀이에 사용함으로써 친구들과 함께 행동하면서 협동하며 놀이하는 기쁨과 공동체 의식을 체험하는 기회가 됨(<u>누리과정 세부내용에 근거한 목표달성 분석평가</u>)
	[역할] 비행기 타고 여행을 가요 (→ 승용차 타고 가족여행 가기) – 비행기를 타고 가고 싶은 곳을 이야기 나눈다. – 비행기 놀이에 필요한 것을 이야기 나눈다. – 필요한 역할을 정하여 놀이한다.	의자, 승무원 의상 등	[역할] 쌓기영역에서 승용차를 만들어서 가족여행 놀이로 연계하여 진행되었기 때문에 '비행기 타고 여행을 가요' 놀이는 진행되지 않음(<u>계획과 실행의 차이 기록</u>)

(계속)

9:15~10:45 오전자유 선택활동	[요리] 바퀴모양 샌드위치 - 바퀴모양 샌드위치를 만드는 방법에 대해서 이야기 나눈다. - 요리할 때 주의사항을 알아본다. - 요리한 후 맛본다.	식빵, 잼, 바나나, 요리순서도, 빵칼, 밀대, 꼬치	[요리] 바퀴모양 샌드위치 - 빵의 테두리를 자를 때 매끄럽게 잘라 내는 것에 대부분의 유아들이 시간이 많이 소요됨. 사전에 빵에 외곽선을 잘라 놓으면 활동 진행이 순조로울 것이므로 내일부터는 재료를 준비할 때 미리 빵의 테두리를 잘라 놓을 필요가 있음(향후 활동 진행에 반영 및 수정 사항 평가)
	[음률] 자동차는 바빠요 - 노래를 듣는다. - '자동차는 바빠요' 플래시를 감상한다. - 노래를 불러본다.	'자동차는 바빠요' 플래시, 노래 음원	
			[수] 자동차 번호판 - 지난주에 이어 지속된 활동으로 유아들은 자동차 그림에 각자 가정에서 소유한 자동차의 번호를 기억하고 기록하는 것에 관심을 갖고, 몇몇의 유아들은 서로의 번호판을 비교해 보기도 함으로써 수가 생활 속에서 유용하게 사용되고 있음을 알게 됨(당일 새로 소개된 활동은 아니지만 지난 주에 이어 지속적으로 진행되는 활동에 관한 평가)
10:45~10:55 정리정돈	• 가지고 놀던 놀잇감을 제자리에 정리한 후 화장실 다녀오기		

출처: 보건복지부 · 중앙보육정보센터(2013c), pp. 150-151.

5 유아반 보육교사의 역할

유아반 보육교사의 역할은 유아가 안전하게 생활할 수 있도록 환경을 구성해 줌과 동시에 학습을 돕는 조력자, 지원자, 의사 결정자, 유아의 성장과 발달을 진단하고 평가하는 평가자의 역할을 수행해야 한다. 아울러 가족과의 긍정적인 관계 형성을 통해 유아의 발달을 지원해야 한다. 유아반 보육교사의 역할을 살펴보면 〈표 8-18〉과 같다.

표 8-18 유아반 보육교사의 역할

역할	내용
계획과 준비	• 일일 보육계획 작성 • 안전하고 교육적인 환경 구성과 제공 • 관심과 흥미 유발, 놀이를 촉진하는 분위기 제공
일상생활 지도	• 기본생활습관 지도 • 갈등 중재와 관리
놀이 지원	• 놀이에 관심 보이기 • 칭찬하거나 격려해 주기 • 자료와 아이디어 제공하기 • 놀이에 참여하기 • 결과물을 전시하거나 사진 찍어 주기 • 공동협의하기 • 질문하기 • 흥미 유도하기 • 놀이 지도하고 지원하기 • 놀이에 개입하기
대 · 소집단 활동의 운영	• 다양한 유형의 대 · 소집단활동을 운영 • 활동에 따른 교수 전략과 적절한 상호작용
관찰과 평가	• 유아를 관찰 · 기록하고 평가 • 자신의 보육계획을 점검하고 기록 평가

Management of
Kindergarten and
Child Care Center

제9장

건강 · 영양관리

1. 유치원의 건강 · 영양관리

2. 어린이집의 건강 · 영양관리

　　성장기에 있는 영유아를 교육하는 기관의 운영관리 중에서 건강과 영양은 가장 우선시되고 강조되어야 할 영역이다. 따라서 유치원과 어린이집에서는 영유아의 발달을 돕는 균형 잡힌 급식·간식 제공과 위생적인 환경과 예방접종 및 감염병 관리 등을 통해 영유아가 건강하게 생활할 수 있도록 노력해야 한다.

　　이 장에서는 유치원과 어린이집의 건강 및 영양관리 방법과 실제에 대하여 살펴보고자 한다.

1. 유치원의 건강·영양관리

1) 유치원의 건강관리

　　유아가 건강하게 생활하도록 하기 위해서 유치원은 유아의 건강관리를 비롯해 유아와 함께 생활하는 모든 구성원과 환경에 대한 관리를 해야 한다. 유아가 입학하기 전의 생육사와 건강기록에 대해 부모로부터 정보를 얻어 유치원 생활을 준비하는 것에서부터 시작하여 입학 후 다른 유아들과 교사를 포함한 성인들과의 건강한 생활을 위해 계획을 세워 관리를 해야 한다.「유아교육법」제17조에 유치원에서 이루어져야 할 건강검진과 급식 그리고 응급조치에 관해 제시되어 있다. 이와 같이 법적으로 정해 놓은 것은 유아의 건강관리의 중요성을 말해 주고 있다.

(1) 유아 건강관리
❶ 건강검진
가. 의의 및 결과 처리
　　영유아 건강검진이「유아교육법」과「건강검진기본법」등에 의해 이루어지고 있다. 영유아 건강검진은 성장단계별로 적정한 시기에 특성에 맞는 검진을 통해 유아의 건강증진을 도모하고 미래의 건강한 인적자원으로의 성장을 지원하기 위하여 실시하는 제도다.

「유아교육법」 제17조에 따르면, 원장은 교육하고 있는 유아에 대하여 건강검진을 1년에 한 번 이상 실시하고, 그 결과 치료가 필요한 유아에게는 보호자와 협의하여 필요한 조치를 하여야 한다. 단, 보호자가 별도의 검진결과 통보서를 제출한 경우 생략이 가능하다. 건강검진의 실시시기 및 그 결과처리에 관한 사항은 교육부령으로 정하는 것으로 되어 있다. 또한 원장은 제14조에 따른 유치원생활기록 및 제17조에 따른 건강검진에 관한 자료를 해당 유아의 보호자 동의 없이 제3자에게 제공해서는 안 된다. 다만, 유치원에 대한 감독·검사의 권한을 가진 행정기관이 그 업무를 처리하기 위하여 필요한 경우, 통계 작성 및 학술연구 등의 목적을 위한 경우로서 특정 개인을 식별할 수 없는 형태로 제공하는 경우, 범죄의 수사와 공소의 제기 및 유지에 필요한 경우, 법원의 재판 업무 수행을 위하여 필요한 경우, 그 밖에 관계 법률에 따라 제공하는 경우에는 제공할 수 있다.

「건강검진기본법」 등에 따르면, 국민건강보험공단 주관하에 4개월부터 만 6세 미만(71개월)까지의 아동에 대하여 총 10회(일반검진 7회, 구강검진 3회)에 걸쳐 건강검진을 지원하도록 규정하고 있다.

나. 건강검진 안내

영유아 건강검진 안내를 보면 연중 검사를 받을 수 있으며, 검진 비용은 무료다. 검진 방법은 국민건강보험공단에서 배부한 검진표를 소지하고, 붙임 문진표를 미리 작성하여 검진기관에 제출한다. 검진 항목은 일반검진, 구강검진에 따라 다르다. 일반검진은 문진 및 진찰, 신체계측, 건강교육, 발달평가다. 구강검진은 구강문진 및 진찰, 구강보건교육이다.

표 9-1 영유아 건강검진 검진 항목

검진 항목		1차 4개월 (0일부터 6개월)	2차 9개월 (0일부터 12개월)	3차 18개월 (0일부터 24개월)	4차 30개월 (0일부터 48개월)	5차 42개월 (0일부터 48개월)	6차 54개월 (0일부터 60개월)	7차 66개월 (0일부터 71개월)
문진 및 진찰		●	●	●	●	●	●	●
신체계측		●	●	●	●	●	●	●
발달평가 및 상담			●	●	●	●	●	●
건강 교육	안전사고 예방	●	●	●	●	●	●	●
	영양	●	●	●	●	●	●	●
	차수별 교육	수면	구강	대소변 가리기	정서와 사회성	개인위생	취학 준비	간접흡연 예방
구강검진				●		●	●	
국가필수 예방접종 항목		BCG, DTP, B형간염, 뇌수막염, 폴리오	MMR 1차, DTP 4차, 수두, 뇌수막염 4차, 일본뇌염 1~2차		일본뇌염 3차	MMR 2차, DTP 5차, 폴리오 4차		

출처: 국민건강보험공단 대전지역본부(2014). 2014년 영유아 건강검진 안내문.

② 응급처치

「유아교육법」 제17조3에 따르면 원장(원장 직무 대행하는 사람을 포함)은 보호하는 유아에게 질병 · 사고나 재해 등으로 인하여 위급한 상태가 발생한 경우 즉시 해당 유아를 「응급의료에 관한 법률」 제2조에 따라 응급의료기관에 이송하여야 한다. 따라서 유치원은 유아의 응급사태에 대비하여 학부모의 동의를 얻어 학부모 연락처 외에 비상연락처를 1개 이상 알고 있는 것이 좋다.

❸ 건강관리 평가지표

유아가 생활하는 유치원의 물리적 환경을 청결하게 유지하는 것이 중요하다. 유아가 사용하는 교실, 화장실, 복도 등 매일 청소하며 놀잇감은 한 달에 한 번 정도 스팀살균세척기를 이용하여 세척하며, 카펫은 한 학기에 한 번 정도 세탁하는 것이 좋다.

유치원의 시설 · 설비에 대한 방역은 방역업체에 의뢰하여 하절기에는 2개월에 1회, 동절기에는 3개월에 1회 실시하여 유치원이 소재한 지역 구청 환경위생과에 보고하여야 한다.

제3주기 유치원 평가지표에도 유아의 건강관리 및 지도가 평가 항목 중 하나로 되어 있어서, 지도를 적절히 하고 있는지를 평가한다.

(2) 교직원 건강관리

❶ 신체적 건강

유아와 함께 생활하는 교직원의 건강은 유아의 건강에 영향을 미치기 때문에 중요하다. 유치원 교사로 교육청에 임용 보고할 때 공무원채용신체검사가 필요할 뿐만 아니라 2년마다 정기적으로 이루어지는 국민건강보험공단에서 하는 건강검진에도 교직원 전체가 참여하여야 한다. 개인적으로 발병할 경우 유아에게 영향을 주지 않도록 발병 즉시 병원의 진단과 치료를 받도록 한다. 유아에게 발병한 질병이 교사에게 전염이 될 수 있으므로 손 씻기 등 위생적인 생활습관이 되어야 한다.

급식 · 간식을 조리하는 조리사는 특히 건강에 유의하여야 한다. 조리할 때 병균이 음식물에 들어가지 않도록 신체적 부상이 없도록 주의하고, 부상이 있을 경우 조리를 하지 않는 것이 좋다. 조리와 음식물 취급 시 지역 보건소에서 알려 주는 식중독 예방지수를 참조한다.

❷ 정신적 건강

유아를 교육하는 교사는 직업으로 인한 스트레스를 받을 수 있다. 계속 스트레스가 쌓이면 정신적으로 힘들어지고 유아에게 좋지 않은 영향을 주게 된다. 그러므로 교사는 자기에게 적합한 방법으로 스트레스를 풀 수 있도록 해야 한다. 원장이나 원감은 교사들의 정신적 피로를 해소해 줄 수 있는 환경을 마련해 주도록 한다.

(3) 교육활동에 있어서의 건강관리

유치원에서 교육활동은 유아의 발달 수준에 적합한 시간표 운영과 활동량이어야 한다. 그리고 교육환경이 적절해야 한다. 누리과정에서는 바깥놀이가 하루에 1시간 이루어지도록 제시하고 있다. 계절에 따라 바깥놀이를 할 때 날씨, 기온, 황사, 미세먼지 등을 고려해야 한다. 최근 중국 북부 내륙 지역의 사막화 영향으로 우리나라는 2000년대 들어 황사 발생 일수 및 농도가 증가하고 있다. 서울을 기준으로 볼 때 1980년대에는 황사 발생 일수가 3. 9일이었으나 2010년에는 15일이나 되었다. 황사는 여러 가지 질환을 발생하게 하고 건강에 피해를 주므로 황사로 인한 피해를 받지 않도록 바깥놀이 활동을 할 때 또는 등하교를 할 때 주의해야 한다. 유치원에서는 유아와 학부모를 대상으로 황사에 대응할 수 있는 요령 등을 가정통신문 발송, 유치원 홈페이지에 탑재, 학부모 연수 등을 통해 홍보하고 교육하여 유아의 건강을 지키도록 해야 한다. 황사로 인해 발생할 수 있는 질환과 대처 방법을 살펴보면 〈표 9-2〉와 같다.

미세먼지도 인체에 나쁜 영향을 주므로 유아의 활동 시 미세먼지 농도를 고려하여 활동하여야 한다. 미세먼지는 먼지 핵에 여러 종류의 오염물질이 엉겨 붙어 구성된 것이며, 입자가 작을수록 유해하다. 입자가 미세할수록 코 점막을 통해 걸러지지 않고 흡입 시 폐포까지 직접 침투하여 천식이나 폐질환을 유발할 수 있으며 조기 사망률을 증가시킬 수 있다. 미세먼지 예보 내용이 '약간 나쁨' 이상이거나 실시간 농도(민감군 영향 등급 이상)가 높은 경우 대기오염 취약계층(노약자, 어린이, 호흡기질환자, 심폐질환자 등)의 경우 가급적 외출 시간을 줄이고, 외출 시에는 마스크(황사마스크 인증상품)를 착용한다. 유아는 대기오염에 더 취약하기 때문에 유치원에서는 실외 체육보다는 실내 운동으로 대체하는 것이 좋다. 미세먼지 농도가 좋거나 보통일 때 바깥놀이를 해도 괜찮지만 약간 나쁨일 때는 가급적 하지 않도록 한다. 나쁨이나 매우 나쁨일 때는 실내에서 생활하는 것이 좋다. 유치원은 바깥놀이를 하기 전에 미세농도 등급을 에어코리아(www.airkorea.or.kr)에서 동네별 실시간 오염도 확인을 하는 것이 좋다.

미세먼지 농도가 높을 때 다음과 같은 생활수칙을 지키도록 하며, 가정에도 홍보를 하여 유아의 건강관리가 이루어지도록 한다.

표 9-2 황사로 인해 발생 가능한 질환 및 대처 방법 교육

질환별	주 증상	대처 방법
호흡기질환 (기관지염, 천식 등)	• 호흡곤란 • 목의 통증 • 기관지, 기도점막의 염증 • 기침 등	• 천식환자는 황사가 심할 때는 가급적 외출을 자제 • 창문 등을 닫아 외부 공기 유입을 차단 • 공기정화기와 가습기로 실내 공기를 정화시키고 습도를 조절 • 물을 많이 섭취
안질환 (알레르기성 결막염)	• 눈의 가려움증 • 눈물이 남 • 눈이 빨갛게 충혈됨 • 눈에 뭔가 들어간 것 같은 이물감과 통증 • 눈을 비비면 끈끈한 분비물이 나옴	• 부득이 외출해야 할 경우 보호안경을 끼고 콘택트렌즈의 착용은 자제 • 귀가 후에는 미지근한 물로 눈을 깨끗이 세척 • 소금물은 눈을 자극하므로 삼가 • 결막염 초기 증세가 의심되면 깨끗한 찬물에 눈을 대고 깜빡거리거나 얼음찜질을 해 주면 증상을 완화시킬 수 있음
이비인후과 질환 (알레르기 비염)	• 재채기가 계속됨 • 맑은 콧물이 흐름 • 코 막힘 등	• 외출 시 마스크를 착용 • 귀가 후에는 미지근한 물로 콧속을 세척
피부질환	• 피부의 가려움증 • 두드러기 등	• 외출 시에 황사에 노출되지 않도록 긴소매 옷을 착용 • 귀가 후에는 반드시 손과 발 등을 깨끗이 세척 • 피부에 로션 등을 발라 흙먼지가 직접 피부에 닿지 않도록 주의

출처: 인천광역시 남부교육지원청(2014). '황사 · 미세먼지 대비 예방 · 대응' 공문서 붙임자료.

표 9-3 부문별 생활수칙

가정 및 식품 취급 장소	• 노약자, 호흡기 질환자 등은 실외활동 자제 • 창문을 닫고 가급적 외출 최소화 • 노출된 채소, 과일 등 농수산물은 충분히 세척 후 섭취 • 식품제조 · 가동, 조리 시 철저한 손 씻기 • 기계 · 기구류 세척 등 위생관리 2차 오염 방지
학교 등 교육기관	• 유치원과 초등학교의 실외활동 자제 • 대기오염예보를 고려해 실내체육으로 대체 • 천식, 아토피질환 학생 위생 점검 • (필요시) 상비약 비치 • 외출 시에는 보호안경, 마스크 착용 • 천식 등 호흡기 및 심폐질환 학생에 특별 고지 • 창문을 닫고 가급적 실외공기 차단 • 쉬는 시간마다 손 씻기
축산 · 농가 등	• 방목장의 가축은 축사 안으로 대피시켜 노출 최소화 • 비닐하우스, 온실 및 축사의 출입문, 창문 등 닫기 • 야적된 사료용 건초, 볏짚 등은 비닐, 천막 등으로 덮기

출처: 인천광역시 남부교육지원청(2014). '황사 · 미세먼지 대비 예방 · 대응' 공문서 붙임자료.

(4) 시설 · 설비의 요소

유치원에서 생활하는 유아와 교직원의 건강을 위해 시설 · 설비는 무독성, 친환경 소재를 사용하여 설치하도록 한다. 그리고 정기적인 세척, 청소, 세탁이 이루어지도록 계획하여 실시한다. 때로는 계획 전이라도 더럽다고 판단될 때 즉시 청소나 세탁 등을 하여 항상 깨끗한 환경 속에서 유아가 생활할 수 있도록 해야 한다. 공기청정기, 정수기, 유아 휴식 시설, 침구류 등에 대한 정기적 청소가 이루어져야 한다. 그리고 유아가 가정에서 가져오는 약들은 투약의뢰서에 따라 냉장 보관할 약은 약품냉장고에 따로 보관한다.

2) 유치원의 영양관리

유아의 성장 발달은 영양에 영향을 받는다. 적절한 영양은 유아의 성장 발달을 돕지만 영양의 과다와 결핍은 유아의 성장 발달에 해를 주게 된다. 영양의 결핍은 유아의 성장 발달을 저해하며, 영양의 과다는 비만과 소아질병을 초래하여 건강한 신체 발달과 정신적 건강에 해를 주게 된다.

유아 영양관리의 중요성을 들면 다음과 같다(육아정책연구소, 2012).

- 유아식에서 성인식으로 전환하는 시기
- 기호가 형성되면서 새로운 음식을 쉽게 잘 수용하지 못함
- 성장과 활동에 따른 영양소 필요량이 많으나, 한정된 소화 능력으로 인해 간식 필요
- 개인별, 연령별, 발달 정도에 따라 식품 수용 태도와 소화 능력, 성장의 정도에 차이가 있으므로 각 연령층의 특징과 개인의 상황에 맞게 관리

(1) 급식 지도

1 유치원 급식에 관한 규정

유치원 급식에 대한 규정은 「유아교육법」 및 동법 시행령, 「식품위생법」 「감염병의 예방 및 관리에 관한 법률」 「어린이 식생활안전관리 특별법」이 있다.

「유아교육법」 제17조에 따르면 원장은 교육하고 있는 해당 유치원의 유아에게 적합한 급식을 할 수 있다. 「유아교육법 시행규칙」 제3조 별표 1에는 급식 시설 · 설비 기준이 나와 있다. 한 번에 100명 이상의 유아에게 급식을 제공하는 유치원에는 「식품위생법」 제53조에 따라 면허를 받은 영양사 1명을 두어야 한다. 다만, 급식시설과 설비를 갖추고 급식을 하는 2개 이상의 유치원이 인접하여 있는 경우에는 「지방교육자치에 관한 법률 시행령」 제5조에 따라 같은 교육청의 관할 구역에 있는 5개 이내의 유치원은 공동으로 영양사를 둘 수 있다.

[별표 1] 〈개정 2010. 6. 8.〉

급식 시설ㆍ설비 기준(제3조제1항 관련)

1. 조리실
가. 조리실은 교실과 떨어지거나 차단되어 유아의 학습에 지장을 주지 않도록 하되, 식품의 운반과 배식이 편리한 곳에 두어야 한다.

나. 조리실은 작업과정에서 교차오염(交叉汚染)이 발생하지 않도록 벽과 문을 설치하여 전처리실(前處理室), 조리실 및 식기구세척실로 구획한다. 다만, 100명 이상에게 급식을 제공하는 경우로서 이러한 구획이 불가능한 경우와 100명 이하에게 급식을 제공하는 경우에는 교차오염을 방지할 수 있는 다른 조치를 하여야 한다.

다. 조리실의 내부벽, 바닥 및 천장은 내화성(耐火性), 내수성(耐水性) 및 내구성(耐久性)이 있는 재질로 하여, 청소와 소독이 쉽고 화재를 예방할 수 있도록 하여야 한다.

라. 출입구와 창문에는 해충 및 쥐의 침입을 막을 수 있는 방충망 등 적절한 설비를 갖추어야 한다.

마. 조리실 내의 증기와 불쾌한 냄새 등을 빨리 배출할 수 있도록 환기시설을 설치하여야 한다.

바. 조리실의 조명은 220럭스(lx) 이상이 되도록 하여야 한다.

사. 조리실에는 필요한 곳에 손 세척시설이나 손 소독시설을 설치하여 손에 의한 오염을 막아야 한다. 다만, 100명 이상에게 급식을 제공하는 경우에는 손 세척시설과 손 소독시설을 모두 설치하여야 한다.

아. 조리실에는 온도 및 습도 관리를 위하여 적정 용량의 급배기(給排氣) 시설 또는 냉난방 시설 등 적절한 시설을 갖추거나 적절한 조치를 하여야 한다.

2. 설비ㆍ기구
가. 냉장실 또는 냉장고와 냉동고는 식재료의 보관, 냉동 식재료의 해동(解凍), 가열 조리된 식품의 냉각 등에 충분한 용량과 온도(냉장고 5℃ 이하, 냉동고 −18℃ 이하)를 유지하여야 한다.

나. 조리, 배식 등의 작업을 위생적으로 하기 위하여 식품 세척시설, 조리시설, 식기구 세척시설, 식기구 보관장, 덮개가 있는 폐기물 용기 등을 갖추어야 하며, 식품과 접촉하는 부분은 내수성 및 내부식성(耐腐蝕性) 재질로 하여 씻기 쉽고 소독ㆍ살균이 가능하도록 하여야 한다.

다. 식기구를 소독하기 위하여 전기살균소독기 또는 열탕소독시설을 갖추거나 충분히 세척ㆍ소독할 수 있는 세정대(洗淨臺)를 설치하여야 한다.

라. 냉장식품을 검수(檢收)하거나 가열조리 식품의 중심온도를 잴 때 사용할 수 있는 전자식 탐침(探針) 온도계를 갖추어야 한다.

(계속)

　　마. 조리 작업을 하는 곳에 두는 쓰레기통은 뚜껑이 있는 페달식으로 하여 파리와 같은
　　　　해충의 접근을 막아야 한다.

3. 식품 보관실
　　가. 식품 보관실은 환기와 방습(防濕)이 잘되어 식품과 식재료를 위생적으로 보관하기
　　　　에 적합한 곳에 두되, 해충 및 쥐의 침입을 막을 수 있는 방충망 등 적절한 설비를
　　　　갖추어야 한다.
　　나. 식품과 소모품은 별도로 구분된 장소에서 보관하도록 하되, 부득이하게 함께 보관
　　　　할 경우 서로 섞이지 않도록 분리하여 보관하여야 한다.
　　다. 환기시설이나 환기창 등 통풍을 위한 적절한 시설을 갖추거나 적절한 조치를 하여야
　　　　한다.

4. 이 기준에서 정하지 않은 사항에 대해서는 「식품위생법 시행규칙」 제96조 및 별표 25에
　　따른 집단급식소 시설기준에 따른다.

② 급식 식단관리

　유아의 식단은 1일 섭취해야 할 에너지는 1,400kcal이며, 그중 탄수화물은 55~
70%, 단백질은 7~20%, 지질은 15~30%로 각각의 에너지 구성비가 탄수화물, 지
방, 단백질로 구성되는 것이 바람직하다. 점심 1회와 간식 2회 공급을 기준으로
유치원에서 제공하는 급식·간식의 총섭취열량은 약 600kcal(약 10%인 60kcal는
변동 가능) 정도로 구성하는 것이 바람직하다.

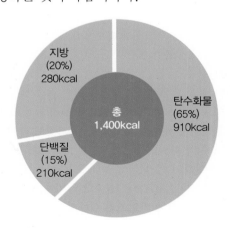

[그림 9-1] 어린이의 에너지 섭취기준

출처: 육아정책연구소(2012), p. 10.

급식 식단 작성의 순서는 다음 그림과 같다.

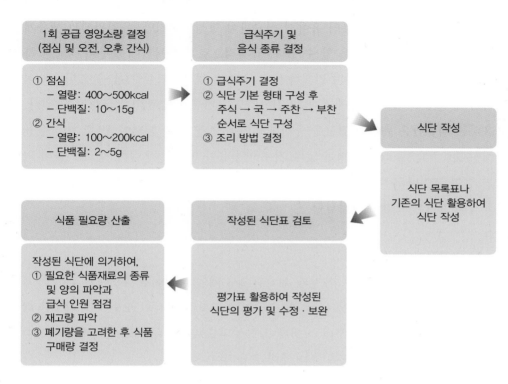

[그림 9-2] 유아를 위한 식단의 작성 과정

출처: 육아정책연구소(2012), p. 17.

Tip! 식단 작성 후 평가 사항

- 영양섭취의 균형을 위하여 다양한 식품군을 골고루 사용하였는가?
- 식품의 구입 가능성과 가격을 고려한 계절 식품을 이용하였는가?
- 각 식단에서 색, 맛, 질감, 형태, 조리 방법, 온도 등의 대비가 이루어졌는가?
- 식단이 완성되기까지 인력, 기구 등의 이용 가능성을 고려하였는가?
- 특정한 식품이나 맛이 너무 자주 반복되지 않는가?
- 작성자의 기호도가 지나치게 반영된 것은 아닌가?
- 유아의 기호도가 반영되었는가?
- 음식을 만들고 배식하는 데 무리가 없는가?
- 식사 지도 내용과 교육과정을 고려하였는가?

(2) 유아 식습관 지도

유치원에서 급식과 간식을 통해 유아에게 식습관 지도를 할 수 있다. 유치원에 입학하기 전에 가정에서부터 유아의 식습관이 형성되었지만, 유치원에서 새롭게 식습관 형성을 위한 교육을 할 수 있다. 규칙적으로 식사시간에 맞추어 적당한 분량의 음식을 잘 씹어 먹으며 편식하지 않고 바른 식사태도를 기를 수 있다. 또 식사하기 전에 손 씻기와 식사 후 양치질하기도 올바른 식습관으로 형성될 수 있다. 올바른 식습관은 유아의 건강을 유지하고 개선할 수 있는 방법이 된다. 처음에 유치원에서 먹는 음식이 가정과 달라 거부하던 유아가 조금씩 식사 지도를 통해 먹는 양이 늘어나고 식사를 친구들과 즐기며 하게 됨으로써 개선되어 갈 때 유치원 교육의 효과와 보람이 나타난다.

1 기본적인 식생활 지도

기본적인 식생활 지도는 가정과 유치원에서 매일 이루어질 수 있다. 유아 개개인의 식생활에 따른 지도를 해야 하는데, 이때 부모나 교사의 모범적인 식생활 태도가 중요하다. 가정에서부터 식생활이 형성되므로 유치원에서 가정과 연계하여 식생활 지도가 이루어지도록 하는 것이 효율적이다.

시간	지도 내용
음식 먹기 전	식사 전에 손 씻기, 식사를 받아 식탁에 놓고 자기 자리에 바르게 앉기, 식사를 준비한 사람에게 감사한 마음 갖기
음식 먹을 때	웃어른이 먼저 식사를 시작한 후 먹기, 수저를 바르게 사용하기, 흘리지 않고 꼭꼭 씹어 먹기, 음식물이 입안에 있을 때 친구와 말하지 않기, 제자리에 앉아서 먹기, 즐거운 마음으로 먹기, 편식하지 않기
음식을 먹은 후	식탁 주변 정리하기, 식기를 정해진 자리에 정리하기, 식사 후 이 닦기

2 편식 습관 지도

좋아하는 식품만 먹고 다른 식품을 거부하는 편식을 하면 고른 영양분 섭취가 불가능하여 발달에 지장이 올 수 있다. 유아는 아직 식품에 대한 기호가 불안정하여 관심 있게 지도하면 편식 습관이 교정될 수 있다. 편식 교정 방법은 다음과 같다.

- 유아가 거부하는 음식은 조금씩 먹여 거부감을 줄인다.
- 거부하는 음식을 강요하지 않으며 같은 재료라도 조리 방법을 달리하여 경험하게 한다.
- 좋아하는 식품에 거부하는 식품을 조금 섞어 조리하여 경험하게 한다.
- 편식이 건강에 나쁘다는 것을 이해시킨다.
- 편식의 문제를 다룬 그림동화, 인형극 등을 이용하여 교육한다.
- 친구들과 같이 어울려서 즐겁게 식사할 수 있는 환경을 만들어 준다.

❸ 식품 알레르기 유아의 식사 지도

유아가 입학하여 유치원 생활을 하기 전에 식품에 대한 알레르기나 질환에 대한 조사를 한다. 식품에 대한 알레르기는 심한 경우 생명을 앗아갈 위험이 있으므로 교사를 비롯한 교직원은 유아의 급식과 간식 지도에 신중을 기해야 한다. 식품 알레르기 질환아에 대한 올바른 식사 지도 방법은 다음과 같다(육아정책연구소, 2012).

- 어떤 식품에 알레르기가 있는지 유치원 등록 전에 조사하여 식단을 계획할 때 이를 고려하거나, 대체식품을 제공하도록 하여야 한다.
- 유아의 경우 집에서 다양한 식품을 경험하지 못했으므로 유치원에서 처음 먹어 보는 식품들이 있다. 그 식품에 대해 처음을 알레르기를 나타낼 수 있으므로 증세 발현 시 정보를 기록하고 부모에게 알린다.
- 급식재료를 상세히 기입한 식단표를 가정에 사전 배포하고, 배식할 때 대상자에 대한 식사 지도가 필요하다.
- 식품 알레르기는 경미한 피부증상부터 심하게는 쇼크까지 다양한 증상을 나타내므로 정확한 진단을 근거로 하여 식사관리가 이루어져야 한다.
- 식품 알레르기 치료는 원인 식품의 섭취를 차단하는 방법이 유일하나 정확한 지식이 없는 상태에서의 과도한 식품 제한은 오히려 영양상태 불량을 야기하여 성장 지연의 위험성을 증가시킨다.
- 식품 제한이 병원에서의 진단에 근거하기보다는 개인적으로 얻은 정보나 신념에 바탕을 둔 경우가 많아 영양부족과 성장 지연에 대한 위험이 더욱 증가시킬 수 있다.

(3) 급식 위생관리

1 종사자 건강

- 「학교급식법 시행규칙」 제6조제1항에 따라 조리실에 출입하여 식품을 취급하는 사람은 6개월에 1회 이상의 건강검진을 실시한다.
- 건강진단결과서를 받은 날짜로부터 6개월 이내에 다시 검사를 실시하여 유효한 건강진단결과서를 발급받아야 한다(시간제나 임시 고용자도 건강진단 결과서가 반드시 필요하므로 구비할 수 있도록 한다. 「식품위생법 시행규칙」 제49조 참조).
- 일반 교사도 유아에게 배식을 실시하므로 건강검진 시 전염성 질환 검사가 포함되어야 한다.
- 작업 전 매일 아침 조리종사자의 건강상태를 확인한다.
- 설사, 발열, 복통, 구토 증상이 있거나 손, 얼굴에 상처가 있는 자, 법정 전염병(콜레라, 이질, 장티푸스 등) 보균자가 있거나 발병한 경우는 완치될 때까지 조리작업에 직접 참여시키지 않으며, 오염 구역에서의 청소작업을 실시하는 등의 업무를 조정해야 한다.
- 손에 상처나 종기가 있는 사람은 식품의 취급을 제한해야 한다.

2 식품 위생관리

식품을 공급업체를 통해 구입하면 검수를 하고 보관하게 된다. 검수가 끝난 식재료는 곧바로 전처리 과정을 거치도록 하되 온도 관리를 요하는 것은 전처리하기 전까지 냉장·냉동 보관한다. 곡류, 식용유, 통조림 등 상온에서 보관 가능한 것을 제외한 육류, 어패류, 채소류 등의 신선식품은 당일 구입하여 당일 사용하는 것을 원칙으로 한다.

상온에서 보관 가능한 식재료는 모든 재료를 전부 사용할 때까지 유통기한 표시가 남아 있어야 한다.

3 보존식

보존식은 식중독 사고에 대비하여 그 원인 규명할 수 있도록 단체급식소에서 제공하는 모든 음식을 검체용으로 냉동 보존해 두는 것을 말한다. 「식품위생법」 제88조에 의해 집단급식소 설치 운영자는 반드시 실시해야 하는 것으로 관리기준을 지키지 않을 때에는 집단급식소 설치 운영자에게 과태료 50만 원이 부과된다. 올바른 보존식 보관 방법은 다음과 같다.

- 스테인리스 재질의 전용용기에 음식 종류별로 각각 100g 이상 독립 보관하며, 완제품 상태로 제공하는 식재료(예: 우유 등)는 원상태(포장상태)로 보관한다.
- 보관장소는 −18℃ 이하의 전용 냉동고(또는 일반 냉동고의 전용칸)
- 보관기간은 144시간(6일)
- 표시할 사항은 채취 일시, 폐기 일시, 채취자, 메뉴명을 기록하여 보존식과 함께 보관

(4) 유치원 영양관리에 대한 평가

3주기 유치원 평가지표에서도 유아의 건강관리 및 지도 항목에 유아의 영양관리와 교육을 실시하고, 식재료를 위생적으로 관리하고 있는지를 평가하고 있다.

1 평가 요소
- 균형 있는 영양을 고려한 다양한 급식 · 간식을 위생적으로 제공하고 있다.
- 유아를 대상으로 식습관 지도를 하고 있다.

2 평가 방법 및 확인 자료
- 서면평가: 유치원교육계획서, 자체평가보고서에 기록된 내용 확인
- 현장평가: 급식 · 간식 식단표 확인, 급식 · 간식 식단표의 공개 여부 확인, 유아 급식 · 간식 식습관 지도 현장 관찰 확인, 급식 · 간식 식재료 보관 및 사용 실태 관찰 확인
- 공시정보: 환경위생(10월 공시)/환경위생관리 현황, 급식(10월 공시)/급식 실시 및 급식신고 발생 · 처리 현황

2. 어린이집의 건강·영양관리

「영유아보육법」 제31~33조와 「영유아보육법 시행규칙」 제33조와 제34조에서는 어린이집에서 지켜야 할 보육의 기본 원칙으로 건강, 영양 및 안전에 관한 내용을 언급하고 있다. 어린이집의 운영관리 영역 중에서 영유아의 건강과 영양, 안전 관리는 가장 우선시되고 강조되어야 할 부분이다. 이 부분에서는 어린이집에서 건강, 영양, 안전 관리를 어떻게 해야 하는지를 보육사업안내에서 규정하고 있는 내용을 근간으로 하여 구체적인 관리 방법과 실제에 대해 살펴보고자 한다.

1) 어린이집의 건강관리

어린이집에서의 건강관리는 영유아의 신체적·정서적 건강을 위한 예방적 서비스를 제공하도록 되어 있다(「영유아보육법 시행규칙」 제33~34조). 원아의 건강관리는 다른 어떤 보육내용 못지않게 중요하기 때문에, 어린이집에서는 영유아의 건강관리에 세심한 주의와 배려를 해야 한다. 이러한 중요성에도 불구하고, 대부분의 어린이집에는 의사나 간호사가 없고 협력병원의 지정에 있어서도 명확한 규정이나 절차, 방법 등을 제시하고 있지 않아 응급상황에 어떻게 대처해야 할지 막연할 때가 많다. 여기서는 원아의 건강관리에 관한 보건복지부 지침(보건복지부, 2014a)을 살펴보고, 구체적인 건강관리 방법 및 실제에 대해 다루고자 한다.

(1) 건강관리에 관한 보육사업안내 지침

❶ 건강관리 및 응급조치

- 원장은 영유아와 보육교직원에 대하여 정기적으로 건강진단을 실시하는 등 건강관리를 하여야 한다.
- 원장은 영유아에 대하여 최초로 보육을 실시한 날로부터 30일 이내에 「감염병의 예방 및 관리에 관한 법률」 제27조에 따라 예방접종증명서 또는 그 밖에 이에 준하는 증명자료를 제출받아 영유아의 예방접종 사실을 확인하고, 예방접종을 받지 않은 영유아에게는 필요한 예방접종을 받도록 보호자를 지도하고, 생활기록부에 예방접종 여부 및 내역에 관한 사항을 기록·관리하여야

한다.

- 원장은 영유아에게 질병, 사고 또는 재해 등으로 인하여 위급 상태가 발생한 경우 즉시 응급기관에 이송하여야 한다. (원장이 법 제31조에 따른 건강검진을 실시하지 않거나 응급조치를 취하지 않은 경우 법 제56조에 따라 과태료를 부과한다.)
- 영유아가 접근할 수 없는 안전한 장소에 응급조치를 위한 비상약품 및 의료기구 등을 비치하여야 한다.
- 원장은 보육아동 또는 보육교직원에게 식중독 및 전염병으로 의심되는 증상 발견 시 즉시 시 · 군 · 구청 보육담당 부서 및 관할 보건소에 신고하여야 한다.

② 건강검진 및 관리

- 건강검진 횟수: 어린이집의 모든 영유아는 건강검진을 연 1회 이상 실시하여야 한다. 단, 영유아건강검진이나 보호자가 별도로 건강검진을 실시한 경우에는 검사결과 통보서로 갈음할 수 있다.
- 검진기관: 원장은 「건강검진기본법」에 의해 영유아건강검진 기관으로 지정된 의료기관(보건소, 의원, 병원, 종합병원) 등에 방문하여 검진을 받도록 영유아건강검진에 관한 내용을 부모에게 안내하여야 한다. 전염성 질환으로 밝혀지거나 의심되는 영유아는 어린이집으로부터 격리 치료하도록 조치해야 한다.
- 검사 항목: 신체계측(신장, 체중), 청력검사, 구강검사 등 영유아의 발달단계에 따라 필요한 항목을 검사하며, 영유아건강검진 검사 항목에 준한다(〈표 9-1〉 참조).
- 건강검진 결과에 대한 조치: 치료를 요하는 영유아는 보호자와 협의하여 필요한 조치를 하고, 전염성 질환에 감염된 것으로 밝혀지거나 의심되는 영유아는 어린이집으로부터 격리 · 치료하도록 해야 한다.

③ 보육교직원 건강관리

- 신규 채용 시 건강진단을 실시하여야 하며, 공무원채용 신체검사서 양식에 의하여야 한다.
- 보육교직원 및 어린이집에서 함께 거주하는 자는 매년 1회 이상 건강진단을 실시하여야 한다.

- 건강진단 결과 전염성 질환으로 판명된 자는 완치 시까지 영유아보육을 할 수 없다(휴직 등 조치).

4 위생관리

- 조리실, 화장실, 침구, 놀잇감 등에 대하여 정기적으로 소독을 실시하여야 한다.
- 부패되기 쉬운 음식물은 관리를 철저하게 하여야 한다.

  ※ 냉장고 여유 공간을 확보하여야 하며, 냉장고 내 음식물류에 대한 사전검사 및 유통기한 경과 유무 등에 유의하여야 한다.

- 연면적 430m² 이상의 국공립, 법인, 직장, 민간어린이집은 실내공기질 유지 기준을 준수하고 실내공기질을 측정하고 결과를 보존해야 한다.
- 보육교직원은 영유아의 위생에 영향을 미치는 다음 사항들에 대해 수시로 점검해야 한다.
  - 영유아의 감기 독감, 홍역 등 유행성 피부질환 감염 여부
  - 영유아의 피부, 머리, 손·발톱, 치아 상태
  - 교직원의 의복 청결상태 및 피부 상처 여부 등 업무 전후 위생 상태
  - 보육실, 교재·교구실, 조리실, 놀이터 등 어린이집 청소 상태
  - 침구 및 기저귀 등의 위생 상태
  - 욕실, 화장실, 세면도구 등의 청결 및 위생 상태

(2) 건강관리의 실제

1 원아의 병력 조사

- 신체적 특성: 이유 시기, 수면 습관, 대소변 훈련 시기, 예방접종 상황, 수술 경험, 사고, 질병에 대한 민감도, 코피를 자주 흘리는가의 여부, 알레르기가 있는가의 여부, 특별한 약에 대한 반응 등
- 심리적 특성: 가족의 질병, 죽음, 사고, 이혼 등 유아가 심리적 충격을 받은 경험이 있는지의 여부와 그때의 반응 등

2 원아 신체검사

- 18개월 미만 영아의 경우는 2개월마다, 그 이상의 영유아의 경우는 6개월마

다 간단하게 키와 몸무게를 측정하여 생활기록부에 기록한다.

(3) 양호실 및 구급약 비치

1 양호실

통풍과 채광이 잘되는 1층이 적합하다. 침대와 약장 등이 구비되어야 한다. 양호실이 별도로 없는 경우에는 사무실이나 보육실과 겸할 수 있다.

2 구급약

구 분	종 류
외상 처치용 재료	붕대(대, 중, 소), 탄력붕대, 탈지면, 반창고, 일회용 밴드, 거즈, 생리식염수, 소독용 가위, 소독용 집게, 면봉, 온도계 등
외용약 (피부에 바르는 약)	소독약(암모니아수, 알코올, 과산화수소수, 요오드액), 소염진통제(안티프라민, 물파스), 글리세린 등
내복약 (먹는 약)	소화제(훼스탈, 활명수, 백초시럽 등), 진통제(아스피린, 소아용 타이레놀, 브루펜시럽 등), 해열제(판피린, 아스피린, 브루펜시럽 등), 진해거담제(코푸시럽, 암브로콜시럽, 코리투살시럽 등), 항생제 등

3 약품 보관법

- 약은 영유아의 손이 닿지 않는 곳에 보관한다.
- 가루약이나 알약, 캡슐은 햇빛이 드는 곳을 피하고, 습기제거제와 함께 약상자에 넣어 보관하면 좋다.
- 냉장 보관이라고 지정되어 있는 것은 물론 시럽 등 상하기 쉬운 것, 좌약처럼 녹기 쉬운 것은 냉장고에 보관한다.
- 유효기간을 지킨다.

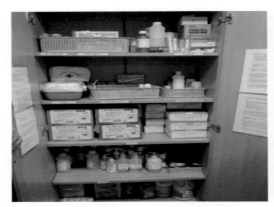

: 약품보관장

: 약품상자

4 협력병원의 지정 및 비상연락망 작성

● 어린이집과 가까운 병원의 위치, 진료시간, 점심시간, 전화번호, 진료시간 외의 진료 여부 등을 비상연락망에 기록하여 두는 것이 좋다.

● 협력병원을 지정할 경우 부모교육 시간에 협력병원에 대해 소개를 하고 부모교육에 의사나 간호사를 초청하여 참여시킬 경우 병원 홍보 효과도 꾀할 수 있다.

5 투약 의뢰 및 투약 방법

● 투약을 의뢰하는 부모는 양호실이나 현관에 비치된 투약의뢰서(〈표 9-4〉 참조)에 필수기재 사항인 투약하는 약의 종류, 용량, 횟수 및 시간, 의뢰자를 기록하고 사인을 한다.

● 기록한 투약의뢰서와 약을 담임교사나 양호교사에게 인계한다.

● 투약을 하고 난 후에는 담당 교사가 반드시 투약보고서(〈표 9-5〉 참조)를 2부 작성하여, 1부는 부모에게 보내고, 1부는 어린이집에 보관한다.

● 등원 시 약을 가져오지 않고 등원 후 영유아가 아프다고 할 경우에는 어린이집에 있는 약을 투약해도 되는지 여부를 반드시 부모와 통화한 후 투약하고, 투약일지(〈표 9-6〉 참조)에 투약 내용을 기록한다.

표 9-4 투약의뢰서 양식 예시

투 약 의 뢰 서

금일 본 자녀의 투약에 대해 어린이집 선생님께 의뢰합니다.

반　명	
어린이 이름	
증　상	
약의 종류 및 용량	
투약 시간 및 횟수	

년　월　일

의뢰자　　　　　(인)

단, 투약으로 인한 책임은 의뢰자가 집니다.

표 9-5 투약보고서 양식 예시

투 약 보 고 서

금일 본원의 원아(   )에 대해 다음과 같이 투약하였음을 보고합니다.

투약 시간	투약 종류 및 용량	투약자
비고		

년   월   일

담당교사　　　　(인)

○ ○ ○ 어린이집

표 9-6 투약일지 양식 예시

월/일	원아명	보호자명	보호자 연락처 및 통화 시간	증 세	투약 종류	용량	처치 교사

2) 어린이집의 영양관리

어린이집 영양관리의 목적은 충분하고 균형 있는 영양 공급 및 바른 식습관 지도에 있다(「영유아보육법」 제33조). 하루의 대부분을 어린이집에서 보내야 하는 영유아에 대해 충분한 영양 공급이 이루어지지 않을 경우, 신체적 · 정신적 성장 발달에 영향을 미칠 수 있다. 그럼에도 불구하고 어린이집이 재정적으로 여유 있게 운영되지 못할 경우 급식비를 줄이는 경우도 발생할 수 있다. 따라서 정해진 재정 한도에서 어떻게 하면 충분한 영양 공급이 이루어지는 식단을 제공할 수 있을지 연구해 볼 필요가 있다. 어린이집 재무회계 규칙에서는 영유아 1인당 최소 하루에 1,745원 이상, 누리과정을 운영하는 반은 2,000원 이상을 지출하도록 규정하고 있다(보건복지부, 2014a). 또한 급식의 제공 이외에도 올바른 식습관 지도가 함께 이루어져야 할 것이다.

(1) 영유아 급식에 관한 보육사업안내 지침
1 급식

● 정상적인 발달에 필요한 영양을 충분히 섭취할 수 있도록 영양사가 작성한 식단에 의하여 공급하되, 영유아 100인 미만을 보육하는 어린이집의 경우에는 인근 육아종합지원센터, 보건소 및 영양 관련 전문단체의 영양사의 지도를 받아 식단을 작성할 수 있다.

● 급식은 어린이집에서 직접 조리하여 공급하는 것을 원칙으로 한다. 기관 내에서 조리가 불가능할 경우 그 사유와 대안을 마련하여 시장 · 군수 · 구청장의 승인을 얻어야 한다.

● 상시 50인 이상에게 식사를 제공하는 어린이집은 「식품위생법」에 의거 시 · 군 · 구청 위생 관련 부서에 집단급식소로 신고 · 운영하고, 조리사 자격증 소지자를 배치하여야 한다. 집단급식소로 신고 · 운영하는 어린이집은 식단표 작성 시 「농수산물의 원산지 표시에 관한 법률」에 의해 대상 품목의 원산지를 기재하여 공개해야 한다.

● 모든 어린이집은 영유아의 건강 · 안전 및 소비자의 알 권리 확보를 위해 농수산물이나 그 가공품(쇠고기, 돼지고기, 닭고기, 오리고기, 쌀, 배추김치)을 조리

하여 제공하는 경우 식단표에 원산지를 기재하여 공개해야 한다.
- 조리실은 항상 청결을 유지하고 정기적으로 식기 및 조리 기구를 소독하며, 매일 위생 점검을 실시하는 등 위생관리를 철저히 하여야 한다.
- 식중독 사고 발생 시 역학조사를 위해 영유아에게 제공한 급식 · 간식 샘플을 보존식 용기에 넣어 일주일간 보존한다.

② 영양사

동일 시 · 군 · 구 내의 어린이집의 경우에는 공동으로 영양사를 둘 수 있으며, 육아종합지원센터에 두는 영양사 등의 서비스를 받을 때까지는 영양사가 작성한 식단을 이용하는 것도 가능하다. 영유아 100인 이상을 보육하는 어린이집의 경우에는 영양사 1인을 두어야 한다.

③ 기타

특별한 음식을 필요로 하는 영유아에게는 그 부모나 보호자의 의사를 반영하여 음식을 제공하여야 한다.

(2) 식단의 계획

- 종일반 운영을 원칙으로 할 경우 오전 간식, 점심, 오후 간식을 제공한다.
- 주간, 월별, 계절별 식단표를 구성하되, 어린이집에 따라 편리한 방법을 택한다. 계획했던 물품을 공급받기 어려울 것을 대비하여 가능하면 1주 단위, 혹은 1개월 단위의 식단표가 적합하다.
- 오전 간식은 조리 시간이 짧거나 간편하면서도 포만감이 적은 종류가 적합하다.
- 오후 간식은 조리사(취사부)가 직접 조리하거나 어느 정도의 포만감이 있는 종류가 좋다.
- 점심 식단은 밥, 국(또는 찌개), 김치, 반찬 1(단백질이 주가 된 반찬), 반찬 2(채소류가 주가 된 반찬) 등으로 구성하는 것이 좋다.
- 육아종합지원센터 등의 영양사가 제공하는 식단을 활용하되, 어린이집의 조리사(취사부) 여건과 재정 등을 고려하여 수정 · 보완해야 할 경우가 많다.

- 인스턴트식품을 최대한 배제하고 재료를 구입하여 요리하는 것이 비용 절감, 영양, 맛 등에 있어 보다 효율적이다.
- 하루 중의 간식 2번과 점심에 나오는 음식(재료)의 종류와 조리 방법이 중복되지 않도록 식단을 계획한다.
- 영유아의 연령을 고려하여 재료의 크기, 매운 정도 등을 조절한다.
- 영유아가 좋아하지 않는 채소를 다양한 방법으로 조리해 줌으로써 영양을 골고루 섭취할 수 있도록 배려한다.
- 일주일에 1~2회 정도 일품요리를 제공하고, 토요일에는 면류를 제공하여 식단의 변화를 꾀하는 것이 좋다.

(3) 식품의 구입

- 미리 계획된 식단표에 따라 일별, 주별, 월별로 구입할 물품 목록을 정하여 일괄 구입한다.
- 식품의 종류, 저장 장소, 유통기한, 필요량 등을 고려하여 낭비를 줄인다.

(4) 급식 시 고려 사항

- 영유아의 식사량을 고려하여 처음부터 많이 주지 않는 것이 좋다. 다 먹고 나면 더 먹고 싶은지 물어보고 더 먹고 싶다고 할 때 더 주는 것이 불필요한 음식 낭비를 줄일 수 있다.
- 영유아가 좋아하는 음식과 싫어하는 음식을 잘 파악했다가 조리 방법이나 재료를 바꾸어 준다.
- 명절이나 생일, 특별행사 때에는 특별 식단을 계획함으로써 즐거움을 제공하는 것도 좋다.

(5) 식습관 지도

- 음식에 대한 미각과 호기심을 고려하여 즐거운 식사가 되도록 배려한다.
- 음식의 소중함을 알고 감사하는 마음을 갖도록 한다.
- 식사 전에는 손을 비누로 깨끗이 씻는 습관을 길러 준다.
- 음식을 흘리지 않도록 하되, 흘린 음식을 주워 먹지 않도록 한다.

- 먹고 난 후에는 자신이 사용한 식기와 수저를 스스로 치우도록 지도한다.
- 식사 중 자세를 바르게 하고, 자리를 뜨지 않도록 지도한다.
- 편식이나 결식을 지도할 수 있는 홍미 있는 방법을 강구한다.

최근 일부 어린이집을 중심으로 유기농 먹거리에 관심이 커지면서 유기농 물품을 구입하는 곳이 늘고 있다. 처음부터 모든 식단을 유기농 물품으로 대체하기 어렵다면, 일부분부터 시작하여 점차 늘려 가는 방법도 좋다. 유기농 먹거리의 사용은 어린이집이 질적으로 발전할 수 있는 하나의 중요한 방법이 될 수 있으리라 본다.

제**10**장 안전관리

1. 유치원 안전관리

2. 어린이집 안전관리

영유아를 교육하는 기관에서는 다른 무엇보다도 영유아의 안전관리를 우선에 두어야 한다. 영유아가 스스로 본인의 안전을 돌볼 수 있도록 안전교육 계획을 수립하여 실행하고, 기관의 실내·실외 환경에서 안전을 위협하는 요인을 점검하고 관리하여 안전사고를 예방하는 노력을 기울여야만 한다. 이 장에서는 유치원과 어린이집에서의 안전관리 방법과 실제에 관하여 살펴보고자 한다.

1. 유치원 안전관리

1) 유치원 안전교육

유치원에서 발생하는 안전사고를 예방하고 안전한 유치원 생활이 되기 위해 안전을 위한 관리가 필요하다.

(1) 안전교육 관련 법령
1 아동복지법

제31조(아동의 안전에 대한 교육) ① 아동복지시설의 장, 「영유아보육법」에 따른 어린이집의 원장, 「유아교육법」에 따른 유치원의 원장 및 「초·중등교육법」에 따른 학교의 장은 교육대상 아동의 연령을 고려하여 대통령령으로 정하는 바에 따라 매년 다음 각 호의 사항에 관한 교육계획을 수립하여 교육을 실시하여야 한다.

  1. 성폭력 및 아동학대 예방
  2. 실종·유괴의 예방과 방지
  3. 약물의 오남용 예방
  4. 재난대비 안전
  5. 교통안전

② 아동복지시설의 장, 「영유아보육법」에 따른 어린이집의 원장은 제1항에

따른 교육계획 및 교육실시 결과를 관할 시장·군수·구청장에게 매년 1회 보고하여야 한다.

③ 「유아교육법」에 따른 유치원의 원장 및 「초·중등교육법」에 따른 학교의 장은 제1항에 따른 교육계획 및 교육실시 결과를 대통령령으로 정하는 바에 따라 관할 교육감에게 매년 1회 보고하여야 한다.

제75조(과태료) ③ 다음 각 호의 어느 하나에 해당하는 자에게는 300만 원 이하의 과태료를 부과한다.

2. 제31조를 위반하여 교육을 실시하지 아니한 자

② 아동복지법 시행령

제28조(아동의 안전에 대한 교육) ① 아동복지시설의 장, 「영유아보육법」에 따른 어린이집의 원장, 「유아교육법」에 따른 유치원의 원장 및 「초·중등교육법」에 따른 학교의 장은 법 제31조제1항에 따라 교육계획을 수립하여 교육을 실시할 때에는 〈표 10-5〉의 교육기준에 따라야 한다.

② 「유아교육법」에 따른 유치원의 장 및 「초·중등교육법」에 따른 학교의 장은 법 제31조제3항에 따라 제1항에 따른 교육계획 및 교육실시 결과를 매년 3월 말까지 관할 교육감에게 보고하여야 한다.

③ 아동복지시설의 장은 그 아동복지시설에 입소한 아동 중 「영유아보육법」에 따른 어린이집, 「유아교육법」에 따른 유치원 또는 「초·중등교육법」에 따른 학교에서 실시하는 법 제31조제1항 각 호의 사항에 관한 교육을 받은 아동에 대해서는 법 제31조제1항에 따른 교육을 실시하지 아니할 수 있다.

(2) 안전교육활동 계획 및 실천

① 목적

● 안전 체험활동을 통하여 위험한 안전사고 상황에 대처하는 방법을 안다.

● 실제적인 체험활동을 통해 안전의식을 제고한다.

● 안전에 관한 지식의 학습으로 위험한 상황을 미리 예측할 수 있게 한다.

② 방침

- 교통안전교육을 연간 10시간(2개월 1회 이상) 실시한다.
- 실종 · 유괴의 예방 방지 교육을 연간 10시간 이상(3개월 1회 이상) 실시한다.
- 약물 오남용 예방교육을 연간 10시간 이상(3개월 1회 이상) 실시한다.
- 재난 대비 안전교육을 연간 6시간 이상(6개월 1회 이상) 실시한다.
- 성폭력 예방교육을 연간 10시간 이상(6개월 1회 이상) 실시한다.
- 연간 안전교육 계획에 따라 이야기 나누기, 체험활동, 동화, 신체활동 등 다양한 방법으로 안전교육을 실시한다.

③ 세부 실천 내용

표 10-1 유치원 안전교육 세부 실천 내용 예시

월	영역	활동 내용 및 유형			비고
		만 3세	만 4세	만 5세	
3월	교통안전	유치원 버스에서의 약속 (이야기 나누기)	유치원 버스에서 지켜야 할 약속 (이야기 나누기)	안전하게 길을 건너요 (체험놀이장활동)	
	실종 · 유괴	앗! 길을 잃었어요 (동화)	낯선 사람을 따라가지 않아요 (이야기 나누기)	길을 잃을 수 있는 상황 (이야기 나누기)	
	약물 오남용	약은 무엇일까요? (이야기 나누기)	우리는 안전 어린이 (이야기 나누기)	약물이란 무엇일까? (이야기 나누기)	
	재난 대비	소방 대피 훈련을 해요 (신체)	황사바람이 불어요 (신체)	비상대피로를 그려요 (미술)	
	성폭력 예방	나는야! 내 몸 지키미 (이야기 나누기)	내 몸을 살펴보아요 (이야기 나누기)	내 몸을 지키는 소중한 약속(동화)	
4월	교통안전	안전벨트가 있어요 (바깥놀이 활동)	부릉부릉! 버스를 타고 (바깥놀이 활동)	우리동네 교통안전 지도 그리기(미술)	
	실종 · 유괴	길을 잃을 수 있는 상황 (이야기 나누기)	멈추기 생각하기 도와주세요 (음악)	유괴와 유괴범의 개념 (이야기 나누기)	

(계속)

	약물 오남용	약은 무엇일까요? (이야기 나누기)	약을 파는 곳이 있어요 (역할)	약은 어떻게 구입할까? (이야기 나누기)
	재난 대비	모래 바람이 불어와요 (애니메이션 관람)	소방대피훈련 (체험)	나는 황사 박사님! (게임)
	성폭력 예방	좋은 느낌과 싫은 느낌 (이야기 나누기)	난 싫다고 말해요 (동화)	성폭력의 예방 및 대처 방법 1(가까운 사람에 의한 성폭력)
5월	교통안전	안전한 도로 횡단법 (이야기 나누기)	안전하게 등원해요 (신체)	교통안전 송(음악)
	실종 · 유괴	동네에서 길을 잃었을 때는? (이야기 나누기)	길을 잃었어요 (이야기 나누기)	이런 경우 어떻게 해야 할까요? (이야기 나누기, 신체)
	약물 오남용	잘 쓰면 약! 못 쓰면 독 (게임)	약이란 무엇일까요? (이야기 나누기)	의약품의 이로움, 해로움, 부작용 (이야기 나누기, 자유선택활동)
	재난 대비	땅이 흔들려요 (음악)	지진대피훈련 (체험)	소방대피훈련 (체험)
	성폭력 예방	내 몸과 마음은 내 거예요 (동화)	내 몸은 소중해 (음악)	성폭력의 예방 및 대처 방법 2 (낯선 사람에 의한 성폭력)
6월	교통안전	신호대로 움직여요 (신체)	교통안전 지킴이가 될래요 (역할)	어린이 보호장구 사용법 (이야기 나누기, 게임)
	실종 · 유괴	마트에서 길을 잃었을 때는?(이야기 나누기)	혼자 집에 가는 길에 (동극)	잃어버리지 않도록 조심 해요(애니메이션 관람)
	약물 오남용	친구의 약을 먹으면 안 돼요 (이야기 나누기)	우리 몸이 아파요 (이야기 나누기)	내가 사용해 본 약 (이야기 나누기)
	재난 대비	소방대피훈련 (체험)	옷에 불이 붙었을 때 어떻게 해야 할까요? (이야기 나누기)	소방대피훈련 (체험)
	성폭력 예방	도와주세요 (게임)	좋은 느낌과 싫은 느낌 (신체)	좋은 느낌과 싫은 느낌 (자유선택활동)

(계속)

7월·8월	교통안전	카시트와 안전띠의 기능과 중요성 (이야기 나누기)	비 오는 날의 안전 (이야기 나누기)	위험한 술래잡기 (동화, 바깥놀이활동)	
	실종·유괴	유괴 상황에 대해 알아요(이야기 나누기)	우리 가족 전화번호를 알아요(수)	따라가면 안 돼요! (이야기 나누기, 신체)	
	약물 오남용	카페인과 알코올이 든 음료의 해로움 (이야기 나누기)	안전하게 먹어요 (이야기 나누기)	잘 쓰면 약! 못 쓰면 독! (이야기 나누기)	
	재난 대비	소방대피훈련 (체험)	소방대피훈련 (체험)	우르르 쾅쾅 천둥번개 (동시)	
	성폭력 예방	속옷을 입어야 하는 이유(이야기 나누기)	내 몸을 지켜요 (미술)	좋아요! 싫어요! (동시, 미술)	
9월	교통안전	교통공원 현장체험 (현장체험)	교통공원 현장체험 (현장체험)	교통공원 현장체험 (현장체험)	
	실종·유괴	빨간모자 꼭꼭이 (인형극 관람)	빨간모자 꼭꼭이 (인형극 관람)	꼭꼭이 (공연 관람)	
	약물 오남용	치타 아빠의 운동회 이야기(동화)	엄마가 주는 것만 먹어요(이야기 나누기)	약의 유통기한을 확인해요 (이야기 나누기, 게임)	
	재난 대비	더위를 이겨요 (이야기 나누기)	뜨거운 물건 (이야기 나누기)	소화기를 찾아봐요 (이야기 나누기)	
	성폭력 예방	이럴 땐 싫다고 말해요 (동화)	친구도 보여 주면 안 돼요 (이야기 나누기)	도와주세요 (이야기 나누기)	
10월	교통안전	표지판 색칠하기 (미술)	교통안전을 도와줘요 (이야기 나누기)	안전한 교통생활 (이야기 나누기)	
	실종·유괴	쉿! 아무도 없어요 (신체)	싫어요 안 돼요 도와 주세요(이야기 나누기)	해랑이, 해냄이 (동화, 이야기 나누기)	
	약물 오남용	옛날에 먹던 약을 먹으면 안 돼요(이야기 나누기)	먹지 마세요 (이야기 나누기)	안전용기 디자인 (미술)	
	재난 대비	소방대피훈련 (체험)	불이 나는 원인 (이야기 나누기)	소방대피훈련 (체험)	
	성폭력 예방	성교육 체험관 '뭐야' 방문교육(현장체험)	도와주세요! (신체)	우린 모두 소중해 (애니메이션 관람)	

(계속)

11월	교통안전	신호를 지켜요 (신체)	건너가는 길 (음악)	찻길과 건널목 (음악)	
	실종 · 유괴	유괴범은 이렇게 행동해요 (이야기 나누기)	따라가지 않아요 (영상 관람)	헨젤과 그레텔 (동화, 게임)	
	약물 오남용	먹으면 위험해요 (이야기 나누기)	화학제품이 무엇일까요? (이야기 나누기)	중독을 일으킬 수 있어요 (이야기 나누기)	
	재난 대비	소방대피훈련 (체험)	소방대피훈련 (체험)	소방대피훈련 (체험)	
	성폭력 예방	도와주세요 (신체)	소중한 몸을 지켜요 (언어)	이럴 때는 이렇게 해요 (자유선택활동)	
12월	교통안전	날씨의 변화에 따라 교통이 위험해져요 (이야기 나누기)	안전하게 이용해요 (이야기 나누기)	철도 안전하게 이용하기 (이야기 나누기)	
	실종 · 유괴	따라가지 마세요 (음악)	따라가지 마세요 (음악)	따라가지 마세요 (이야기 나누기, 음악)	
	약물오남용	모르는 약은 어른에게 물어봐요(이야기 나누기)	카페인이 있어요 (이야기 나누기)	약은 정해진 약만 먹어요 (동화)	
	재난대비	지진대피훈련 (체험)	지진대피훈련 (체험)	지진대피훈련 (이야기 나누기, 체험)	
	성폭력예방	조심해요 송 (신체)	낯선 사람을 따라가면 안 돼!(동화)	오은이의 꿈 (애니메이션 관람)	
1월 · 2월	교통안전	자전거를 타요 (신체)	자전거를 타요 (신체)	자전거 · 인라인 스케이트를 안전하게 타요 (이야기 나누기)	
	실종 · 유괴	꼭꼭이 실종 예방송 (이야기 나누기, 음악)	마트에서 (동화)	실종 유괴 예방 퀴즈 대회 (게임)	
	약물오남용	만지지도 먹지도 않아요 (게임)	약 함부로 먹지 않기 (이야기 나누기)	친구의 약을 먹으면 안 돼요(동화)	
	재난대비	불을 조심해요 (이야기 나누기, 역할놀이)	눈이 많이 올 땐 어떻게 해야 할까요(이야기나누기)	화재안전 지킴이 (동시)	
	성폭력예방	빨간모자야 노래를 부르렴 (이야기 나누기)	안전지킴이 집이 있어요 (이야기 나누기)	나의 권리와 타인의 권리 (이야기 나누기)	

2) 유치원 안전관리 계획

(1) 목적

● 안전관리를 통하여 유아들의 생활 주변에서 일어날 수 있는 사고의 종류와 행동을 인식하고 예방한다.
● 사고가 일어났을 때 대처 방안을 계획하고 실천한다.

(2) 운영 방법

● 안전사고에 미리 대처하도록 사전 예방점검을 생활화한다.
● 안전관리 업무 분담을 통하여 각자 담당 안전구역을 정비한다.
● 매달 15일에는 소방대피훈련을 실시한다.
● 매월 4일을 안전의 날로 정하여 시설 · 설비 · 환경을 점검한다.
● 일 년에 4회, 분기별로 시설 · 설비 · 환경 · 놀잇감을 점검한다.
● 교실 및 통학버스는 매일 점검하고 관리한다.

(3) 안전관리 업무분담

표 10-2 유치원 안전관리 업무분담표 예시

직 책	담당자명	업 무	업무
안전관리대장	원 장 ○○○	지휘 명령	지휘 명령
안전관리주임	원 감 ○○○	소방시설유지 안전관리대장보좌	소방시설유지 안전관리대장보좌
1층 관리주임	교사 ○○○	1층 최종점검	전원확인, 방화문
2층 관리주임	교사 ○○○	2층 최종점검	전원확인, 방화문
시설설비관리	교사 ○○○ 교사 ○○○	실외 최종점검	실외시설 점검표 작성
환경관리	교사 ○○○ 교사 ○○○	실내 최종점검	실내시설 점검표 작성

(계속)

놀잇감 관리	교실: 담임교사 교실 외 교사 ○○○ 교사 ○○○ 교사 ○○○	놀잇감 점검	교실 내 놀잇감 확인 및 점검표 작성
문서 관리	교사 ○○○ 교사 ○○○	문서 관리	교육 관련 주요 문서 출석부
응급 환자 수송	원장, 원감 오전: 방과 후과정반 교사 오후: 당직교사	수송	환자 응급처치 후송

3) 유치원 재난관리

오늘날 사회가 복잡해지고 자연환경이 지진이나 이상기후 현상 등으로 예전보다 안전하지 못한 환경이 되었다. 화제, 태풍, 호우, 폭설, 지진, 폭발 등 유치원의 시설을 보호하고 유아가 안전하게 생활하기 위해 이러한 각종 재난으로부터 피해를 예방하고 대응하기 위해 계획을 세우고 안전교육 활동을 해야 한다.

(1) 재난 발생 시 대응체계

재난이 발생하면 신속하게 상황을 파악하고 필요한 조치를 취하여 유아, 교직원, 유치원 시설물의 피해를 최소화하여야 한다.

Tip!   **재난관리 포인트**

- 냉정하고 의연한 관리: 유아의 안전을 확보하기 위한 최선의 대응은 무엇인가 의식하면서 냉정하고 의연하게 대응한다.
- 관리직의 리더십: 관리직은 상황을 정확하게 판단하여 강한 리더십하에 정확한 지시를 한다. 또한 관리직은 항상 소재를 명백히 해둔다.
- 정확한 정보수집 및 정보의 공유화: 사건·사고 발생 시 주위에 있던 유아들이 정확히 파악한 정보를 정리하여 요점을 문장화한다. 그리고 교직원 간에 정보의 공유를 꾀한다.
- 조직적인 대응: 대책본부에서의 결정사항이나 관리직의 지시를 신속히 교직원에게 전달하는 등 유치원 전체에서 조직으로 대응할 수 있는 체제를 만든다.

- 교육청과의 연계: 위기 발생 시에는 다양한 대응이 필요하기 때문에 교육청에서 신속히 보고하여 지도 조언을 구하거나 직원의 파견을 요청한다.
- 관계기관과의 연계: 경찰, 소방서 등 관계기관과 연계하여 전문적인 조언이나 지원을 얻는다.
- 보호자 · 지역사회와의 연계: 보호자에게는 신속 · 정확하게 정보제공을 한다. 그리고 지역의 유관 기관 등과 협력하여 유아의 안전 확보 및 원활한 교육활동을 도모한다.
- 통신수단의 확보: 재난에 의한 통신망의 파손이나 보호자, 보도기관 등으로부터 문의 쇄도 등에 의해 유치원의 전화를 사용할 수 없는 경우도 예상하여 휴대전화나 전자메일 등의 비상용 통신 수단을 확보해둔다.
- 보도기관에의 대응: 관리직으로 창구를 일원화하고 교육청과도 연계하면서 적절히 대응을 한다.

출처: 교육인적자원부(2007), pp. 37-38.

(2) 대설(폭설) 시 행동요령

1 행정실에서

- 관리자는 기상방송을 청취하여 예상 적설량을 확인한다.
- 비상근무를 실시하여 만일의 사태에 대비한다.
- 제설 장비 및 용품을 점검한다.
- 적설량이 50cm 이상일 경우 체육관, 경량철골조 건물은 붕괴 위험이 있으므로 출입을 금지한다.

2 실내에서

- 조립실 건물, 노후 급식실, 체육관 등에는 유아의 출입을 금지한다.
- 건물에서 이상한 소리가 들리면 즉시 건물 밖으로 대피한다.
- 지붕 면적이 넓은 조립식 건물 내부에는 지붕 구조체인 트러스에 버팀대를 설치한다.
- 패널지붕, 창고 등은 난방장치를 작동시켜 지붕의 눈을 녹여 준다.

3 실외에서

- 주진입로 및 통학로의 쌓이는 눈은 지속적으로 제설작업을 실시한다.
- 처마 홈통 등 눈은 동결되면 제거가 어렵고 추가적인 피해가 발생하므로 신

속하게 치운다.

- 건물 처마 주위에는 고드름, 결빙된 눈의 낙하 피해가 발생할 수 있으므로 접근을 금지한다.
- 대설주의보가 발령하면 경량철골조 차고의 차량을 다른 곳으로 이동시킨다.

(3) 지진(지진해일) 시 행동요령

1 행정실에서

- 관리자는 기상방송을 청취하여 지진의 진행 상황을 파악한다.
- 비상방송을 통하여 교직원 및 유아의 동요를 방지한다.
- 유아 및 교직원에게 유치원 밖으로 나가는 것을 자제하도록 한다.

2 실내에서

- 교실 내부에 있을 때에는 책상 밑으로 대피하고 책상다리를 꼭 잡는다.
- 실습실에 있을 때에는 실험기구의 작동을 중지한 후 대피한다.
- 체육관 내부에 있을 때에는 머리를 보호하면서 가운데로 집결한다.
- 출입문, 창문은 개방하여 탈출구를 확보한다.
- 유리창, 벽제 파손 낙하물에 주의하며 머리를 보호한다.
- 진동이 진행되고 있을 때에는 유치원 외로 나가지 말고 질서를 유지하면서 위치한 장소에 그대로 머문다.
- 교사의 지시와 원내 비상방송을 듣고 행동한다.
- 해안가 근처에 위치한 유치원에서는 진동으로 인한 큰 흔들림을 느끼면 곧바로 높은 곳으로 피난한다.

3 실외에서

- 운동장에 있을 때에는 건물에서 멀리 떨어진 넓은 장소 가운데로 대피한다.
- 교내 옹벽이나 담장에서 멀리 떨어진 곳으로 대피한다.
- 해안가 근처에 위치한 유치원에서는 진동으로 인한 큰 흔들림을 느끼면 곧바로 높은 곳으로 피난한다.
- 유치원 외벽 및 지붕마감재, 유치원 간판 등의 낙하물을 주의한다.

4 등원 · 하원 시

- 해안가 유치원의 등원 · 하원 시에는 진동이 있으면 높은 곳으로 대피한다.
- 고층 건물 주위를 지나갈 때는 유리나 간판 등의 낙하물로부터 책가방 등으로 머리를 보호한다.
- 지하도에 있을 경우 비상방송 및 직원의 안내에 따라 대피한다.
- 대중교통을 이용하고 있을 경우 손잡이나 기둥을 잡아 자신을 보호한다.
- 육교 위에 있을 경우 바닥에 엎드려 난간 등을 잡고 있도록 한다.
- 담장 옆을 지날 때는 담장이 전도될 위험이 있으니 멀리 떨어져서 지나간다.

4) 유치원 안전관리 평가

유아를 비롯한 유치원에서 생활하는 모든 사람들의 안전을 위한 관리는 중요하므로, 각 유치원에서 안전관리에 대한 평가 계획을 세우고 실행하여 유아와 교직원 모두 안전한 생활을 할 수 있도록 노력해야 한다.

제3주기 유치원 평가에서도 '건강 및 안전' 영역에 유아의 안전관리 및 지도의 적절성에 대한 지표가 있다. 평가 요소 및 평가방법 등에 관해 살펴보면 평가요소는 첫째, 유아와 교사를 대상으로 안전교육을 실시, 둘째, 유아, 교직원 및 시설에 대한 보험에 가입, 셋째, 실내 · 실외 시설 및 설비를 안전하게 실시 · 관리 등이다.

평가 방법은 서면평가, 현장평가, 공시 정보로 평가한다.

2. 어린이집 안전관리

어린이집에서는 영유아 스스로가 자신의 안전을 보호할 수 있는 능력과 기술을 가지도록 지도하는 것을 원칙으로 정하고 있다(「영유아보육법」 시행규칙 제23조 관련 별표 8). 최근 방송에서 자주 보도되는 영유아 안전사고 소식은 어린이집 교직원을 긴장시키고 부모가 어린이집을 불신하는 원인이 되고 있다. 실제 보육현장에서 안전사고가 발생하지 않도록 예방하는 노력을 기울임으로써 안전하고 신뢰할 수 있는 보육환경을 조성하는 것이 운영관리에서 가장 중요한 부분이라 할 수 있다.

1) 안전관리에 관한 보육사업안내 지침

(1) 안전관리 원칙

- 원장은 교직원 및 부모와 함께 영유아의 안전사고 예방을 위해 성실하게 노력하고 안전교육을 실시하여야 한다.
- 어린이집은 인근 소방서, 경찰서 및 가스, 유류 등의 안전 상태를 점검하는 유관기관 등과 비상연락체계를 구축하여야 하며, 일일점검제를 철저히 이행하여야 한다.
- 교직원은 영유아의 실내와 실외 활동 시 안전을 위해 영유아를 지도 · 감독해야 하며, 원장은 영유아에 대한 물리적 환경과 인적 환경에 대한 안전 확보를 위해 시설 및 환경을 조성하고 관리해야 한다.
- 유괴 등 범죄의 위험으로부터 영유아를 보호하기 위하여 필요하다고 인정되는 때에는 어린이집 영유아를 보호하기 위하여 어린이집의 주변 구역을 아동보호구역으로 지정하여 폐쇄회로 텔레비전을 설치하거나 그 밖의 필요한 조치를 할 수 있다.

(2) 보험 가입

어린이집에서 가입해야 하는 보험의 종류는 〈표 10-3〉과 같다. 이 보험들은 어린이집안전공제회에서 보장하고 있는 공제에 가입할 시 동일 의무를 이행하고 있는 것으로 간주한다.

표 10-3 어린이집에서 가입해야 하는 보험

보험의 종류	가입 대상	보험료 부담
상해보험	어린이집에 입소하는 아동 전원	보호자 부담, 단, 재정 여건이 양호한 경우 기관 부담도 가능
배상보험	모든 어린이집	기관 부담
화재보험	모든 어린이집	기관 부담
자동차보험	차량운행을 하는 어린이집	기관 부담
가스안전보험	도시가스나 LPG 사용하는 어린이집	기관 부담

2) 어린이집 안전점검

(1) 안전점검 원칙

- 어린이집 설립계획 시부터 안전사고를 예방할 수 있도록 설비할 것: 영유아의 연령별 발달 특성을 고려하여 창문, 계단, 교구장 등을 설치하는 것이 중요하다.
- 점검은 정기적으로 실시할 것: 안전점검표를 작성하여 일일, 주간, 월간, 분기별, 연간 점검사항을 꼼꼼히 체크한다.
- 위험이 발견될 때마다 고치려고 노력할 것: 위험요소가 발견되는 즉시 대책을 강구하고, 안전위험 정도가 큰 것부터 먼저 제거한다.
- 안전교육을 생활화할 것: 보육교직원, 학부모, 영유아 삼자가 동시에 안전교육을 받을 수 있도록 연간 안전교육계획안을 작성하여 실천한다.
- 사고 발생 후에는 반드시 안전사고일지(〈표 10-4〉 참조)에 상세히 기록할 것: 한 번 발생한 사고는 다시 경험하는 일이 없도록 사고기록부에 기록하고, 교직원 교육 등 철저한 주의를 해야 한다.
- 영유아에게 사소한 안전사고가 발생했을 경우에도 사고에 대한 처리를 철저히 할 것: 아무리 작은 상처일지라도 될 수 있으면 큰 병원에 가서 응급치료를 받을 수 있도록 해야 나중에 후유증이 발생하는 것을 막을 수 있으며, 학부모의 마음도 안심시킬 수 있다.

표 10-4 안전사고 일지

날짜	반	사고 유아	사고 내용			치료 방법		원인 및 지도 방안
			시간	장소	사고 유형	원내치료	병원치료	

(2) 안전점검 실시

1 보육실 안전점검

어린이집 인가단계에서나 운영 과정에서도 안전을 매우 중요하게 강조하고 있으며, 평가인증에서도 안전을 중요하게 평가하고 있다. 평가인증에서 40인 이상 어린이집(6영역)과 39인 이하 어린이집(5영역) 모두 안전이 하나의 평가 영역으로, 모든 보육실의 시설·설비에 위험 요인이 없고, 안전점검이 매일 이루어질 때 우수한 수준(3점)으로 평가받을 수 있도록 규정하고 있다.

보육실의 시설·설비의 안전한 관리를 위해 유의해야 할 사항은 다음과 같다(보건복지부, 2014b).

- 영유아가 접근할 수 있는 창문에는 창문 보호대를 설치하여야 한다. 특히 창문의 하단이 120cm 이하로 낮거나 창문 아래에 책상, 교구장 등 영유아가 딛고 올라갈 수 있는 가구가 있는 경우 등은 매우 위험하므로 반드시 창문보호대를 설치하여야 한다.
- 창문에 커튼이나 블라인드를 설치한 경우에는 줄을 짧게 정리하여 영유아의 팔이나 목이 휘감기거나 발이 걸려 넘어질 위험이 없도록 한다.
- 전기 콘센트에는 안전덮개를 덮고, 전선, 줄 등이 길게 늘어져 영유아의 손에 닿거나 걸려 넘어지지 않도록 관리한다.
- 돌출형 라디에이터, 화기시설 등은 적절한 보호장치를 하여야 한다.
- 파손된 책상, 의자 등의 가구나 교구장이 있는지 점검하고, 모서리가 둥글고 표면이 매끄럽게 처리된 것을 사용하거나 모서리 보호대를 설치한다.
- 교구장은 영유아가 쉽게 움직일 수 없도록 안정적으로 배치하고 안전을 위해 아래쪽에 무거운 물건을 보관하고, 선반에는 물건이 떨어지지 않도록 지지대를 설치한다.
- 선풍기에는 안전덮개를 덮고, 가능한 영유아의 손이 닿지 않는 곳에 안전하게 설치한다.
- 정수기의 온수는 영유아가 만져도 안전하도록 안전조치를 한다.
- 보육실 내 세면대를 설치한 경우 온수는 사용 시 수온이 지나치게 높아 화상을 입지 않도록 안전조치(예: 온수의 양 또는 온도조절 장치, 잠금장치 설치 등)를

통해 조절하도록 한다.
- 바닥은 장판이 들뜨거나 울퉁불퉁하여 영유아가 걸려 넘어지는 일이 없도록 고르게 설치한다.
- 내부 마감재료는 불연재, 준불연재 또는 난연재가 바람직하며, 커튼 등의 실내 장식물은 방염 성능을 갖추어야 한다.

: 계단 미끄럼 방지 장치 · 손끼임 방지 장치

2 실외 시설 및 설비 안전점검

어린이집의 실외 시설 및 설비가 안전한지 월 1회 이상 점검해야 하며, 실외 시설 및 설비 점검 시 다음과 같은 점에 유의해야 한다(보건복지부, 2014b).

- 실외시설은 대문, 출입구, 울타리, 담장 등을 통해 외부와 충분히 분리되어 있어 영유아가 쉽게 나갈 수 없고 외부인이 무분별하게 접근할 수 없어야 한다.
- 옥외놀이터 바닥에는 모래밭, 천연 및 인공 잔디, 고무매트, 폐타이어 블록 등을 안전하게 설치한다.
- 건물 외부에 놓여 있는 에어컨 실외기, LPG 가스통 등은 영유아의 접근이 가능하지 않은 곳에 설치하거나 영유아의 접근이 가능한 곳에 있을 경우 안전덮개를 덮어야 한다.
- 축대는 안전하고 맨홀 뚜껑이 잘 덮여 있는지, 웅덩이, 요철, 녹슨 부분, 감전 위험이 없는지 점검한다.
- 마당이나 구석 등에 사고 유발 위험이 있는 적재물(목재 더미, 파손된 가구, 삽,

시멘트 포대 등)이 없도록 하거나 있을 경우 영유아와 분리하여 안전하게 보관한다.

● 영유아가 실외놀이를 할 때 놀이 공간에 차량 접근을 차단한다.

● 실외 시설 및 설비에 고장 등 위험요소가 발견될 경우 "접근 불가" 또는 "수리 중" 등의 표시를 붙인 후 영유아의 접근을 막고 즉시 수리한다.

③ 실내 · 실외 놀잇감 안전점검

보육실을 포함한 실내외 놀잇감을 매일 점검하여 위험요인이 발견되거나 파손된 곳이 있을 경우 즉시 폐기하거나 수리 · 보완해야 한다. 실내 · 실외 놀잇감 관리 시 다음과 같은 사항에 유의하여 안전하게 관리하여야 한다(보건복지부, 2014b).

● 모든 놀잇감은 거친 표면이나 날카로운 모서리가 없고 파손되지 않아야 한다.

● 모든 놀잇감은 유해색소가 첨가되거나 유해색소로 표면이 도포되어 있지 않아야 하며, 안전검사를 받은 제품을 구입하는 것이 바람직하다.

● 천장이나 벽에 모빌 등을 부착한 경우 영유아가 잡아당겼을 때 쉽게 떨어지지 않도록 단단하게 고정한다.

● 끝이 깨진 사기 그릇, 안전 처리되지 않은 깡통 등은 위험하므로 놀잇감으로 적합하지 않고, 조개껍데기 같은 실물자료를 제시할 경우 깨지거나 날카롭지 않아야 한다.

● 놀잇감 파손 등 위험요인이 발견될 경우 즉시 폐기하거나 영유아가 사용하지 못하도록 한 후 즉시 수리한다.

● 놀잇감 보관함이나 바구니 등도 파손되지 않도록 안전하게 관리하도록 한다.

④ 실내 · 실외 위험한 물건 관리

● 위험한 물건은 영유아의 손이 닿지 않는 곳에 별도로 보관한다.

● 영유아의 손이 닿는 곳에 위험한 물건을 보관해야 할 경우에는 잠금장치를 한다.

위험한 물건의 예시

- 칼, 성인용 가위, 송곳, 스테이플러, 칼날 있는 테이프커터기 등 작업 시 찌르거나 자르는 용도의 도구
- 강력접착제, 목공용 본드, 글루건, 실험용 알코올, 살충제, 방향제, 구강세정제, 액상비료, 어항 수질개선제, 물고기 사료, 각종 스프레이, 성인용 화장품, 놀잇감으로 제시된 내용물이 들어 있는 화장품(립스틱, 매니큐어 등), 침핀, 건전지, 유리조각 등
- 화장실 내 각종 세제, 세척제, 표백제, 나프탈렌, 대걸레, 고무장갑, 세척용 소독 스프레이, 변기압축기 등
- 빗자루, 대걸레, 삽 등 영유아가 다칠 위험이 있는 물건
- 비상약품, 영유아가 투약을 위해 가져온 약 등
- 만지면 다칠 수 있는 가시가 있는 식물(예: 선인장, 장미, 밤송이 등)
- 영아(만 0~2세)가 삼킬 수 있는 놀잇감이나 활동자료
  - 직경 3.5cm 이하 작은 크기의 물건(예: 블록, 구슬, 솜 공 등)
  - 직접 제공되거나, 쉽게 열 수 있는 통 안에 든 크기 작은 자연물(예: 콩, 팥, 은행, 도토리 등)
  - 기타 활동자료(예: 비누방울 액, 색모래 등)

5 차량 안전점검

어린이집의 차량 운행은 권장 사항은 아니며, 어린이집에서 9인승 이상의 자동차를 운행할 경우에는 「도로교통법」 제52조에 근거하여 어린이집 통학버스로 신고한 후 신고필증을 교부받아 운행하여야 한다. 통학버스 운전자의 면허증 사본, 건강진단서를 받아 비치해 두어야 한다. 차량 안에는 차량안전수칙, 비상약품, 소화기 등을 비치하고 관리하여야 한다. 안전한 차량 운행을 위해서 다음 사항에 유의한다.

- 차량 운행 시 운전자 외에 책임 있는 성인(원장, 보육교사 등)이 동승해야 한다.
- 교사와 유아는 차량 운행 시작 전 모두 개별 안전띠를 착용한다.
- 36개월 미만 영아는 영아용 보호장구를 착용하는 것을 원칙으로 한다. 영아용 보호장구는 안전인증(KC)을 받은 제품을 사용하여야 한다.
- 운전자와 동승자는 영유아가 좌석에 앉아 개별 안전띠를 착용한 것과 차량에

서 영유아가 안전하게 내린 것을 확인한 후 차량을 출발시킨다.

- 운전자는 영유아가 안전하도록 서행하며, 차량에 동승한 성인은 운행 중 영유아가 자리에서 일어나는 일이 없도록 지도한다.
- 동승자는 영유아가 차량에 타고 내릴 때 위험하지 않도록 손을 잡아 주거나 옷자락이 끼거나 밟히지 않도록 도와주고, 비가 올 때는 유아가 우산을 접고 펼 수 있도록 지원해 준다.

3) 어린이집 안전교육

(1) 어린이집에서의 안전교육 관련 지침

- 영유아에 대한 안전교육은 영유아 스스로가 자신의 안전을 보호할 수 있는 능력과 기술을 가지도록 지도해야 한다.
- 원장은 소방계획을 작성하고 매월 소방훈련을 실시하여야 한다.
- 원장은 보육대상 아동의 연령을 고려하여 「아동복지법」의 안전교육 기준(〈표 10-5〉 참조)에 따라 매년 안전교육계획을 수립하여 교육을 실시하여야 한다. (원장은 안전교육계획 및 교육 실시 결과를 관할 시장 · 군수 · 구청장에게 매년 1회 보고해야 한다.)
- 안전교육 실시 후 보육일지, 운영일지 또는 안전교육일지에 기록한다.

표 10-5 안전교육 기준(「아동복지법」 제9조제3항 및 동법 시행령 제4조제1항)

구분	교통안전교육	실종·유괴 예방 방지 교육	약물 오남용 교육	재난대비 교육	성폭력 예방교육
실시 주기 (총시간)	2개월 1회 이상 (연간 12시간 이상)	3개월 1회 이상 (연간 10시간 이상)	3개월 1회 이상 (연간 10시간 이상)	6개월 1회 이상 (연간 6시간 이상)	6개월 1회 이상 (연간 6시간 이상)
교육 내용	1. 올바른 교통안전 지식 2. 교통관련법규 준수 정신 3. 안전장구 착용의 생활화 4. 기타 교통안전 관련 내용	1. 아동 실종 발생현황 2. 장소·상황별 실종·유괴 예방 지침 3. 유괴·유인 시 대처 방법 4. 유괴·유인 목격 시 신고 요령 및 절차	1. 약물의 종류, 중독성 및 오남용의 폐해 2. 법적처벌기준 3. 기타 약물 오남용 예방을 위하여 필요한 내용	1. 화재, 붕괴, 폭발, 화생방사고 등 각종 재난예방 및 안전관리 요령 2. 위험물 취급 요령 3. 재난 시 안전 행동 및 대피 요령	1. 아동 및 청소년 성범죄발생현황 2. 성폭력예방지침 3. 성폭력 예방 실습 4. 성폭력범죄발생시대처방법 5. 법적 처벌 및 취업제한규정 6. 성폭력범죄의 신고 요령 및 절차
교육 방법	1. 전문가(또는 담당자) 강의 2. 시청각 교육 3. 실습교육, 현장학습 4. 수업(프로그램)에 반영 5. 일상생활을 통한 반복 지도	1. 전문가(또는 담당자) 강의 2. 장소·상황별 역할극 실시 3. 시청각 교육 4. 실종사례 분석	1. 전문가(또는 담당자) 강의 2. 시청각 교육 3. 현장방문,학습	1. 전문가(또는 담당자) 강의 2. 시청각 또는 실습 교육 3. 사고사례분석	1. 전문가(또는 담당자) 강의 2. 시청각 교육 3. 사고사례 분석

(2) 안전교육 방법

● 실제와 유사한 상황에서 직접 체험해 볼 기회를 많이 제공한다.
● 안전교육은 자칫 지루하고 딱딱하게 느껴질 수가 있기 때문에 놀이 중심의 활동으로 흥미를 유발시키는 것이 필요하다.
● 안전에 대한 기본 지식을 이해하고 기술을 습득, 행동의 변화까지 이루어 내기 위해서는 지속적이고 반복적으로 실시하여야 한다.
● 다양한 수업 방법과 매체를 활용한 통합활동을 계획하는 것이 좋다.
● 영유아의 연령별 특성을 고려하여 놀이, 동화, 이야기 나누기 등의 방법으로 보육과정 내에서 자연스럽게 다룸으로써 영유아가 보다 쉽게 안전의식을 내면화하도록 지도한다.

(3) 안전교육 계획안 예시

영아반 연간 안전교육 및 소방훈련 계획과 유아반 연간 안전교육 및 소방훈련 계획과 예시를 제시하면 〈표 10-6〉〈표 10-7〉과 같다. 각 어린이집에서는 어린이집의 실정과 영유아의 발달수준 등을 고려하여 연간 안전교육 및 소방훈련 계획을 수립할 때 이 표를 참고할 수 있다.

표 10-6 영아반 연간 안전교육 및 소방훈련 계획 예시

월	안전영역						안전교육 내용
	교통	실종유괴	약물	재난	성폭력	생활	
3	●						선생님과 자전거 타기
						●	화장실에서 조심해서 걷기
4			●				선생님이 주는 약만 먹기
		●					선생님과 손을 잡고 다녀요
5	●						안전한 길을 찾아 주세요
					●		속옷을 입어요
6						●	위험하다고 알려주면 조심해요
		●					엄마, 아빠 손을 잡고 다녀요
7	●						선생님이 밀어 주는 자동차를 타요
						●	비 오는 날에는 앞을 잘 보고 걷기
8				●			홍수 · 태풍 시 안전행동 및 대피요령 (그대로 숙여라)
			●				함부로 먹지 않아요(위험물)
9	●						자동차 안전벨트를 매요
		●					길을 잃었을 때는 제자리에서 기다려요
10						●	계단에서 뛰지 않고 걷기
			●				먹을 수 있는 것만 먹어요
11	●						안전하게 길을 건너요
						●	조심조심 닫아요
12					●		어떻게 해야 할까요?
		●					낯선 사람을 따라가면 위험해요
1				●			지진 시 안전행동 및 대피요령 (땅이 흔들흔들)
	●						움직이는 것들이 있을 때는 조심해요
2			●				선생님과 가족이 주는 약만 먹어요
						●	뜨거운 것 조심하기

표 10-7 유아반 연간 안전교육 및 소방훈련 계획 예시

월	안전영역						안전교육 내용
	교통	생활	소방	재난	건강	신변	
3		●					교실에서 지켜야할 약속이 있어요
	●						등원 · 하원 길을 알아요
		●					놀잇감을 제자리에 정리해요
					●		이를 깨끗이 닦아요
			●				소방대피훈련(수유실 화재)
4						●	나의 명함 만들기
		●					복도, 계단에서 안전하게 걸어요
				●			황사 발생 시 안전행동 및 대피요령
		●					안전하게 미끄럼 타요
			●				소방대피훈련(조리실 화재)
5		●					화장실에서 조심해요
	●						교통표지판에 대해 알아보아요
		●					놀이터에서 안전하게 놀아요
			●				소방대피훈련(생일잔치 중의 화재)
6						●	동물원에서 지켜야 할 약속이 있어요
		●					어떻게 해야 할까요?
			●				모래놀이 할 때 조심해요
					●		내가 먹은 음식은 어디로 갈까요
			●				불시 소방대피훈련(1층 복도 화재)
7		●					높은 곳에 올라가지 않아요
				●			홍수 · 태풍 시 안전행동 및 대피요령
		●					우산을 안전하게 사용해요
	●						통학버스를 안전하게 이용해요
			●				소방대피훈련(요리활동 중의 화재)
8		●					물놀이 규칙을 알아요
					●		청진기로 들어보기
		●					입이나 코에 들어가면 위험해요

(계속)

월	1	2	3	4	5	6	내용
8						●	하지 마세요! 나는 싫어요
			●				소방대피훈련(냉방기 과열로 인한 화재)
9						●	쌓기 영역에서 지켜야할 약속이 있어요
	●						안전벨트를 매요
		●					위험한 놀이는 하지 않아요
			●				소방대피훈련(2층 보육실 화재)
10						●	어린이가 보면 안 되는 것이 있어요
		●					좁은 곳에 몸을 넣으면 위험해요
				●			화재 시 안전행동 및 대피요령
		●					동물을 안전하게 키워요
			●				비상 소방대피훈련(조리실 화재)
11		●					위험한 물건을 안전하게 다루어요
	●						안전한 보호장구
		●					콘센트는 위험해요
			●				소방대피훈련 (비상 미끄럼틀 장난으로 인한 화재)
12					●		감기에 걸리지 않도록 조심해요
		●					뜨거워요! 조심해요!
						●	이렇게 하면 나는 기분이 나빠요
		●					빙판길은 조심해요
			●				소방대피훈련(난방기 과열로 인한 화재)
1		●					어린이집 안전 픽토그램을 찾아요
	●						겨울철에는 조심조심 걸어요
		●					안전하게 눈썰매 타요
				●			지진 시 안전행동 및 대피 요령
			●				소방대피훈련(요리활동 중의 화재)
2		●					먹으면 위험해요
		●					생선가시를 골라내요
			●				불시 소방대피훈련(조리실 화재)

Management of
Kindergarten and
Child Care Center

사무관리

영유아교육기관을 효율적으로 운영하기 위해서는 운영과 관련된 제반 행정업무를 계획하고 조직하는 사무관리가 체계적으로 이루어져야 한다. 사무관리에는 문서의 작성 및 공문 처리, 비품관리, 각종 운영 관련 서류관리 등이 포함되는데, 이 장에서는 유치원과 어린이집의 사무관리에 관하여 살펴보고자 한다.

1. 유치원 사무관리

유치원을 운영하고 관리하기 위해서는 교육청을 비롯한 관계있는 여러 기관의 규정에 따른 기록과 사무적인 보고 및 연락을 해야 한다. 유치원 사무관리는 교육적 업무와 일반적 행정업무로 나눌 수 있다. 교육일지, 출석부, 생활기록부, 교육계획안 등은 유아의 교육적 업무에 필요한 사무라고 할 수 있다. 일반적 행정업무는 관련 기관과의 공문서 문서수발, 교직원 인사서류, 각종 대장 기록, 각종 회계 관련 장부 등의 기록과 관리를 말한다.

유치원에서는 매일 여러 가지 사무 처리를 해야 하며, 때로는 시급하게 처리해야 하는 경우도 있다. 규모가 큰 유치원은 사무행정 직원을 채용하여 사무를 처리하고 관리하도록 하는 경우가 많으나, 학급 수가 적은 소규모 유치원은 원장이나 교사가 사무를 처리하고 관리하는 경우가 많다.

1) 유치원 교직원 업무분담

유치원의 사무관리는 교육적 업무와 일반 행정업무로 나뉘므로 교직원이 업무의 특성에 따라 처리하고 관리하는 것이 바람직하다. 유치원 교직원 업무분담은 유치원이 학기를 시작하기 전에 결정한다. 업무 중에는 기능의 고유성 때문에 업무가 정해지는 것도 있고, 같은 기능을 가진 교직원은 업무 능력에 따라 업무의 책임이나 분담이 달라지기도 한다.

　유치원 운영을 총괄하는 원장은 교직원 개개인이 갖고 있는 자격과 경력 및 인성을 고려하여 업무를 분담하여 업무가 원활하게 돌아가도록 노력을 기울여야 한다. 잘못 배치된 업무분장은 업무의 마비를 오게 하거나 한쪽 분야에 치우치는 결과를 초래하여 균형 있는 유치원 운영을 어렵게 만든다.

　교직원이 처음으로 유치원에 임용되거나 처음으로 유치원에서 직장생활을 하는 경우 유아와 유치원에 대한 이해가 없고 경험이 없기 때문에 많은 업무를 맡기거나 책임의 비중이 큰 업무를 맡게 되면 부담스러워한다.

　또한 같은 업무에 배치된 교직원들이 서로 화합하지 못하면 업무의 차질이 오기 쉽다. 그러므로 업무의 성격에 따라 교직원의 자격, 경력, 인성, 특기, 업무추진 능력 등을 고려하여 적절히 배치하여야 한다.

　유치원 업무는 비교적 1년 단위로 돌아가므로 1년간 배우면 업무를 어느 정도 수행할 수 있게 된다. 그러나 책임지고 할 수 있을 정도의 역량을 가지려면 개인적 능력 차이가 있겠지만 약 3년 이상은 배워야 할 것이다. 매년 업무부서가 달라지면 한 가지 업무도 제대로 배우기 어려워지므로 한 부서에 2년 이상은 있는 것이 바람직하다. 업무부서의 이동이 있을 때에는 전임자와 후임자의 업무인계가 철저하게 이루어지도록 해야 한다.

　유치원의 사무관리를 교직원의 직위와 업무에 따라 나누어 보면 〈표 11-1〉과 같다.

표 11-1 유치원 교직원 직위에 따른 업무

직 위	업 무
원장	• 유치원 업무 지도 감독 총괄 • 학부모 면담, 교직원 면담, 유아 면담 • 교직원 업무수행 능력 평가 및 상벌 • 유치원 행사 참여 • 유치원 협력기관 및 인사 관계 유지 및 개발 등
원감	• 원장 유고 시 원장 업무 대행 • 직원의 업무 지도 감독 • 시설 · 설비 점검, 교체 계획, 진행 • 공문서 기안, 발송 • 각종 회의록 관리 • 회계업무 문서 관리
교사	• 유아관리(출석부, 학급일지, 연락망 작성, 입원 · 퇴원서 작성, 유아발달 평가, 유아관찰기록, 유아개인조사서, 유아 안전사고 보고 및 처리, 졸업 및 수료 증서 대장 작성) • 교육과정 편성 • 학급경영계획, 행사계획 기안 및 처리, 가정통신문 작성 • 기록사진 찍기 등
직원	• 행정업무 • 급식 · 간식 식단 작성, 주방 위생관리 체크 및 기록 등 • 통학버스 운행 관리 등

다음은 유치원 사무 분담의 예시다.

[유치원 사무 분담 예시]

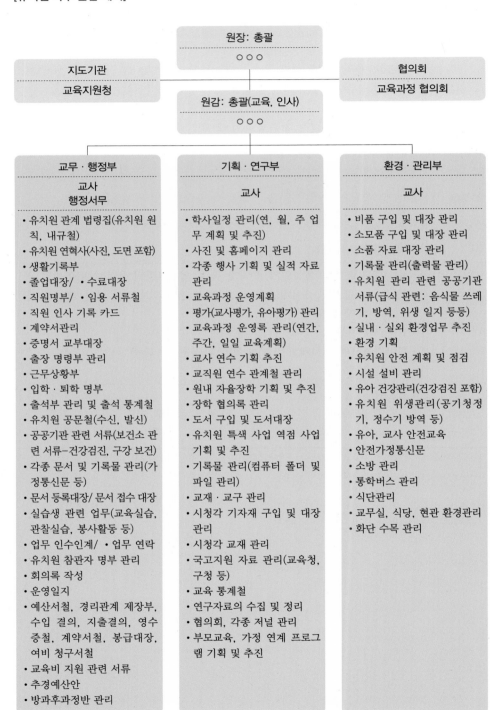

원장: 총괄
○ ○ ○

지도기관
교육지원청

협의회
교육과정 협의회

원감: 총괄(교육, 인사)
○ ○ ○

교무 · 행정부

교사
행정서무

- 유치원 관계 법령집(유치원 원칙, 내규철)
- 유치원 연혁사(사진, 도면 포함)
- 생활기록부
- 졸업대장/ · 수료대장
- 직원명부/ · 임용 서류철
- 직원 인사 기록 카드
- 계약서관리
- 증명서 교부대장
- 출장 명령부 관리
- 근무상황부
- 입학 · 퇴학 명부
- 출석부 관리 및 출석 통계철
- 유치원 공문철(수신, 발신)
- 공공기관 관련 서류(보건소 관련 서류–건강검진, 구강 보건)
- 각종 문서 및 기록물 관리(가정통신문 등)
- 문서 등록대장/ 문서 접수 대장
- 실습생 관련 업무(교육실습, 관찰실습, 봉사활동 등)
- 업무 인수인계/ · 업무 연락
- 유치원 참관자 명부 관리
- 회의록 작성
- 운영일지
- 예산서철, 경리관계 제장부, 수입 결의, 지출결의, 영수증철, 계약서철, 봉급대장, 여비 청구서철
- 교육비 지원 관련 서류
- 추경예산안
- 방과후과정반 관리

기획 · 연구부

교사

- 학사일정 관리(연, 월, 주 업무 계획 및 추진)
- 사진 및 홈페이지 관리
- 각종 행사 기획 및 실적 자료 관리
- 교육과정 운영계획
- 평가(교사평가, 유아평가) 관리
- 교육과정 운영록 관리(연간, 주간, 일일 교육계획)
- 교사 연수 기획 추진
- 교직원 연수 관계철 관리
- 원내 자율장학 기획 및 추진
- 장학 협의록 관리
- 도서 구입 및 도서대장
- 유치원 특색 사업 역점 사업 기획 및 추진
- 기록물 관리(컴퓨터 폴더 및 파일 관리)
- 교재 · 교구 관리
- 시청각 기자재 구입 및 대장 관리
- 시청각 교재 관리
- 국고지원 자료 관리(교육청, 구청 등)
- 교육 통계철
- 연구자료의 수집 및 정리
- 협의회, 각종 저널 관리
- 부모교육, 가정 연계 프로그램 기획 및 추진

환경 · 관리부

교사

- 비품 구입 및 대장 관리
- 소모품 구입 및 대장 관리
- 소품 자료 대장 관리
- 기록물 관리(출력물 관리)
- 유치원 관리 관련 공공기관 서류(급식 관련: 음식물 쓰레기, 방역, 위생 일지 등등)
- 실내 · 실외 환경업무 추진
- 환경 기획
- 유치원 안전 계획 및 점검
- 시설 설비 관리
- 유아 건강관리(건강검진 포함)
- 유치원 위생관리(공기청정기, 정수기 방역 등)
- 유아, 교사 안전교육
- 안전가정통신문
- 소방 관리
- 통학버스 관리
- 식단관리
- 교무실, 식당, 현관 환경관리
- 화단 수목 관리

2) 유치원 문서관리

유치원을 운영·관리하기 위해 업무에 따라 그 내용을 기록하여 법에 따라 기록된 문서들을 보관해야 한다. 유치원의 원활한 운영을 위해 각종 문서들을 항목에 따라 정리하고 점검해야 한다. 유치원의 업무에 따라 자주 기록되는 문서들이 있고 기록 빈도가 낮은 문서들도 있으며, 중요하고 덜 중요한 것, 장기보관 해야 하는 것과 곧 폐기해도 되는 것 등 차이가 있다. 대통령령으로 된 공문서 보관·보존 규정 제4조에 따라 보존한다. 문서철을 만들어 보관하면 편리하게 활용할 수 있다. 최근에는 전자문서로 보존하기도 한다.

표 11-2 유치원 비치용 대장, 문서, 기록철

분야	대장 · 문서 기록
법령, 공문서	유치원 관계법령집, 영달문서, 공고문서
원칙	유치원 내부 규정집
교육활동 계획	교육계획안(연간, 월간, 주간, 일일 교육계획안), 행사관련 문서(계획안 및 평가기록), 현장견학 관련 문서
원아지도	출석부, 일일출석상황일지, 각종 증명서발급 대장(수료증서, 졸업증서, 재원증명서), 비상연락망
운영일지	학급일지, 회의록, 자원봉사자 명부 및 증명서 발급 대장
교직원	직원명부, 직원이력서철, 직원조직표, 인사관계철, 업무분담표
경리	재산대장, 예산·결산서, 영수증철, 물품구입 대장, 계약서철
시설 · 설비	비품대장, 소모품 대장, 교육기기 대장
운영위원회	운영위원회 명단, 위촉장 발급 대장, 운영위원회 회의록, 위원 선출 공고

2. 어린이집 사무관리

어린이집의 행정업무는 원아관리, 학부모와의 관계, 교직원관리, 재정관리, 시설관리 등에 대한 내부 업무와 구청이나 시청, 근로복지공단, 건강관리공단, 어린이집연합회 등의 관계기관이나 협회와 관련된 외부 업무로 구분해 볼 수 있다. 행정업무 및 사무관리는 별도로 채용한 사무원에 의해 업무를 처리하기도 하지만, 그렇지 않은 경우 원장과 교사가 업무를 분담하여 처리하기도 한다.

1) 어린이집 문서 및 기본 서식

어린이집은 기본적인 문서관리를 위하여 어린이집 내에 기본 서식을 비치·기록·관리함으로써 어린이집을 보다 더 효율적으로 운영할 수 있다. 어린이집에서 갖추어야 할 문서 및 서류는 다음과 같다(보건복지부·중앙보육정보센터, 2013a). 단, 영유아 20인 이하이며 어린이집의 원장이 보육교사를 겸임하는 어린이집의 경우에는 ③, ⑤, ⑧, ⑨ 및 ⑪ 외의 장부 및 서류는 비치하지 아니할 수 있다고 규정하고 있다. 어린이집 기본문서 및 서식의 예는 다음과 같다.

[어린이집 기본문서]

	문 서
①	재산목록과 그 소유를 증명하는 서류(임차인 경우에는 임대차 계약서)
②	어린이집 운영일지
③	어린이집 보육교직원의 인사기록카드(채용구비서류, 이력서 및 사진 포함)
④	예산서 및 결산서
⑤	총계정 원장 및 수입·지출 보조부
⑥	금전 및 물품출납부와 그 증빙서류
⑦	소속법인의 정관 및 관계서류
⑧	어린이집 이용신청자 명부 및 이용 아동 연명부
⑨	생활기록부, 영유아보육일지 및 건강진단카드
⑩	어린이집 보육교직원의 인사·복무 및 시설운영에 관한 규정 등
⑪	안전점검표
⑫	기타 어린이집 운영에 필요한 서류

[기관 연혁부 예시]

1. 어린이집 개요

어린이집.명				
소 재 지				
원 장				
신고 · 인가 년 월 일				

어린이집 규모	대 지: m²		보 육 정 원	
	건 물: m²			

보육교직원	보육교사	영양사	간호사	취사부	기타
	명	명	명	명	명

○ 법인(단체)

법인(단체)명	
소 재 지	
대 표 이 사	
신 고 연월일	
사 업 종 별	
임 원	이사 명, 감사 명

2. 어린이집 설비현황

시 설 물	개소 수	면적(m²)	시 설 물	개소 수	면적(m²)
보 육 실			화 장 실		
사 무 실			조 리 실		
양 호 실			놀 이 터		
유 희 실			기 타		

3. 연혁

연 월 일	내 역

○ ○ 어린이집

출처: 보건복지부 · 중앙보육정보센터(2013a), p. 80.

[어린이집 운영일지 예시]

어린이집 운영일지			결재	담당	원장

일시	20 년 월 일 날씨:					
행사 및 특이사항	(부모참여프로그램, 운영위원회 회의, 신입 원아/부모 오리엔테이션, 영유아와 가족의 문제, 신입 인력 오리엔테이션, 소방대피훈련 등)					

영유아 입소/퇴소 관계	입소 영유아			퇴소 영유아		

연령\정원	계	0세	만 1세	만 2세	만 3세	만 4세	만 5세
반							
반별 구성							
현원							
결석							
출석							

영양관리 (제공 식단)	오전 간식	점심	오후 간식

연월차 휴가		실습교사 및 자원봉사	
방문자 및 부모 개별면담			
교직원회의 교직원교육	(신입 교직원 오리엔테이션, 보수교육, 원내·원외 교육 등)		
당직 시 특이사항			

오전당직	(인)	출근시간		오후 당직	(인)	퇴근시간	

출처: 보건복지부·중앙보육정보센터(2013a), p. 82.

2) 어린이집 문서의 작성 및 관리 절차

(1) 문서의 작성

● 한글 맞춤법에 따라 가로로 작성하며 숫자는 아라비아 숫자로 작성한다.
● 날짜의 표기는 숫자로 하되 연, 월, 일의 글자는 생략하고 그 자리에 온점을 찍어 표시한다. (예시: 2013. 7. 8.)
● 용지의 규격은 특별한 사유를 제외하고 A4 용지를 사용한다.
● 기안문은 어린이집에서 작성하여 원장의 결재를 받아 문서 발송대장에 기록한 후 자체 파일철에 보관한다.
● 수신자가 많을 경우 문서의 위쪽의 수신자 칸에 '수신자 참조'라고 쓰고, 결문의 발신면의 밑의 왼쪽 기본선에 맞추어 수신자 칸을 설치하여 수신자명을 기재한다.
● 제목: 그 문서의 내용을 쉽게 알 수 있도록 간단하고 명확하게 표시
● 내용: 문서로써 표현하고자 하는 뜻을 쉬운 말로 간략하게 작성
● 항목의 구분: 2항목 이상으로 구분할 필요가 있을 때 표기
● 문서의 본문이 끝나면 두 칸 띄우고 '끝' 표시 기재
● 용지: 흰색
● 여백: 용지의 위로부터 30mm, 왼쪽부터 20mm, 오른쪽 및 아래부터 15mm
● 글자색: 검은색 또는 푸른색

(2) 문서의 접수 및 발송

● 접수: 관련기관에서 보내온 문서는 문서접수대장에 기재한 후 원장의 선결을 받은 다음 담당자(사무원 또는 담당교사)가 처리한다.
● 기안: 결재를 받기 위해 기안양식에 의거하여 사무처리에 관한 초안을 기재한 것을 말한다. 예를 들어, 물품을 구입할 때마다 내부기안을 작성하여 원장의 결재를 맡은 후 지출할 수 있다.
● 발송: 대외기관으로 발송되는 문서는 문서발송대장에 발송번호를 기재하고 등재한 후, 원장의 선결을 받은 다음 처리한다. 원장이 휴가나 출장의 사유로 결재할 수 없을 때는 그 직무를 대리하는 보육교직원이 대결할 수 있도록 하

되, 중요한 문서는 원장에게 보고해야 한다. 문서를 발송한 후에는 문서발송 대장에 관련 사항을 기재하고, 발송된 문서를 문서발송 관련 철에 복사하여 보관한다.

[보존문서 기록 대장 예시]

일련번호	보존기간	문서철	보존 장소		폐기 연월일
			분류번호	제목(수량)	

(3) 각종 문서 및 보존 연한

어린이집에서 구비해야 하는 각종 문서들의 보존 연한은 〈표 11-3〉과 같다.

표 11-3 어린이집 문서 보존 연한

문서의 보존연한	문서의 종류
영구보존	어린이집 인가증 및 공문서, 기능보강사업(신축·증개축 등)의 설계도 및 준공검사필증·보육교직원 임면 관계서류 등
10년 이상	어린이집 일반 정책이나 제도에 관한 계획, 조사, 연구 및 보고서 등 공사 관련 장부 및 증빙서류
5년 이상	예산·결산 및 회계 관계 증빙문서, 각종 지도점검 및 감사관계 문서, 보조금 신청 공문서 등으로서 일반적으로 현금과 관련된 문서
3년	단기적인 보고서 등 참고 또는 단순한 사실의 증명을 위한 문서
1년	일일명령 등 단순한 업무로서 행정기관의 단순한 참고자료 공문, 업무연락, 일상적인 통보 및 조회 등

[기안 양식 예시]

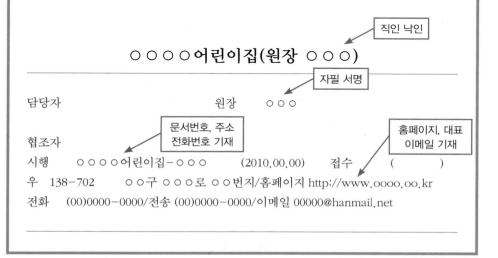

개별 엠블럼
삽입 가능

엄마, 아빠의 미소와 아이의 행복을 만들어 가는 ○○

○ ○ ○ ○ 어 린 이 집

수신자   ○○구청장
(경유)   ○○과장
제목   활동실적 결과물 제출

예시) 1. 보육통합정보시스템 업무연락(2010.10.27)건과 관련입니다.
    2. 서울형 어린이집 주치의 활동실적과 관련 우리 ○○○○○어린이집의 2010년
       도 활동 실적을 다음과 같이 제출합니다.

가. 주치의 건강검진 활동실적(서식 1)

연번	시설명	전체 아동 수 (현원)	건강검진 아동 수	주치의 의원명	시설 전화번호	비고
예)	○○	50	50	○○병원	400-0000	

붙임 1. 입소아동 건강검진 결과통보서(사본) 1부.
    2. 주치의 건강검진 안내 가정통신문 1부.
    3. 주치의 아동교육 활동사진 1부. 끝.

직인 낙인

○ ○ ○ ○ 어린이집(원장 ○ ○ ○)

자필 서명

담당자   원장   ○ ○ ○

문서번호, 주소
전화번호 기재

홈페이지, 대표
이메일 기재

협조자
시행   ○○○○어린이집-○○○   (2010.00.00)   접수   (   )
우   138-702   ○○구 ○○○로 ○○번지/홈페이지 http://www.oooo.oo.kr
전화   (00)0000-0000/전송 (00)0000-0000/이메일 00000@hanmail.net

출처: 송파구청(www.songpa.go.kr).

[문서접수대장 예시]

번호	접수일자	문서번호	발신처	제 목	접수자	비고
1						
2						
3						
4						
5						
6						
7						
8						
9						
10						

○○어린이집

[문서발송대장 예시]

번호	발송일자	문서번호	수신처	참조	제 목	첨부물		발송 방법 (우편, 이메일, 팩스 등)	비고
						명칭	수량		
1									
2									
3									
4									
5									
6									
7									
8									
9									
10									

○○어린이집

제**12**장

재정관리

1. 유치원 재정관리

2. 어린이집 재정관리

유치원과 어린이집을 효율적으로 운영하려면 먼저 충분한 재정이 확보되어야 하며 확보된 재정을 적재적소에 집행하여 영유아 교육·보육의 효과를 극대화해야 한다. 아울러 교육비와 보육비가 무상으로 지원되고 있기 때문에 재정관리를 투명하게 하는 것 역시 기관 운영자가 유의해야 할 사항이다. 이 장에서는 유치원과 어린이집의 재정관리 원칙과 실제에 관하여 살펴보고자 한다.

1. 유치원 재정관리

유치원이 계획한 유아교육 활동을 하기 위해서 재정이 필요하며, 효율적 운영을 위해 재정관리가 필요하다. 유치원 자율적으로 금융기관이나 체신관서를 지정하여 출납원 명의로 주거래 계좌를 개설·이용하되 부실 우려가 없는 우량 금융기관을 지정한다.

유치원 재정관리 관련 법규와 운영원리를 살펴보면 다음과 같다(인천광역시 남부교육지원청, 2014).

1) 유치원 재정관련 법규

유치원 재정관리는 다음과 같은 관련 법규에 따라 이루어져야 한다.

- 사립학교법
- 사립학교법 시행령
- 사학기관 재무·회계 규칙
- 유아교육법
- 유아교육법 시행령
- 유아교육법 시행규칙
- 지방자치단체를 당사자로 하는 계약에 관한 법률

- 지방자치단체를 당사자로 하는 계약에 관한 법률 시행령
- 지방자치단체를 당사자로 하는 계약에 관한 법률 시행규칙

2) 재정관리의 운영원리

(1) 건전한 재정 운영의 원칙

예산을 편성하거나 집행함에 있어 재정사항을 충분히 고려하여 재정운영의 건전성을 유지하여야 하는 원칙이다. 구체적인 내용은 다음과 같다.

- 회계연도 독립의 원칙: 해당연도의 경비는 해당연도의 세입으로 충당하여야 하고 현 연도에 책정한 경비를 다음 연도에 사용해서는 안 된다는 원칙
- 수입의 직접사용 금지의 원칙: 모든 수입을 지정된 수납기관에 납부하여야 하며, 직접 사용하여서는 안 된다는 원칙
- 예산총계주의 원칙: 한 회계연도의 모든 수입을 세입으로, 모든 지출을 세출로 하여 모두 예산에 계상하도록 한 원칙
- 한정성의 원칙: 예산의 사용 목적, 금액, 기간 등에 한정을 두어야 한다는 원칙. 특정 목적을 위하여 할당된 예산액은 그 목적을 위해서만 사용되어야 하며, 예산 초과 지출과 예산외 지출을 금함. 예산은 재정 운영에 대한 약속이라고 할 수 있으며, 예산에 정해진 목적을 벗어나 방만한 예산 집행을 하게 되면 예산제도 존재 자체가 무의미하게 되는 결과를 가져옴.
- 공개성의 원칙: 유치원운영위원회 자문을 거쳐 확정된 예산서 및 결산서를 학부모 등에게 공개하여야 한다는 원칙

(2) 유치원 회계 업무 흐름도

유치원 재정의 회계연도는 매년 3월 1일에 시작하여 다음해 2월 말일에 종료한다.

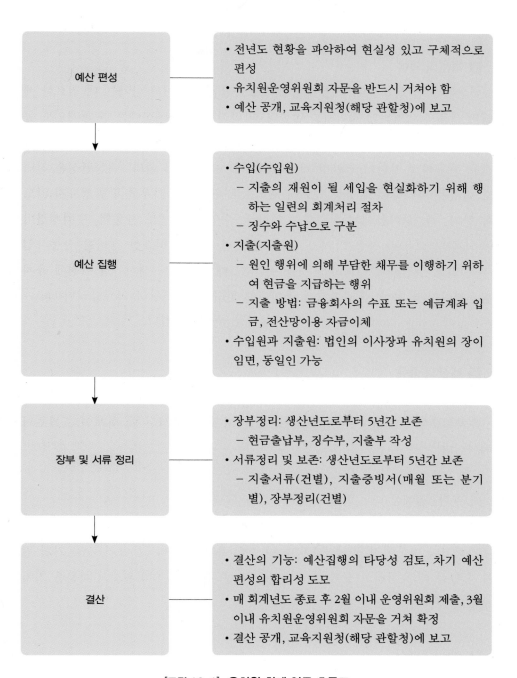

예산 편성	• 전년도 현황을 파악하여 현실성 있고 구체적으로 편성 • 유치원운영위원회 자문을 반드시 거쳐야 함 • 예산 공개, 교육지원청(해당 관할청)에 보고
예산 집행	• 수입(수입원) 　- 지출의 재원이 될 세입을 현실화하기 위해 행 　　하는 일련의 회계처리 절차 　- 징수와 수납으로 구분 • 지출(지출원) 　- 원인 행위에 의해 부담한 채무를 이행하기 위하 　　여 현금을 지급하는 행위 　- 지출 방법: 금융회사의 수표 또는 예금계좌 입 　　금, 전산망이용 자금이체 • 수입원과 지출원: 법인의 이사장과 유치원의 장이 임면, 동일인 가능
장부 및 서류 정리	• 장부정리: 생산년도로부터 5년간 보존 　- 현금출납부, 징수부, 지출부 작성 • 서류정리 및 보존: 생산년도로부터 5년간 보존 　- 지출서류(건별), 지출증빙서(매월 또는 분기 　　별), 장부정리(건별)
결산	• 결산의 기능: 예산집행의 타당성 검토, 차기 예산 편성의 합리성 도모 • 매 회계년도 종료 후 2월 이내 운영위원회 제출, 3월 이내 유치원운영위원회 자문을 거쳐 확정 • 결산 공개, 교육지원청(해당 관할청)에 보고

[그림 12-1] 유치원 회계 업무 흐름도

(3) 예산

1 예산의 의미

예산이란 한 회계연도 동안 유치원이 교육활동을 실천해 나가는 데 필요한 세입과 세출의 체계적인 계획서를 말한다. 따라서 유치원 예산에는 한 회계연도 동안의 유치원의 제반 활동 및 이에 따른 재정소요액이 나타나야 하며, 유치원 예산을 통하여 유치원의 전반적 계획을 파악할 수 있어야 한다. 예산편성은 전년도 현황을 파악하여 현실성 있고 구체적으로 편성하여 과부족이 발생하지 않도록 한다. 즉, 원아들에게 징수하는 입학금, 수업료, 전년도 불용액, 수혜성경비(수익자부담교육비) 등을 가지고 1년간 유치원 운영에 필요한 경비를 활동사업(과목)별로 추정하여 편성하는 것을 뜻한다. 매 회계연도 개시 5일 이전에 유치원홈페이지 및 관련 홈페이지에 공개해야 한다. 매년 5월 유치원알리미(http://e-childschoolinfo.mest.go.kr)를 통해 예산서를 공시해야 한다.

2 예산의 종류

가. 본예산

유치원운영위원회 자문(이사회 의결)을 거쳐 확정 고시된 매 회계연도 최초의 예산이다.

나. 추가경정예산

예산안이 확정된 이후에 발생한 사유로 인하여 이미 성립된 본예산상의 내용에 추가하거나 예산에 변경(예산액의 과부족, 예산목적 변경, 비목간 조정 등)을 가할 필요가 있을 때 유치원의 장이 다시 예산을 편성, 유치원운영위원회의 자문을 거쳐 성립된 예산이다.

다. 성립 전 예산

사용 용도가 지정되고 소요경비 전액이 교부된 경비(목적사업비)와 수익자부담경비에 대하여 유치원운영위원회의 예산 승인 전에 예산을 집행한 후 차기 추경예산에 반영하여(성립 전 예산임을 명시) 승인 절차를 거치는 것을 말한다.

③ 예산편성 절차

관련 법규:「사학기관 재무 · 회계규칙」제16조,「유아교육법」제19조의8

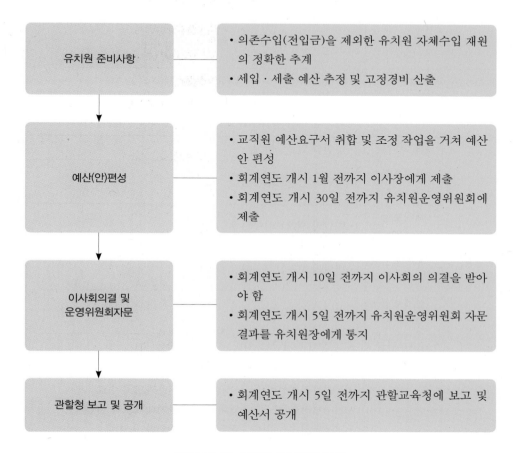

유치원 준비사항	• 의존수입(전입금)을 제외한 유치원 자체수입 재원의 정확한 추계 • 세입 · 세출 예산 추정 및 고정경비 산출
예산(안)편성	• 교직원 예산요구서 취합 및 조정 작업을 거쳐 예산안 편성 • 회계연도 개시 1월 전까지 이사장에게 제출 • 회계연도 개시 30일 전까지 유치원운영위원회에 제출
이사회의결 및 운영위원회자문	• 회계연도 개시 10일 전까지 이사회의 의결을 받아야 함 • 회계연도 개시 5일 전까지 유치원운영위원회 자문 결과를 유치원장에게 통지
관할청 보고 및 공개	• 회계연도 개시 5일 전까지 관할교육청에 보고 및 예산서 공개

[그림 12-2] 유치원 예산편성 절차

4 세입 · 세출 예산 과목 해소 및 사업 내용

〈세 입〉

과 목			과목 해소 및 사업 내용
관	항	목	
사용료 및 수수료	납교금	입학금	• 입학금
		수업료	• 학부모 부담 교육과정(반일반) 수업료(국고지원액 제외) • 학부모 부담 방과후과정 수업료(국고지원액 제외)
전입금	법인 부담금	연금부담금	• 법인의 연금부담금
		건강보험 부담금	• 법인의 건강보험부담금
		재해보상 부담금	• 법인의 재해보상부담금
		고용보험 부담금	• 법인의 고용보험부담금
		산재보험 부담금	• 법인의 산재보험부담금
		기타부담금	• 그 밖의 부담금(운영비, 시설비 부담금 등)
원조 보조금	국내 보조금	국고 보조금	• 유아학비지원금 • 장애유아무상교육비 • 독서환경개선비 • 신용카드 수수료 • 지구별장학협의회 운영비 • 단기대체교사 인건비 • 교육환경개선비(CCTV설치비) • 종일반 운영비 • 종일반 자원봉사자 활동비 • 방과후 기타 교육활동비 • 교재교구지원금 • 교육역량제고사업 운영비 • 유치원 평가 자구노력비 • 장애유아 특기적성교육비
		시 · 도 보조금	• 관할 시청 및 군청의 기타 지원금
이월금	전년도 이월금	전년도 이월금	• 전년도 불용액(추계)으로서 올해에 이월되는 순세계잉여금 ※ 수익자부담경비 이월금은 해당 과목에 계상
		이월 사업비	• 전년도 세출예산 중 경비의 성질상 또는 불가피한 사유로 그 연도 안에 지출하지 못한 경비(명시이월, 사고이월)
과년도 수입	과년도 수입	과년도 수입	• 전년도에 징수할 금액(납입금) 중 징수하지 못해 금학년도에 징수 예정인 금액

(계속)

〈세 입〉

과 목			과목 해소 및 사업 내용
관	항	목	
기부금	기부금	기부금	• 기부금
학교운영 지원비	수익자 부담 교육비	특성화 활동비	• 특성화활동비 • 기타 교육비(다문화교육)
		현 장 학습비	• 현장체험활동비 • 견학비, 소풍비 　※ 산출기초에 활동내용을 구분하고 1인당 경비가 나타 　　나도록 작성
		급식비	• 교육과정 급식비 및 간식비 • 방과후과정반 급식비 및 간식비 • 우유대금 • 교직원급식비
		졸 업 앨범비	• 졸업앨범비
		차량 운영비	• 차량운영비
		교재비 및 재료비	• 교육과정반 교재비 및 재료비 • 방과후과정반 교재비 및 재료비
		기타	• 원복비 및 활동복 구입비 • 입학준비물(가방, 도시락 등) 구입비
잡수입	예금이자	예금이자	• 금융기관에 예치한 예금의 이자수입 　- 정기예금, 신탁예금, 보통예금 등
	물 품 매각대	불용품 매각대	• 비품, 집기, 기계기구 등의 불용품매각대, 폐휴지매각대 등
	잡수입	잡수입	• 타 과목에 속하지 아니하는 수입-교육시설 사용료 등

〈세 출〉

과 목			과목 해소 및 사업 내용
관	항	목	
인건비	봉 급	교원 봉급	• 교원 기본급 • 교원 정근수당 • 교원 상여금
		사무직원 봉급	• 사무직원 기본급 • 사무직원 정근수당 • 사무직원 상여금
		고용원 봉급	• 고용원 기본급 • 고용원 정근수당 • 고용원 상여금
	정액수당	교원 수당	• 교원에게 매월 지급하는 각종 직무 수당 – 학비보조수당 – 정근수당가산금 – 가족수당 – 관리업무수당 – 보직교사수당 – 담임수당 – 교원보전수당 – 교직수당 – 기타수당
		사무직원 수당	• 사무직원에게 매월 지급하는 각종 직무 수당 – 학비보조수당 – 정근수당가산금 – 가족수당 – 대우수당 – 안전관리수당 – 기타수당
		고용원 수당	• 고용원에게 매월 지급하는 각종 직무수당
		직급 보조비	• 봉급 지급 시 지급하는 직급보조비
	임시직	임시직 급여	• 임시로 고용하고 있는 직원의 보수 – 급여, 정근수당, 복리후생비, 퇴직금, 기타 수당 등으로 구분하여 계상
	퇴직금	퇴직금	• 계속 근로연수가 1년 이상인 자에게 지급하는 퇴직금
	부담금	연금 부담금	• 기관부담 연금(사학)보험료
		건강보험 부담금	• 기관부담 건강보험료
		재해보상 부담금	• 기관부담 재해보상보험료
		고용보험 부담금	• 기관부담 고용보험료
		산재보험 부담금	• 기관부담 산재보험료
	기 타 제수당	강사료	• 시간강사 강사료 • 명예교사 강사료 – 방과후특성화교육 강사료는 수익자부담경비로 편성
		복리 후생비	• 교원, 사무직원에게 지급하는 복리후생비 – 정액급식비 – 가계지원비 – 명절휴가비 – 교통보조비 – 연가보상비 – 하계휴가비
		기타 수당	• 시간외 근무수당

(계속)

〈세 출〉

과 목			과목 해소 및 사업 내용
관	항	목	
관리 운영비	학교 운영비	공통 운영비	• 일반소모품구입　• 공공요금 및 제세공과금　• 구독료 • 사무용품구입　• 교직원 야간식대(특근매식비)　• 원아모집 광고료 • 복사용지구입　• 우편발송요금　• 전기안전검사비 • 회계업무관리비　• 민원인 접대용품구입　• 건물임대료 • 통학차량보험료　• 통학차량임차대　• 정수기렌탈비 • 통학차량할부금　• 교직원 여비　• 환경개선부담금 • 재정보증보험료 • 시설보수용품구입 및 수리비　• 회계업무관리비　• 방역비 • 사무기기용품구입 및 렌탈비　• 소방점검 및 무인경비용역비 • 자산(비품)구입(교수・학습활동에 필요한 비품 제외)
		교수・학습 활동비	• 교재교구구입비　• 입학 및 졸업 행사비　• 종일반 운영비 • 학습준비물구입　• 도서구입비　• 실험실습재료구입 • 교실환경구성용품　• 각종행사비(학예, 체육행사, 교육과정 설명 등) • 교수학습활동에 필요한 비품 구입 • 현장체험활동비(학부모부담수입 제외)
		학생 복리비	• 원아상해보험료　• 안전공제회비　• 구급약품구입 • 치료비　• 급식・간식비(자체부담, 수익자부담경비 아닌 경우)
		업무 추진비	• 원장업무추진비　• 교직원협의회경비
	재산 관리비	건물 유지비	• 건물 화재보험료　• 건물수선비(도색, 화장실보수, 방수공사) • 노후교실 리모델링　• 노후시설보수
연구 장학비	연구비	장학금	• 원아에게 지급하는 장학금
		연구비	• 교직원에게 지급되는 각종 연구비 및 연수비
과년도 지출	과년도 지출	과년도 지출	• 과년도에 확정된 채무로 지출해야 하는 사업비
재산 조성비	시설비	시설비	• 화장실 증축 및 교실 증축 • 건축물의 신축, 증축, 개축(인가・변경과 관련된 시설공사)
	자산 취득비	토지 및 건물 매입비	• 토지 및 건물매입비(법인 및 사립학교경영자의 전입금이 있을 경우만 계상 가능)
예비비	예비비	예비비	• 예측할 수 없는 경비 또는 예산 초과지출에 충당하기 위하여 계상
학교 운영 지원비	수익자 부담 교육비	특성화 활동비	• 특성화교육강사료　• 특성화활동 교재비 및 재료비 • 다문화교육비
		현장 학습비	• 입장료 및 관람료　• 차량임차료　• 간식 및 식비　• 체험비
		급식비	• 교육과정반 급식・간식비 　－ 식재료 구입　－ 급식소모품구입　－ 우유대금　－ 인건비　－ 간식비 • 방과후과정반 급식・간식비 　－ 식재료 구입　－ 급식소모품구입　－ 간식비　－ 인건비
		졸업 앨범비	• 졸업앨범 구입
		차량 운영비	• 차량운영을 위한 경비 　－ 유류비　－ 인건비　－ 수리비
		교재비 및 재료비	• 교육과정반 교재 및 재료 구입 • 방과후과정반 교재 및 재료 구입
		기타	• 원복비 및 활동비 구입　• 입학준비물품 구입

(4) 결산

결산이란 1년간 유치원의 실질적인 수입·지출의 집행실적을 확정된 수치로 나타내는 것을 말한다.

1 결산의 의의

유치원의 세입·세출 결산은 매 회계연도가 종료하는 시점을 기준으로 당해 연도에 들어온 실질적인 세입과 세출의 결과를 계수로 표시하는 행위로서, 결산의 의의는 비효율적인 예산 집행을 분석하고 다음 연도 예산편성·집행의 효율성을 도모함에 있다.

2 결산 방법

- 유치원의 세입·세출 결산서는 예산과목과 동일하게 작성하되 수입과 지출에 있어서의 예산액, 결산액, 비교증감을 명확히 하여야 한다.
- 각종 보조금(유아학비 보조금, 교육역량제고사업비 등)은 전액 계상하여 목적별로 구분하여 명기한다.
- 전년도 사용 잔액과 이월금의 계산액은 반드시 일치하여야 한다.
- 세입·세출 결산액은 장부와 반드시 일치하여야 하며 임의수정 또는 변경하여서는 안 된다.
- 산출기초는 반드시 집행사업과 지출내역을 상세하게 명기하고 사용 잔액은 잔고증명과 일치하여야 한다.
- 결산액과 잔고증명서상의 금액이 상이할 경우에는 불부합조서를 첨부하여야 한다.
- 이사회 회의록에는 통과된 예산액과 결산액을 명기하여야 한다.
- 결산결과 발생된 불용액, 과년도 수입은 익년도 추가경정예산에 반영하여야 한다.

3 결산 절차

관련 법규: 「유아교육법」 제19조의8, 「사학기관 재무·회계규칙」 제23조

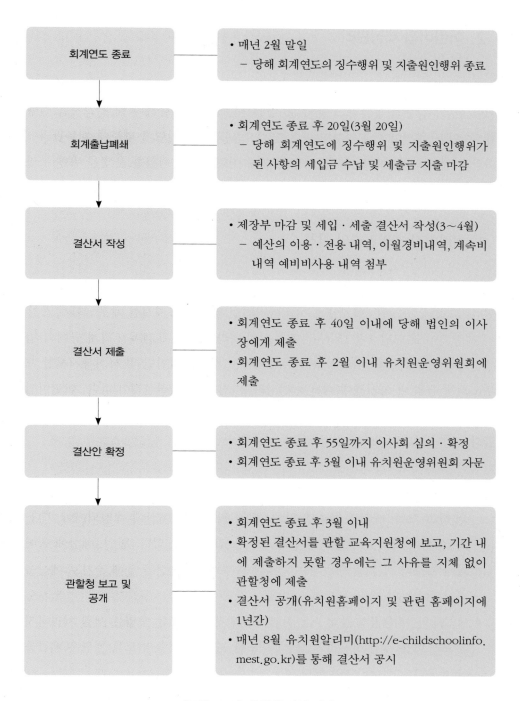

회계연도 종료
- 매년 2월 말일
  - 당해 회계연도의 징수행위 및 지출원인행위 종료

회계출납폐쇄
- 회계연도 종료 후 20일(3월 20일)
  - 당해 회계연도에 징수행위 및 지출원인행위가 된 사항의 세입금 수납 및 세출금 지출 마감

결산서 작성
- 제장부 마감 및 세입·세출 결산서 작성(3~4월)
  - 예산의 이용·전용 내역, 이월경비내역, 계속비 내역 예비비사용 내역 첨부

결산서 제출
- 회계연도 종료 후 40일 이내에 당해 법인의 이사장에게 제출
- 회계연도 종료 후 2월 이내 유치원운영위원회에 제출

결산안 확정
- 회계연도 종료 후 55일까지 이사회 심의·확정
- 회계연도 종료 후 3월 이내 유치원운영위원회 자문

관할청 보고 및 공개
- 회계연도 종료 후 3월 이내
- 확정된 결산서를 관할 교육지원청에 보고, 기간 내에 제출하지 못할 경우에는 그 사유를 지체 없이 관할청에 제출
- 결산서 공개(유치원홈페이지 및 관련 홈페이지에 1년간)
- 매년 8월 유치원알리미(http://e-childschoolinfo. mest.go.kr)를 통해 결산서 공시

[그림 12-3] 유치원 결산 절차

2. 어린이집 재정관리

어린이집을 효율적으로 운영하기 위해서는 무엇보다도 충분한 재정이 확보되어야 한다. 원장의 철학과 교사의 보육계획이 아무리 훌륭하다 해도 그것을 실행할 수 있는 재정이 확보되지 않는다면 실효를 거두기 어렵기 때문에 재무관리에 대한 이해가 선행되어야 하며, 이를 토대로 어린이집의 원활한 운영을 위한 투명하고 합리적인 재정관리가 이루어져야 한다.

1) 어린이집 재정관리의 원칙

어린이집에서는 종전에 보건복지부에서 어린이집의 재무 · 회계규칙을 적용하였다. 그러나 2012년 8월 7일에 '사회복지법인 및 사회복지시설 재무 · 회계 규칙'이 제정되어 2013년 1월 1일부터 적용됨에 따라 어린이집 재무 · 회계 규칙의 법적근거가 마련되었다. 따라서 어린이집에서는 '사회복지법인 및 사회복지시설 재무 · 회계 규칙'에 의거하여 예산을 편성하고, 집행한 후 결산해야 한다. 어린이집 재무회계의 기본 원칙은 다음과 같으며, 재무 · 회계 규칙의 개요는 〈표 12-1〉과 같다.

- 예산총계주의 원칙: 예산총계주의 원칙이란 1회계연도의 모든 수입은 세입으로 하고 모든 지출은 세출로 하되, 세입과 세출은 예산에 계정되어야 한다. 즉, 예산에 잡혀있지 않은 수입과 지출은 집행할 수 없다. 만일, 예산에 들어 있지 않으나 꼭 지출해야 하는 경우에는 추가경정예산을 통해 추가로 예산을 계상해야 한다.
- 세입의 직접사용금지 원칙: 어린이집에서 발생하는 모든 수입은 세입 처리하지 않고는 이를 직접 사용하지 못한다. 또한, 수입과 지출의 모든 재원은 예금통장을 통하여 집행하여야 한다.
- 회계독립의 원칙: 각 회계연도에 소요되는 경비는 당해 연도 세입으로 충당하고 세출예산은 다음 연도에 사용할 수 없다는 원칙이다(예외: 준예산, 전년도이월금, 과년도수입, 과년도 지출)

- 공개의 원칙: 확정된 예산을 어린이집 게시판이나 홈페이지에 20일 이상 공고해야 한다.
- 예산의 목적 외 사용금지 원칙: 예산이 정한 목적 이외의 경비사용은 불가하다.
- 예산의 사전승인과 한정성의 원칙: 회계연도 개시 10일 전에 지방자치단체장에게 제출하여야 하며, 항목 간에 명백한 한계가 있어야 한다.

표 12-1 어린이집 재무 · 회계 규칙 개요

구 분	주요 내용
적용 대상	모든 어린이집(단, 직장어린이집은 예외 적용 가능)
세입 · 세출 예산과목	보육사업의 예산과목 참조
예산의 심의	어린이집 운영위원회(법인은 법인이사회 포함)
예산의 제출	회계연도 개시 10일 전까지
예산의 전용	지방자치단체장이 따로 정하나 어린이집의 원장은 관 · 항 · 목 간의 예산을 전용하여 사용할 수 있음
결산안 심의	어린이집 운영위원회(법인은 법인이사회 포함)
결산서 첨부서류	세입세출 결산서/연도말 잔액증명서/결산보조서류
장부의 보존기간	5년(단, 공사 관련 장부 및 증빙서류는 10년)
예산의 적립이 필요한 경우	기타운영비로 지출(보육료수입+기본보육료의 15% 범위 내)

2) 예산 편성

(1) 예산의 의미

예산이란 보통 1년을 단위로 하여 수입과 지출의 세세한 항목을 정하고, 어느 곳에 어느 정도의 경비가 필요할지, 그리고 그 경비를 어디서 충당할 것인지에 대해 계획하는 것을 말한다. 어린이집에서 예산을 효율적으로 계획 · 관리하는 것은 1년간의 재정 운용에 있어서 적자 운영을 예방하고 지출을 효율적으로 하는 데 기여할 수 있다.

(2) 예산

1 예산의 편성

예산은 예산총계주의 원칙에 따른다. 1회계연도의 모든 수입은 세입으로 하고 모든 지출은 세출로 하되, 세금과 세출은 모두 예산에 계정되어야 한다. 어린이집 회계연도는 정부회계연도 규정에 의해 1월 1일부터 당해 연도 12월 31일까지로 한다. 어린이집 예산편성은 「영유아보육법 시행규칙」 제23조의 어린이집 운영기준 과 어린이집에 해당하는 재무 · 회계규칙 예산안 편성에 근거하여 세입 · 세출 예산과목 구분에 따라 편성하여야 한다. 예산편성의 절차를 살펴보면 [그림 12-4] 와 같다.

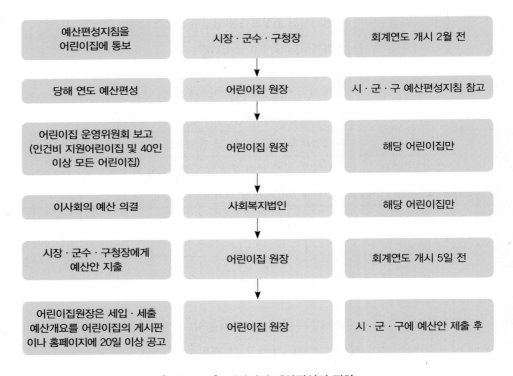

예산편성지침을 어린이집에 통보	시장 · 군수 · 구청장	회계연도 개시 2월 전
당해 연도 예산편성	어린이집 원장	시 · 군 · 구 예산편성지침 참고
어린이집 운영위원회 보고 (인건비 지원어린이집 및 40인 이상 모든 어린이집)	어린이집 원장	해당 어린이집만
이사회의 예산 의결	사회복지법인	해당 어린이집만
시장 · 군수 · 구청장에게 예산안 지출	어린이집 원장	회계연도 개시 5일 전
어린이집원장은 세입 · 세출 예산개요를 어린이집의 게시판 이나 홈페이지에 20일 이상 공고	어린이집 원장	시 · 군 · 구에 예산안 제출 후

[그림 12-4] 어린이집 예산편성의 절차

2 준예산

회계년도 개시 전까지 어린이집의 예산이 성립하지 아니한 때는 시 · 군 · 구에 준예산 편성 사유를 보고하고, 예산 시까지 일부 경비(보육교직원보수, 어린이집 운영에 직접 사용되는 필수경비, 법령상 지급되는 경비)에 대해 전년도 예산에 준하여 집행이 가능하다.

③ 추가경정예산

예산 성립 후 입소아동 수의 변동, 보육아동 수의 증감에 따른 보육교직원 입사·퇴사, 연초 세입예산에 포함되지 않은 시설 개보수비 등의 사유로 인하여 이미 성립된 예산에 변경을 가할 필요가 있을 경우 추가경정예산수립이 가능하다. 추가경정예산이 필요한 경우 예산편성절차에 준하여 추가경정예산을 편성·확정하여 7일 이내에 시·군·구에 제출한다.

④ 예비비

어린이집 원장은 예측할 수 없는 예산 외의 지출 또는 예산의 초과지출에 충당하기 위하여 예비비를 계상할 수 있다. 예비비는 본 세출예산의 2% 범위 내에서 편성할 수 있으나 편성하지 않아도 무방하다.

⑤ 세출예산의 이월

당해 회계연도 안에 지출을 마치지 못할 것으로 예측되는 경비 또는 불가피한 사유로 인하여 연도 내에 지출하지 못할 것으로 예측되는 경비가 있을 경우 연도 내에 지출원인 행위를 하고 다음 연도에 이월하여 사용한다.

(3) 예산 편성을 위한 어린이집 예산 과목

보육사업안내(보건복지부, 2014a)에 제시되어 있는 '사회복지법인 및 사회복지시설 재무·회계 규칙'의 세입·세출 예산과목은 다음과 같다.

1 세입예산

어린이집 시설회계 세입예산과목구분(제10조제3항제2호 관련)

과 목					내 역
관		항		목	
01	필요경비 수입	11	필요경비 수입	111	기타 필요경비	입학 준비금, 현장학습비 등 보호자가 부담하는 기타 필요경비
				112	특별활동비	보호자가 부담하는 특별활동 비용
02	과년도수입	21	과년도수입	211	과년도수입	전년도에 세입조정된 수입으로서 금년도에 수입으로 확정된 수입
03	잡수입	31	잡수입	311	이자수입	기본재산예금 외의 예금이자 수입
				312	후원금입금	개인 · 단체 등으로부터 받은 각종 기부금 · 후원금 · 찬조금 등
				313	기타잡수입	보육교사 실습비, 물품의 매각수입, 변상금 및 위약금 수입, 보험 만기 시 수령액 등
04	보육료수입	41	보육료수입	411	보육료수입	보호자로터 받은 보육료와 만 0~4세아, 만 5세아, 장애아, 다문화 · 맞벌이 가구 등에 지원되는 보육료 및 카드수수료 환급금을 통합
05	보조금수입	51	경상보조금 수입	511	인건비 보조금	국가 및 지방자치단체로부터 받은 인건비(어린이집으로 지원되는 처우개선비 등 포함)
				512	기본보육료	보육비용의 일정 부분을 정부가 어린이집에 지원하는 보조금
				513	기타지원금	국가 및 지방자치단체로부터 받은 급식 · 간식비, 냉난방비, 공공형 어린이집 운영비 등
		52	자본보조금 수입	521	자본보조금	국가 및 지방자치단체로부터 받은 신증축비, 개보수비, 장비비 등
06	전입금	61	전입금	611	전입금 차입금	법인, 단체, 운영자로부터의 운영지원금 일시 운영 차입금
				612	전년도이월금	전년도 불용액으로 이월된 금액
07	이월금	71	이월금	711 712	전년도 이월사업비	전년도에 종료되지 못한 이월사업비

2 세출예산

어린이집 시설회계 세출예산과목구분(제10조제3항제2호 관련)

과 목					내 역
관		항		목	
100	어린이집 운영비	110	인건비	111	기본급	보육교직원에 대한 기본봉급(상여금 포함)
				112	일용잡금	일급 또는 단기간 채용하는 임시직에 대한 급여
				113	제수당	보육교직원에 대한 제수당(직급별로 일정액을 지급하는 수당, 시간외 · 야간 · 휴일 근무 수당, 연구수당, 급식비 및 기타수당)
				114	퇴직금 및 퇴직적립금	보육교직원 퇴직급여제도에 따른 퇴직급여 및 퇴직적립금
				115	사회보험 부담비용	보육교직원의 사회보험(국민연금, 국민건강보험, 고용보험, 산업재해보상보험 등) 부담
				116	기타 후생경비	보육교직원의 건강진단비 · 급량비 · 연구연수비, 보육교직원 상용피복비 등 복리 후생에 소용되는 비용
		120	업무 추진비	121	기관운영비	어린이집 운영 및 유관 기관과의 업무 협의 등에 소요되는 제 경비
				122	직책급	어린이집 원장의 직책수행을 위하여 정기적으로 지급하는 경비
				123	회의비	어린이집운영위원회, 부모회의 등 각종 회의 등에 소요되는 제경비
		130	관리 운영비	131	여비	보육교직원의 국내 · 국외 출장여비
				132	수용비 · 수수료 및 공공요금	사무용품비 · 인쇄비 · 집기구입비(장기간 또는 고정자산 취급되는 집기류는 312목에 계상) · 도서구입비, 공고료 · 등기료 · 수수료 우편료 · 전신전화료 · 전기료 · 상하수도료 · 도시가스료, 자동차세 · 협회비 · 화재 · 자동차보험료 등
				133	차량비	어린이집 통학용 차량으로 등록된 차량의 유류대 · 차량정비유지비 · 차량소모품
				134	연료비	보일러 및 난방시설연료비, 취사에 필요한 연료비
				135	기타운영비	그 밖에 운영정비로서 위에 분류되지 아니한 경비(건물임대료, 감가상각비, 건물 융자금의 이자, 차량할부금 등)

(계속)

과목						내역
관		항		목		
200	사업비	210	사업 운영비	211	급간식비	보육아동 및 보육교직원을 위한 쌀, 보리 등의 주식과 부식 구입비 및 간식비 등
				212	교재·교구비	교재·교구의 구입 및 제작비
				213	행사비	보육과정에서 아동과 직접 관련되어 발생하는 행사경비
				214	기타 필요경비 지출	입학 준비금, 현장학습비 등에 지출하는 비용
				215	특별활동비 지출	특별활동에 따라 지출하는 비용
300	재산 조성비	310	시설비	311	시설비	시설 신축·증축비 및 부대경비, 그 밖에 시설비(개수·보수비)
				312	자산취득비	시설운영에 필요한 비품구입비, 토지·건물·그 밖에 자산의 취득비
				313	시설장비 유지비	건물 및 건축설비(구축물·기계장치), 공구·기구, 비품수선비(소규모수선비는 132목에 계상) 그 밖에 시설물의 유지 관리비
400	전출금	410	전출금	411	법인회계 전출금	사회복지법인 등 법인 회계로의 전출금
				412	차입금 상환	일시 운영차입금 상환
				413	보조금 반환금	정부보조금 반환금
				414	보호자 반환금	보육료, 필요경비 사용 잔액 등을 보호자에게로의 반환금
500	과년도 지출	510	과년도 지출	511	과년도 지출	과년도미불금 및 과년도사업비의 지출
600	잡지출	610	잡지출	611	잡지출	어린이집이 지출하는 보상금·사례금·소송경비 및 원단위 절사금 등
700	예비비	710	예비비	711	예비비	예측할 수 없는 불가피한 지출소요

③ 예산편성 시 유의사항

- 예산총계주의 원칙을 엄수해야 한다. 국가 및 지방자치단체로부터 수시로 지원받는 기타 보조금, 예측 외로 지원받은 기타 보조금, 어린이집 운영상 예상되는 수입금에 대해서는 세입예산편성 시 반드시 계상하고, 예산 성립 후, 수익금 발생 시에는 추가경정예산을 편성하여 자치구에 제출하여야 한다.
- 회계과목 지정 오류를 최소화하도록 노력해야 한다. 필요경비 수입(세입)과 필요경비 지출(세출)간 연계 관계 등 편성관리를 철저히 해야 한다. 인건비 등 산출기초를 일원화하고 사업명에 대해 세분화하여 명시한다.
- 경상보조금의 변화, 인건비 지급기준의 변화를 확인하고 반영하여야 한다. 전년도 또는 수년간의 예산 · 결산분석 결과를 참조하여 익년도 예산을 편성한다.

(4) 결산

어린이집의 수입 및 지출에 관한 사무관리의 주체는 어린이집 원장이다. 어린이집에서는 수입과 지출의 현금출납 업무를 담당하기 위하여 각각 수입원과 지출원을 두는 것이 원칙이나, 어린이집의 경우 회계규모나 보육교직원 수 등을 고려할 때 어린이집 원장이 수입과 지출의 현금출납업무를 담당하되 필요할 경우 보육교직원에게 회계업무를 겸임하게 할 수 있다. 회계의 방법은 단식부기를 사용하며 필요한 경우 복식부기도 가능하다.

(5) 회계
① 수입

- 수입이 발생하였을 경우 세입의 직접사용금지 원칙에 따라 모든 수입을 세입 처리한 후 사용한다. 수입금의 수납관리는 금융기관을 통해서 취급하여야 하며, 수입원이 아니면 수납하지 못한다. 수입원이 수납한 수입금은 7일 이내 금융기관에 예입해야 하며, 수입 발생 시 수입결의를 한 후 현금출납부, 총계정 원장에 기록하여야 한다.
- 과년도 수입, 반납금, 과오납금 처리는 출납 완결 연도에 속하는 수입과 기타 예산외 수입은 모두 당해 연도 세입에 편입하여야 한다. 지출된 세출의 반납금은 각각 지출한 세출의 당해 과목에 여입 가능하다. 과오납된 수입금은 세

입에서 직접 반환하여야 한다. 이 경우 반납결의서를 작성하여 회계처리 한다.

- 수입결의서는 세입예산의 항목에 따라 보조금, 보육료 수입 등 어린이집 통장으로 입금이 발생하였을 경우, 수입결의서를 작성해야 한다. 이 때, 결의서 발생일자는 통장에 수입금이 입금된 날짜와 동일해야 한다. 수입결의서 작성 시 과목에 따라 관, 항, 목을 정확히 기재하고 적요란에 수입내역을 상세히 기재한다. 또한 수입결의서 뒷면에는 수입결의 후 보육료 납입자 명단이 등재된 통장사본이나 은행출납이 날인된 보육료 납부영수증 등을 첨부해야 한다.
- 수입 회계처리 흐름도를 살펴보면 [그림 12-5]와 같다.

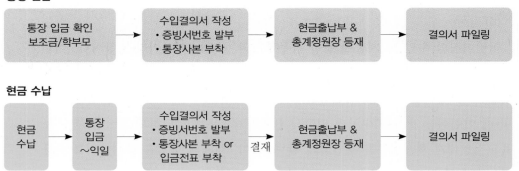

[그림 12-5] 수입 회계처리 흐름도

출처: 전남보육정보센터(2013), p. 57.

② 지출

- 지출은 지출사무를 관리하는 자(대표이사, 어린이집 원장) 및 그 위임을 받아 지출명령이 있는 것에 한하여 지출원이 행한다. 지출은 계좌입금, 어린이집 전용 신용카드 또는 현금 영수증을 통하여 행하는 것이 원칙이다.

  ※ 상용경비 또는 소액의 경비 지출은 현금으로 가능하며 이를 위해 지출원은 일백만 원 이하의 현금을 보관할 수 있다.

  ※ 상용경비 또는 소액의 경비 지출이라도 5만 원 이상 지출 시 신용카드를 사용하거나 현금영수증을 지출하여야 한다.

- 어린이집의 예산집행은 '예산의 목적 외 사용금지' 원칙을 지켜야 하지만, 편성된 예산항목에 따른 재정이 부족하거나 초과할 때 '사회복지법인 및 사회복지시설 재무·회계 규칙' 제16조에 의거하여 원장은 관·항·목 간의 예산을 전용하여 사용할 수 있다. 이 때 과목전용조서를 작성하여야 한다.
- 지출결의서는 세출예산의 세출항목에 따라 비용 지출이 발생하였을 경우, 지출내역을 명확히 하여 지출결의서를 발행한 후 현금출납부, 총계정 원장에 기록하여야 한다. 지출결의서 작성 시 예산 과목에 따라 관·항·목을 정확히 기재하고 적요란에 지출내역을 상세히 기재한다. 또한 지출결의서 뒷면에는 지출 내역서(견적서, 거래명세표 등), 영수증(세금계산서, 카드영수증 등), 입금확인증 등을 첨부한다.
- 지출 회계처리 흐름도를 살펴보면 [그림 12-6]과 같다.

체크(신용)카드 결제

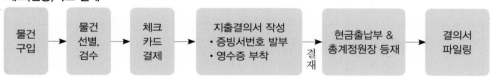

계좌이체(5만 원 이상)

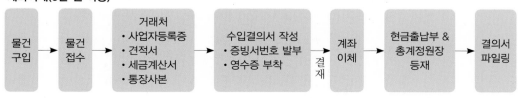

계좌이체(5만 원 미만)

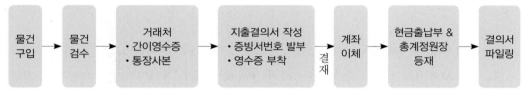

[그림 12-6] 지출 회계처리 흐름도

출처: 전남보육정보센터(2013), p. 57.

[반납의결서 예시1]

반 납 결 의 서

증빙서번호	2012년도 지출 아래와 같이 반납함.		결 재	담당	어린이집 원장
관	어린이집운영비	발 의		2012. 10. 26.	
		현금출납부 등 재		2012. 10. 26.	
항	인건비	총계정원장 등 재		2012. 10. 26.	
목	기본급	물품대장등재 (공사대장, 봉급대장)		20 . . .	

△금삼십만원정 (₩−300,000)

적 요	* 인건비 과지출 반납: 1명 • 성 명: 000 교사 • 지출금액: 1,800,000원 • 지출일자: 2012년 10월 25일 • 내 역: 기본급 1,500,000원*1개월=1,500,000원 (300,000원 과지출) • 반납금액: 300,000원 • 반납일자: 2012년 10월 26일 (어린이집 보조금 통장으로 입금)
비 고	* 통장 입금내역 사본 첨부

출처: 한국보육진흥원(2013b), p. 526.

3 반환금, 반납금

● 반환금은 보육료 등 과오입이 발생하여 반환할 경우, 수입한 세입에서 직접 반환하고 반납결의서를 작성한다. 반납금은 이미 지급된 지출이 잘못되어 다시 반납되어 여입하는 경우, 지출한 세출의 해당과목에 여입하고 반납결의서를 작성한다.

● 반환금과 반납금이 발생하여 반납결의서를 작성한 경우, 금액 앞에(−)를 붙여
   직접 여입 및 반환 처리하여 이중으로 수입과 지출이 발생하지 않도록 한다.

[반납의결서 예시2]

반 납 결 의 서

증빙서번호	2012년도 지출 아래와 같이 반납함.		결 재	담당	어린이집 원장
관	필요경비수입	발 의	2012. 10. 20.		
		현금출납부 등 재	2012. 10. 20.		
항	필요경비수입	총계정원장 등 재	2012. 10. 20.		
목	특별활동비수입	물품대장등재 (공사대장, 봉급대장)	20 . . .		

△금이만원정 (₩−20,000)

적 요	* 특별활동비 과오납 반환: 1명 (성명: ○○○/별님반) • 입금일자 및 금액: 2012년 10월 5일 / 80,000원 • 내 역: 30,000원×2과목＝60,000원 (2만원 과오납) • 반환일자 및 금액: 2012년 10월 20일 / 20,000원 • 계좌번호: △△△ 20,000원 [국민000−0000−000]
비 고	* 통장사본, 입금(반환) 확인증 첨부

[반납결의서 예시2−반납금]
2012년 10월 25일 ○○교사의 급여를 1,500,000원을 입금해야 하나, 1,800,000을 입금했다. 따라서 ○○○교사에게서 다시 300,000원을 2012년 10월 26일 어린이집 통장으로 입금받았다.

출처: 한국보육진흥원(2013b), p. 525.

Management of
Kindergarten and
Child Care Center

제**13**장

유치원 · 어린이집 평가관리

　영유아교육기관의 질 관리를 위해 평가제도가 도입되어 유치원은 유치원 평가 지표에 의해, 어린이집은 어린이집 평가인증 지표에 의해 평가가 이루어지고 있다. 이 장에서는 먼저 평가의 개념과 필요성을 알아보고, 목적, 평가 대상 및 내용에 관하여 살펴본 후 유치원 평가와 어린이집 평가 지표에 관하여 소개하고자 한다.

1. 평가의 개념 및 필요성

　유치원은 유아에게 교육을 통해 전인적인 발달을 이루는 것을 목적으로 한다. 교육부(1998)는 유아교육이 유아의 개인적 특성과 발달을 고려한 효율적인 교육으로 발전하기 위해 평가를 통해 교육의 효율성을 판단하기 위해 반드시 필요한 교육의 과정이라고 하였다.

　교육 평가도 과거에는 교육 대상이 되는 유아의 학업성취 능력 측면에 초점을 두는 좁은 의미였지만, 점점 유아의 성장 발달에 관련된 교육 경험의 총체적인 측면을 다루는 평가로 확대 심화되고 있다.

　평가는 교육의 내실을 기하고 교육의 질을 향상시키기 위해 필요한 증거를 수집하고 처리하는 과정이다. 평가의 개념은 학자마다 다양하게 제시하고 있다. 굴로(Gullo, 1994)는 평가를 교육과정으로 보고 평가는 다음과 같은 세 가지 특징을 갖는다고 하였다.

　첫째, 평가는 지속적 과정이다. 평가는 어느 한 경험의 끝을 평가하는 데 그치는 것이 아니라 학습이 연속적으로 이루어지는 과정으로 보아야 한다. 즉, 평가는 학습이 끝난 결과에 대한 기술이 아니라 계속되는 과정 중의 한 시점에 대한 기술로 보아야 한다.

　둘째, 평가는 포괄적 과정이다. 평가는 다양한 정보, 자원, 개인의 다양한 측면과 맥락을 활용하여야 한다. 다양한 영역의 학습과 발달 환경을 고려해야 한다.

　셋째, 평가는 통합적 과정이다. 평가는 교수과정으로의 통합을 의미한다. 평가 결과가 교수와 직접 연결되는 방법은 첫째, 평가가 유아의 필요에 따른 교육과정을 수행하기 위해 도구로 사용되는 것, 둘째, 전체 교육과정의 효율성을 측정하기 위한 도구로 사용되는 것이다.

또 이영석 등(1985)은 유아교육 평가를 유아의 전인적 성장 발달을 돕기 위한 교육과정이나 프로그램이 어느 정도 실현되었고 달성되었는지를 알아보는 과정으로 보고 다음과 같이 정의하였다.

첫째, 유아교육 평가는 교육목표 달성도를 알아보는 과정이다.

둘째, 유아교육 평가는 유아를 과학적으로 이해하는 수단이다. 유아의 개인차 변인을 밝히는 도구인 동시에 유아의 행동 근거를 객관적으로 수집하는 방법이다.

셋째, 유아교육 평가는 유아교육 및 교사를 평가하는 과정이다.

한편, 미국유아교육협회(NAEYC, 1992)가 제시한 평가의 개념은 다음과 같다. 평가란 관찰, 기록, 유아의 작업물, 개별 또는 집단 유아에 대한 계획, 부모와의 의사소통 등 유아에게 영향을 준 다양한 교육적 결정에 근거해서 유아들이 수행한 작업과 방법에 대해 문서화하는 과정이다.

이상에서 살펴본 바에 따르면, 평가는 유아를 보호하고 교육하는 프로그램의 전체적 상황에서 유아의 전인 발달 및 교육 프로그램의 운영과정과 달성 결과에 대한 여러 가지 자료를 수집 · 정리 · 기록하여 긍정적인 방향으로 유아의 계속적 성장 발달을 도모하기 위한 교육의 과정을 의미함을 알 수 있다.

2. 평가의 목적

영유아 교육 · 보육 평가의 목적에 대한 학자들의 견해를 종합해 보면 다음과 같다(Decker & Decker, 1992; 이영석, 1997; 김연진 외, 2013).

- 영유아 교육 · 보육과정의 목적은 성취하는 과정에서 영유아의 행동 변화에 따른 현재 발달 상태를 이해하고 적절한 학급배치, 즉 정치(placement)에 필요한 기초자료를 제공해 준다.
- 현재 영유아의 행동, 언어 및 인지 발달, 정서 · 사회성 발달 등 제반 사항과 관련된 발달의 측면을 기술 · 설명해 준다.

- 영유아에게 적합한 학습목표를 제공해 주며, 유아의 흥미와 발달 단계를 이해하여 학습의 동기 유발 수준을 높여 준다.
- 일정한 기간을 두고 계속 평가함으로써 영유아 발달의 제 측면의 변화와 진보의 정도 및 영역을 알 수 있다.
- 평가 과정을 통하여 교사는 각 유아의 개별성을 재검토할 기회를 의도적으로 갖게 되며, 평가 자료를 기초로 각 개인에게 보다 알맞은 프로그램을 계획할 수 있다.
- 교사는 평가를 통하여 교육과정과 교수 방법의 효율성을 결정하고 측정할 수 있으며, 유아교육기관이 처한 특수한 상황이나 특정한 교육목표에 부합하는 교육프로그램을 제공하고 있는지를 보다 깊이 투시할 수 있다.
- 평가기록을 학부모에게 제시함으로써 영유아에 대한 부모의 이해를 높인다. 따라서 부모가 자녀의 발전과 성취의 정도를 파악하여 가정에서 자녀의 능력에 맞는 지도를 할 수 있다.
- 평가는 다음과 같은 행정적인 결정을 하는 데 도움을 준다.
  - 교육 · 보육과정에 대한 수정 · 보완 계획을 세울 때
  - 교육 · 보육과정에 대한 철학과 활동의 변화를 결정할 때
  - 교육 · 보육과정에 대한 교직원의 요구를 확인할 때
  - 지역사회와 관계 행정기관에 영유아교육의 현황과 문제를 알릴 때

이와 같이 평가의 목적은 영유아의 발달과 성취를 돕고, 교육 · 보육과정과 교수 · 학습 방법의 적절한 적용 및 교육 · 보육과정의 발전을 마련하고, 교사의 전문성 신장을 위하고, 부모의 자녀양육의 역량을 기르고, 영유아교육기관과 행정당국이 교육 · 보육의 책무를 다하기 위한 것이라고 정리할 수 있다.

3. 평가 대상 및 방법

1) 유아

유아에 대한 평가 목적은 개별 유아에 대한 평가 결과를 교육에 반영함으로써 유아의 발달을 최적화하는 것(황해익, 2009)이며, 평가의 내용은 교육과정의 목적과 내용에 근거한 유아의 특성과 변화 정도, 유아가 교육을 통해 받을 수 있는 지식, 기능, 태도를 비롯한 유아의 일상생활과 교육활동 전체를 포함하는 것이다(이윤경 외, 2013).

표 13-1 누리과정의 영역별 유아 평가의 내용

누리과정 영역	평가 내용
신체운동 · 건강	지각 · 감각발달 정도, 신체조절 능력, 운동기능, 대 · 소근육 협응 능력, 신장과 체중 등 신체조건, 신체 장애와 질병 등 건강상태
의사소통	의사소통 능력, 언어사용 습관, 소리변별력, 어휘력, 문장 · 문법 · 글자의 기초기능, 쓰기 및 읽기 준비도
사회관계	기본생활습관, 사회성숙도, 자아개념, 대인 및 교우 관계, 자율성, 감정인식 · 표현 · 조절 능력, 사회인지, 성역할, 놀이 유형 및 놀이 발전 수준
예술경험	정서적 안정감, 음악 · 미술 · 작품의 감상 · 심미감 · 창의적 표현
자연탐구	학습준비도, 인지양식 및 인지 발달 수준, 논리수학적 개념, 수 · 과학 탐구력

출처: 이윤경 외(2013), p. 264.

2) 교사

교육의 질은 교사의 질을 넘지 못한다는 말처럼, 교육에서 교사의 역할과 자질은 매우 중요하다. 교사 평가는 긍정적으로 작용하면 교사에게 자신을 성찰하고 반성적 사고로 발전을 하게 되는 계기가 되어 교육의 질을 높일 수 있고 더 좋은 교육을 위한 도전 의식을 갖게 하지만, 부정적으로 작용하면 교육 행위를 위축시키고 유아에게 좋지 않은 역효과를 줄 수 있다. 그러므로 교사에 대한 평가는 교사의 참여도를 높이고 평가 과정에서 교사에 대한 지원을 하며 합리적인 평가 도구로 평가하여 평가에 대한 신뢰를 할 수 있게 한다. 결과에 대한 피드백으로 교사들의 교육 역량을 키워줄 수 있어야 한다.

표 13-2 유아교육 현장에서의 교사 평가 준거

영역	하위영역	내용
일반적 특성	신체	신체적 건강, 활동성, 예의바른 태도, 바른 자세
	인성	적극성, 정서적 안정감, 자제력, 활동심, 성실성, 사려성, 긍정적인 인간관, 공정성, 부모 및 동료 교사와의 원만한 관계
	교양 및 지적 능력	다방면에 걸친 지적 능력, 순발력, 유창하고 명료한 언어 사용 능력, 창의력
전문적 특성	교직에 대한 태도	유아교사직에 대한 사명감, 유아교육활동에 대한 열의, 전문성 신장을 위한 노력, 책임감, 수용적 태도, 적합성, 교직에 대한 신념
	교육 기술	유아교육과정 재구성 능력 및 실천 능력, 평가 능력 및 활용력, 교재·교구 제작 및 다양한 활용 능력, 적합한 자극 및 개입 정도, 융통성 있게 유아교육 활동을 운영하는 능력
	전문적 지식	소속 기관의 유아교육 철학에 대한 이해, 유아교육과정에 관한 지식, 생활지도 및 상담 지식, 다양한 교수방법에 대한 지식, 평가에 대한 지식

출처: 이윤경 외(2013), p. 274.

3) 부모

부모에 대한 평가는 유아교육의 효율성을 위해 유아의 부모와 연계가 되어야 하는 면에서 중요하다. 부모의 긍정적 자아상, 인성, 합리적 사고 및 문제해결 능력, 지식, 태도, 부모 역할 모델 등은 유아에게 직접적이며 강한 영향을 주기 때문에 부모에 대한 평가를 한다. 평가의 내용은 부모와의 면담, 부모 모임 참석률, 부모 참관 수업 등 유치원 활동에 대한 적극성, 설문지 조사 참여 등을 통해 부모의 교육관, 양육관, 유치원 교육에 대한 기대수준, 사회적 관계 등을 알 수 있다.

4. 유치원 평가

유치원평가는 2007년 시범적으로 평가하였고 2008년부터 3년 주기로 실시된다. 2014년부터 제3주기 평가가 시작된다.

유치원 평가의 법적 근거(「유아교육법」 제19조, 동법 시행령 제20조, 제21조, 제22조)에 따라 목적, 기준, 절차를 정리하면 다음과 같다.

1) 유치원 평가 목적

첫째, 유치원의 교육력 및 교육서비스의 질적 수준 제고

둘째, 유치원 교육활동이 효율성과 책무성 제고

셋째, 자율적이고 창의적인 교육활동 촉진을 통한 유치원 교육의 질 제고

넷째, 지역 교육청 유아교육 목표의 구현 및 체제 확립

2) 유아교육 평가 기준

교육부장관은 필요한 경우 각 시 · 도 교육청의 유아교육 전반에 대한 평가를 실시할 수 있는 것으로 되어 있다. 시 · 도 교육청의 유아교육 전반에 대한 평가 기준은 다음과 같다.

첫째, 유아교육 관련 예산의 편성 및 운용과 유아 수용계획의 수립

둘째, 유치원의 설립 · 운영

셋째, 유치원 교육 지원 및 유아교육 성과

넷째, 유아교육 지원 기구 및 공무원 배치 현황

다섯째, 유아 및 교원의 교육 복지

여섯째, 그 밖에 시 · 도 교육청의 유아교육에 관한 사항으로서 교육부장관이 필요하다고 인정하는 사항

3) 유치원 운영실태 평가 기준

교육감은 유아교육을 효율적으로 하기 위하여 필요하면 유치원 운영실태 등에 대한 평가를 할 수 있으며, 평가 기준은 다음과 같다.

첫째, 교육과정의 편성 · 운영 및 교수 · 학습 지원

둘째, 방과후 과정의 편성 · 운영

셋째, 교원에 대한 연수 지원

넷째, 그 밖에 유치원 운영에 관한 사항으로 교육감이 필요하다고 인정하는 사항

4) 유치원 평가 절차

첫째, 교육감은 매 학년도가 시작되기 전까지 유치원 평가에 관한 기본계획을 수립하여 평가대상 유치원에 통보하여야 한다.

둘째, 교육감은 유치원 평가를 하는 경우에는 서면평가, 현장평가 및 종합평가 의 방법으로 하되, 설문조사, 관계자 면담 등 다양한 방법을 사용하여 평가대상 유치원에 대한 교직원, 해당 유치원의 유아 및 학부모 등의 반응을 조사하고 그 결과를 평가에 반영하여야 한다.

셋째, 교육부장관은 매 학년도가 시작되기 전까지 시 · 도 교육청의 유아교육 전반에 대한 평가기본계획을 수립하여 이를 공표하여야 한다.

넷째, 교육부장관은 시 · 도 교육청의 유아교육 전반에 대한 평가를 하는 경우 에는 서면평가, 현장평가, 설문조사, 관계자 면담 등의 방법으로 한다.

다섯째, 교육부장관 및 교육감은 평가의 결과를 공개하여야 한다.

여섯째, 교육부장관 및 교육감은 평가를 효율적으로 하기 위하여 각각 평가위 원회를 구성 · 운영할 수 있다.

일곱째, 그 밖에 유치원 평가에 필요한 사항은 교육감이 시 · 도 교육청 유아교 육 전반에 대한 평가에 필요한 사항은 교육부장관이 정한다.

제3주기 유치원 평가에 관한 내용을 인천광역시유아교육진흥원(2014) '2014년 도 유치원평가편람'에서 발췌하여 정리하면 다음과 같다.

I   제3주기 유치원 평가 추진 계획

1. 유치원 평가의 목적

- 누리과정을 충실히 운영할 수 있는 유치원 운영체계 구축 및 유치원의 책무성 제고를 통해 유치원 교육서비스의 질적 수준 제고
- 유치원 운영 전반을 체계적·종합적으로 점검하고 평가 결과 환류 및 맞춤형 지원을 통해 유치원 운영 개선
- 평가 결과 공개를 통해 학부모의 알 권리 및 유치원 선택권 보장으로 학부모의 유치원 교육에 대한 만족도 제고

2. 유보통합과 연계 추진

- 유보통합 추진과 관련하여, 평가 연계 및 통합 추진 시(1단계) 이를 반영하여 유치원 3주기 평가 추진

> **유보통합 추진 단계**
> 1단계(2014년): 서비스 질 향상 기반 구축(정보공시, 평가 연계 및 통합 등)
> 2단계(2015년): 규제 및 운영환경 통합(결제카드, 운영시간 조정, 시설기준 정비 등)
> 3단계(2016년): 관리부처 및 재원·교사 통합

3. 추진 방향 및 계획

1) 시교육청(유아교육진흥원)이 평가를 주관하여 실시하고, 교육부는 평가 지원

- 교육부는 시교육청(유아교육진흥원) 시행의 유치원 평가 사업 지원
  - (교육부) 평가 기본계획 수립, 공통지표 및 매뉴얼 제공, 평가 데이터베이스 운영 등
  - (유아교육진흥원) 평가 세부계획 수립·시행, 평가위원 연수 운영, 평가 결과 DB 입력, 평가 관련 공시정보 검증 등

2) 평가 방법 개선으로 현장 부담 경감 및 객관성과 신뢰성 제고

- 서면평가와 현장방문평가를 반드시 병행하되, 유치원 정보공시 항목과 연계한 공개정보를 활용

– 자체평가보고서 작성양식 간소화(영역별 관련 내용 기술 정도)

3) 유치원 평가 결과를 공개하여 학부모의 알 권리 충족
• 평가 결과 공개를 통해 학부모가 알고자 하는 유치원의 정보 제공
   ※ 유치원알리미: 평가 실시 여부 공개 → 유치원 기본정보, 평가결과(총평, 영역
      별 소견, 강점, 한계, 이력 등), 우수 유치원 공개로 조정

4) 자체평가 및 결과 활용을 강화하여 유치원의 질 향상 유지
• 매년 자체평가를 내실화하여 유치원의 자발적인 개선 유도
   – 유치원은 매년 자체평가를 실시하고 연도별 결과 분석 및 환류 과정을 통해 점
      진적인 유치원 교육서비스 향상
• 평가 결과를 연계한 맞춤형 컨설팅장학을 활성화하여 유치원 운영 개선

5) 평가 영역 및 내용
• 평가 영역: ① 교육과정, ② 교육환경, ③ 건강 · 안전, ④ 운영관리, ⑤ 특색사업
   – 2주기 평가와 동일, 현장의 평가 부담 경감을 위해 지표(요소) 수는 대폭 축소
      ※ 10개 항목, 16개 지표, 49개 요소 → 12개 지표, 32개 요소로 조정
• 평가 내용: 공통지표와 자체지표로 이원화
   – (공통지표) 유치원의 자율적 · 창의적인 운영을 위한 국가수준의 지표
      ※ 국가수준의 지표이므로 수정 없이 활용
   – (자체지표) 시 · 도 교육청의 역점(특색)사업 등에서 자율적으로 선정

6) 평가 방법
• 공시 정보 활용, 서면평가와 현장방문평가 병행 시행
   – (공시 정보 활용) 유치원정보공시 공개 정보, 교육청 보고 자료를 적극 활용하여
      평가 부담 완화
   – (서면평가) 유치원 운영계획서, 자체평가 보고서, 유치원 정보공시 공개 정보를
      사전에 충실히 검토하여 현장평가방문 시간 단축
      ※ 자체평가 보고서는 매년 작성하여 연도별 유치원 교육서비스 향상 정도를

비교 · 확인하는 데 활용

- (현장평가) 현장방문을 통해 관찰과 면담 중심으로 서면평가의 내용을 확인하여 전시 자료 준비 등에 따른 교육과정 운영 소홀 방지
- 개별 유치원의 자율적 운영 개선 및 질 제고가 목적으로 절대평가 지향

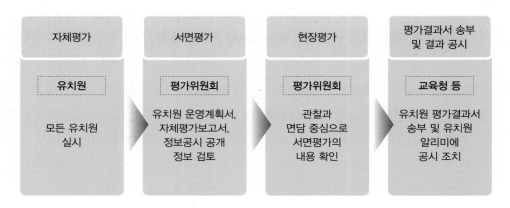

4. 평가 결과 처리 및 활용

1) 평가 결과 공개

- 공개 내용
  - 유치원 기본정보: 유치원 · 학급 · 운영 · 교직원 현황 등
  - 평가 결과: 총평, 영역별 소견, 강점, 한계, 이력 등
  - 우수 유치원: 시도별 제 3주기(2014~2016년) 평가 참여 유치원 중 상위 11%에 해당하는 유치원
    ※ 공개 시기: 2017년 2월
- 기대 효과
  - (정부) 평가 결과 공개를 통해 정부3.0정책 실현 및 학부모의 알 권리 보장과 책무성 제고를 통한 유치원 교육의 질 제고
  - (학부모) 총평, 영역별 소견 등 유치원에 대한 구체적이고 상세한 정보 및 우수 유치원 공개를 통해 학부모의 기관 선택권 보장 및 만족도 향상
  - (유치원) 자율적 운영실태 진단과 개선, 우수 유치원의 자긍심 고취 및 유치원 간의 선의의 경쟁 촉진

2) 활용 방안

• 유치원 평가 결과는 2015년 1월 말까지 유치원으로 송부, 2015년 2월에 평가 결과를 공시 자료로 활용

※ 매년 유치원알리미(e-childschoolinfo.mest.go.kr)에 공시(2015년 2월)

• 평가 결과는 유치원의 질 제고를 위한 피드백 자료로 적극 활용

 - 평가 참여 유치원의 결과는 컨설팅장학 참고자료로 활용

Ⅱ   제3주기 유치원 평가지표

1. 제3주기 유치원 평가지표의 개발 방향

1) 유치원 평가지표

(1) 평가지표의 구성 체계 단순화

• 제2주기 평가의 공통지표 4개 영역(교육과정, 교육환경, 건강 및 안전, 운영 관리 영역)은 그대로 유지함

• 제2주기의 평가 영역, 평가 항목, 평가 지표 및 평가 요소의 구성에서 평가 항목과 지표를 통합하여 평가 지표로 제시함으로써 평가 영역, 평가 지표 및 평가 요소로 구성 체계를 단순화하였음

(2) 평가지표와 요소의 통폐합 및 축소

• 중복 및 유사 지표와 요소를 통폐합하고, 기타 관리 · 감독 체계와 중복되는 요소 등을 삭제하여 지표와 요소 수를 축소함

• 지표의 의미와 내용을 가장 잘 반영하는 요소를 2~3개 이내로 선별하여 제시함

 - 제2주기 평가지표 15개, 평가 요소 47개 → 평가지표 11개, 평가 요소 30개로 축소

• 4개 영역별 배점을 수정하여 교육과정 30점, 교육환경 15점, 건강 및 안전 15점, 운영관리 30점으로 총점이 90점으로 배정함

 - 시 · 도별 자체지표 10점을 포함하여, 총점은 100점

(3) 평가지표의 가중치 및 평정기준 구체화

• 평정척도의 형식은 5점 척도를 기본으로 하되, 일부 지표에 2~3배의 가중치를 둠
 － 지표 점수는 5점을 기본으로 하고, 2배 가중치를 둔 10점, 3배 가중치를 둔 15점
  으로 구성
 － 5점 지표 5개, 10점 지표 5개, 15점 지표 1개
• 평가지표별 평정의 객관성을 확보하기 위하여 지표의 각 요소별로 5점 평정을 실
 시한 후, 이를 지표 배점으로 환산하는 방식을 취함.

지표 배점	요소 수 경우	요소 5점 평정 합 (최저~최고)	요소 평정 합의 지표 점수 환산 예	해당 지표 번호
5점	2개	2점~10점	10 → 5, 9 → 4.5, 8 → 4, 7 → 3.5, 6 → 3, 5 → 2.5, 4 → 2, 3 → 1.5, 2 → 1	3, 5, 9
	3개	3점~15점	15 → 5, 14 → 4.7, 13 → 4.3, 12 → 4, 11 → 3.7, 10 → 3.3, 9 → 3, 8 → 2.7, 7 → 2.3, 6 → 2, 5 → 1.7, 4 → 1.3, 3 → 1	7, 10
10점	3개	3점~15점	15 → 10, 14 → 9.3, 13 → 8.7, 12 → 8, 11 → 7.3, 10 → 6.7, 9 → 6, 8 → 5.3, 7 → 4.7, 6 → 4, 5 → 3.3, 4 → 2.7, 3 → 2	1, 4, 6, 8, 11
15점	3개	3점~15점	요소 평정의 합이 환산 지표 점수와 동일	2

(4) 설립유형별, 규모별 평정기준 차별화

• 유치원의 설립유형별(공립/사립), 규모별(3학급 이상/소규모 1~2학급)로 일부 평
 가요소의 평정을 다르게 적용함
 － 유치원 소재 지역이나 유형에 관계없이 유아학교로서의 기능을 담당하는 기관
  이라면 반드시 갖추어야 할 최소 핵심 지표들만 제시한 관계로 지표 그 자체를
  가감 · 삭제하지 않음
 － 단, 일부 지표별 요소의 평정시에 기관의 유형과 규모에 따라 다른 기준을 차별
  하여 적용함
• 지표의 적용 및 요소의 평정에서 차이를 두는 지표는 다음과 같음

구분	지표	요소	차별성
규모별 차이	5. 교재·교구 제공 및 관리의 적절성	1) 유아의 발달수준과 주제에 적합한 교재·교구를 충분히 구비하여 제공하고 있다. 2) 교재·교구의 사용이 용이하도록 정리·관리하고 있다.	– 소규모 기관 평정 기준 완화 적용
공립·사립 유형별 차이	8. 교직원의 근무여건 및 전문성 제고	1) 교직원 관련 규정(인사·보수·복지)이 있으며, 이를 준수하고 있다.	– 공립유치원은 적용하지 않음 – 사립유치원은 평정 기준 완화 적용

2) 유치원 평가 절차 및 방법

- 평가 절차는 제2주기 평가와 동일하게 자체평가, 서면평가, 현장평가를 모두 포함함
- 자체평가에서는 현장의 업무 부담을 줄이기 위하여 보고서 양식을 간략화하고, 평가 요소별 평정기준 제시로 자체평가 객관성을 제고함
  - 각 요소별 자료나 서류 준비는 다른 점검체계와 중복해서 준비할 필요가 없도록 관련 자료(정보공시제 자료 및 교육청의 별도 점검 자료 등)로 대치함
  - 자체평가 보고서는 요소별 평정 및 지표 점수 기입과 필요시 지표별로 간단하게 메모를 하며, 종합의견서를 중심으로 작성하도록 함
- 서면평가에서는 유치원 자체평가보고서와 유치원 교육운영계획서로 파악할 수 있는 지표에 한해서만 실시하되, 사전에 해당 유치원의 특성을 이해하고 현장평가 시 참고 하기 위한 것이므로 별도의 점수는 부여하지 않음
  - 교육환경 영역의 실내·실외 공간구성과 교재·교구 지표는 자체평가보고서와 서면평가에서 모두 제외하고 현장평가에서 직접 관찰·평가하도록 함
- 현장방문평가에서는 한 유치원에서 1일 2시간을 소요하도록 함

2. 제3주기 유치원 평가 공통지표

평가영역 (배점)	평가지표 (배점)	평가요소
Ⅰ. 교육 과정 (30)	1. 교육목표 및 교육계획 수립의 적절성(10)	1) 교육목표는 국가수준의 교육과정과 교육청의 운영지침에 근거로, 유아의 전인발달 · 교육을 지향하고 있다. 2) 연간(월간), 주간, 일일 교육계획의 목표와 내용이 적절하며 연계성이 있다. 3) 일일 교육계획안에는 소주제, 목표, 활동시간 및 내용 · 자료, 평가 등이 포함되어 있다.
	2. 일과운영 및 교수 · 학습방법의 적합성(15)	1) 교육계획에 따라 일과를 통합적이며 균형 있게 운영하고 있다. 2) 교육내용 · 활동에 적합한 교수 · 학습방법 및 매체를 사용하고 있다. 3) 교사-유아 간에 질적인 상호작용이 이루어지고 있다.
	3. 평가 방법 및 활용의 적절성(5)	1) 유아평가 실시방법과 활용이 적절하다. 2) 교육과정(누리과정) 운영 평가의 실시방법과 활용이 적절하다.
Ⅱ. 교육 환경 (15)	4. 실내 · 실외 교육환경 구성 및 활용의 적합성(10)	1) 실내 공간에는 흥미영역의 구성이 적합하며, 전시 및 게시가 교육적이다. 2) 실외 공간에는 각종 놀이기구를 비롯하여 다양한 활동영역이 있다. 3) 실내 · 실외 시설 및 설비가 유아의 발달수준 및 유아교육 특성에 적합하다.
	5. 교재 · 교구 제공 및 관리의 적절성 (5)	1) 유아의 발달수준과 주제에 적합한 교재 · 교구를 구비하여 제공하고 있다. 2) 교재 · 교구의 사용이 용이하도록 정리 · 관리하고 있다.
Ⅲ. 건강 및 안전 (15)	6. 유아의 건강관리 및 지도의 적절성 (10)	1) 유아를 대상으로 청결 · 위생지도 등 건강교육을 실시하고 있다. 2) 균형 있는 영양을 고려한 다양한 급식 · 간식을 위생적으로 제공하고 있다. 3) 유아를 대상으로 식습관 지도를 하고 있다.
	7. 유아의 안전관리 및 지도의 적절성 (5)	1) 유아와 교사를 대상으로 안전교육을 실시하고 있다. 2) 유아, 교직원 및 시설에 대한 보험에 가입하고 있다. 3) 실내 · 실외 시설 및 설비를 안전하게 설치 · 관리하고 있다.

(계속)

IV. 운영 관리 (30)	8. 교직원의 근무여건 및 전문성 제고(10)	1) 교직원 관련 규정(인사·보수·복지)이 있으며, 이를 준수하고 있다. 2) 교직원의 전문성 제고를 위한 연수기회를 부여하고 있다. 3) 원장은 기관을 민주적으로 운영하고 개선을 위하여 노력하고 있다.
	9. 예산편성 및 운영의 적절성(5)	1) 예산·결산서를 운영위원회 심의·자문을 거쳐 확정하고, 대내외적으로 공개하고 있다. 2) 입학금과 수업료 외의 기타 경비 관련 규정을 마련하여 준수하고 있다.
	10. 가정 및 지역사회와의 연계(5)	1) 부모교육 및 참여 활동을 체계적으로 계획·운영하고 있다. 2) 유치원의 교육활동 및 유아 발달상황을 학부모에게 안내하고 있다. 3) 지역사회와의 협력을 도모하고, 지역사회의 인적·물적 자원을 활용하고 있다.
	11. 방과후과정 운영의 적절성(10)	1) 국가 및 시·도 교육청의 방과후과정 운영지침에 따라 활동 및 프로그램을 적절하게 계획하여 운영하고 있다. 2) 방과후과정을 위한 기본 시설·설비가 구비되어 있다. 3) 방과후과정에 전담인력이 배치되어 있다.
V. 특색 사업 (10)	12. 역점사업을 반영한 특색사업 내실화(10)	1) 시교육청 및 지역교육지원청의 역점사업(노력 중점 사업)을 반영한 특색사업을 운영하고 있다. 2) 유치원 실정에 맞는 특색사업을 계획에 맞추어 실천하고 있다.

3. 제3주기 유치원 평가 공통지표 평가방법(안)

• 평가방법에 제시된 '별도'평가는 교육청의 관련업무 담당자가 현장으로부터 제출·보고받은 자료 등으로 평가

평가영역 (배점)	평가지표(배점)	평가요소			
		서면	현장	정보 공시	별도
I. 교육과정 (30)	1. 교육목표 및 교육계획 수립의 적절성(10)	○	○	○	
	2. 일과운영 및 교수·학습방법의 적합성(15)	○	○		
	3. 평가 방법 및 활용의 적절성(5)	○	○		

(계속)

II. 교육환경 (15)	4. 실내 · 실외 교육환경 구성 및 활용의 적합성(10)		○		
	5. 교재 · 교구 제공 및 관리의 적절성(5)		○		
III. 건강 및 안전(15)	6. 유아의 건강관리 및 지도의 적절성(10)	○	○	○	
	7. 유아의 안전관리 및 지도의 적절성(5)	○	○	○	○
IV. 운영관리 (30)	8. 교직원의 근무여건 및 전문성 제고(10)	○ 요소 2, 3	○ 요소 2, 3		○ 요소 1
	9. 예산편성 및 운영의 적절성(5)			○	○
	10. 가정 및 지역사회와의 연계(5)	○	○		
	11. 방과후과정 운영의 적절성(10)	○	○	○	
총점	90점				

4. 주기별 유치원 평가 차이점 비교

구분	제1주기 평가	제2주기 평가	제3주기 평가
목적	• 체계적 진단과 처방을 통한 유치원 운영 개선 지원 • 우수사례를 발굴, 상호 공유함으로써 유치원 경쟁력 제고	• 유치원의 교육력 및 교육서비스의 질적 수준 제고 • 학부모의 알 권리를 보장, 유치원 선택권 확대	• 유치원의 교육서비스의 질적 수준 제고 및 학부모의 알 권리를 보장
기본 방침	• 서면평가와 현장방문평가를 병행하여 객관성과 공정성 확보 • 국가 수준의 공통지표, 시 · 도 교육청 자체지표, 학부모 만족도 조사를 병행 실시	• 제1주기와 동일하며, 동일 목적의 유사 지도 · 감독 시스템과의 중복 평가 지양 • 결과는 점수화 · 서열화하지 않고 공개하되, 재정지원과 연계	• 매년 유치원 자체평가 실시 • 서면 · 현장평가, 유치원 정보공시 공개 정보 활용 • 평가 결과 공개 ※ 유보통합 추진에 따라 변경 가능
평가 주체	• 교육과학기술부장관	• 시 · 도 교육감 ※「유아교육법」개정(2012. 1. 26.)	• 시 · 도 교육감
대상 및 주기	• 국립 · 공립 · 사립 유치원 • 3년(2008~2010년)	• 국립 · 공립 · 사립 유치원 • 3년(2011~2013년)	• 국립 · 공립 · 사립 유치원 • 3년(2014~2016년)

(계속)

영역 및 항목	• 4개 영역(교육과정, 교육환경, 건강·안전, 운영관리) • 14개 항목	• 4개 영역 동일 • 9개 항목	• 4개 영역 동일 • 항목삭제
평가 지표	• 28개 지표(91개 기준)	• 15개 지표(47개 요소)	• 11개 지표(30개 요소)
평가 방법	• 서면평가, 현장방문평가 – '학부모 만족도' 조사를 별도의 개별 지표로 실시	• 서면평가, 현장방문평가 – '학부모 만족도'를 '부모 교육·참여활동 및 가정·지역사회와의 연계' 관련지표에 포함	• 서면평가, 현장방문평가, 유치원 정보공시 공개 정보 활용
결과 처리	• 평가 결과를 비공개 처리 • 평가 참여에 따른 행정적·재정적 지원 ※ 전체 유치원의 99.8% 실시	• 결과 공개가 원칙이나, 범위 및 방법은 시·도 교육 감이 결정 • 평가 결과에 따라 시·도 교육청별 행정·재정 지원	• 결과 공개(총평, 영역별 소견, 이력, 우수유치원 등) ※ 유치원 알리미에 공개
결과 활용	• 우수사례를 발굴하여 보급, 일반화	• 유치원의 질 제고를 위한 피드백 자료로 적극 활용	• 평가 결과를 연계한 맞춤형 컨설팅장학자료로 활용
교육부 지원 내용	• 국가공통지표 개발·보급 • 평가 인력의 전문성 제고 • 평가 모니터링 및 결과 처리 • 평가 데이터베이스 구축	• 국가공통지표 및 평가 편람·매뉴얼 개발·보급 • 평가 인력풀 구축을 통해 전문성 제고 • 시·도 평가위원 중앙연수 지원 • 효율적 평가 추진을 위한 모니터링 지속 • 평가 데이터베이스를 보완, 활용도 제고	• 국가공통지표 및 평가 편람·매뉴얼 개발·보급 • 시·도 업무담당자 및 강사요원 중앙연수 지원 • 평가 데이터베이스를 보완, 활용도 제고

5. 어린이집 평가

1991년에「영유아보육법」이 제정된 이후 어린이집의 수는 급증하고 있으나 이들 기관에서 제공하는 보육서비스의 질적 수준에 대한 체계적 관리는 미흡한 실정이다. 현재 중앙 및 지방자치단체의 어린이집 지도 및 감독은 주로 행정과 재정 영역에 국한되어 있으며, 그 대상도 국공립 및 법인 등 정부지원 어린이집에 한정되어 있고, 민간의 운영 및 보육서비스의 질적 수준을 관리할 수 있는 효과적인 정책수단은 미비한 실정이다. 이와 같은 배경에서 보다 체계적이고 지속적으로 보육서비스의 질을 향상시키기 위해 평가인증제도를 개발하여 도입하게 되었다.

1) 어린이집 평가인증제 도입 배경

1980년대 이후 여성의 경제활동 참여가 확대되면서 영유아보육에 대한 요구가 급속하게 증가하였다. 이러한 사회적 요구에 부응하여 정부에서는 1991년「영유아보육법」을 제정하고, 1995년부터 3년간 어린이집 확충 계획을 추진한 바 있다. 그 결과 어린이집은 급격한 양적 팽창을 이루어 통계자료에 따르면, 2013년 12월 말 현재 전국의 43,770개의 어린이집에서 1,782,459명의 영유아가 보육서비스를 제공받고 있다(보건복지부, 2013a). 어린이집 확충 정책은 어린이집의 양적 성장 면에서는 괄목할 만한 성과를 거두었으나 과연 어린이집이 영유아에게 바람직한 보육서비스를 제공하고 있는지, 또한 부모의 요구를 적절하게 수용하고 있는지에 대해서는 심각한 우려와 함께 의문이 제기되어 왔다(여성가족부, 2005).

우리나라 어린이집의 질적 수준 저하의 원인이 되는 몇 가지 구조적인 요인을 살펴보면 다음과 같다. 첫째, 어린이집 확충 과정에서 어린이집 유형에 따라 증가 비율에서 큰 차이가 나타나 국공립 및 법인보다 민간과 가정이 상대적으로 크게 증가하여 왔다는 점이다. 이는 민간(33.7%)과 가정어린이집(54%)이 전체의 87.7%를 점유하는 상황에 이르게 하여 현재와 같이 정부가 민간과 가정에 대한 감독을 하지 않는 한, 질 관리에 위험 신호가 되고 있다. 둘째, 그 동안 어린이집의 설치가 신고제였기 때문에 엄격하지 않은 원장의 자격 기준 및 시설·설비 기준과 함께 어린이집이 너무 쉽게 설립되어 왔다. 지역에 따라서는 인접 지역에 어린이집과 타 유아교육기관이 경쟁적으로 난립하는 상황이 발생하여 보육수요자에게 혼란을 가중시키고 있다. 셋째, 「영유아보육법 시행령」으로 정한 어린이집 설치 기준과 보육내용에 대한 조항이 너무 간략하여 최소한의 보육설비 및 안전에 대한 기준이 미흡하고 프로그램 질적 수준이 저하되어도 이를 방지할 제도적 장치가 미흡하였다. 넷째, 보육서비스의 질을 결정하는 가장 중요한 요소인 보육교직원의 자격 기준 및 보수교육체계가 전문성 확보 면에서 미비하였다는 의견이 지배적이다.

보육의 발전은 단순히 양적 성장만을 의미하지 않으며, 영유아에게 어떤 수준의 보육서비스를 제공하고 있는가를 관리·점검하여 보다 양질의 보육서비스를 제공하는 것을 의미한다. 이는 영유아에게 양질의 보호 및 교육받을 권리가 있음을 인정하고 보장한다는 측면에서도 매우 의미 있는 일이다.

보육서비스의 질을 높이는 방법은 크게 두 가지가 있다. 하나는 제도적인 측면으로 허가제를 인가제로 환원하여 어린이집의 난립을 막고 모든 어린이집들이 합리적으로 운영되도록 함으로써 보육의 일차적인 질을 보장하는 방법이다. 이를 위해 2005년 1월 30일부터 시행된 개정 「영유아보육법」에서는 신설 어린이집은 인가를 받도록 규정하고 있다. 어린이집의 질을 높이기 위한 또 다른 방법은 보육현장에서 시행되는 보육내용의 질을 관리하는 방법으로 이미 미국과 호주 등 다른 여러 나라에서 활용되고 있는 평가인증제도다. 즉, 보육현장이 어떻게 운영되고 있는가를 살펴보아 보육서비스의 질적 수준을 높이고자 하는 것이 목적이다.

보육의 질을 보장하기 위한 노력에서 보육현장을 중시하는 이유는 단순히 영유아 발달, 복지이론, 보육이론, 철학 등의 지식만을 가지고 실행할 수 없다. 보육교사는 영유아와 관련된 다양한 이론들을 기반으로 하되 현장에서 개별적 상황, 개별 영유아에게 적절하도록 새로운 전문성으로 재생산되고 적용되는 창조적인 역할을 수행해야 한다. 따라서 보육교사들이 행하는 보육의 질을 고양하고자 하는 노력은 보육현장의 의지와 전문적인 노력 없이는 불가능하다. 이러한 관점에서 볼 때 평가인증제의 도입은 보육의 질을 높일 수 있는 효과적인 대안이라 할 수 있다.

2) 개념 및 목적

(1) 개념

평가인증제란 보육서비스의 질적 수준을 높이는 데 목적을 두고 전문가들이 좋은 보육의 질을 나타내는 평가인증지표를 이용하여 어린이집 스스로 보육서비스의 질적 수준을 가늠해 보고 그 수준을 지표처럼 향상시키고자 노력하는 과정이다. 평가인증 여부는 기관의 질적 수준에 대한 스스로의 판단 결과와 보육전문가에 의한 판단과정의 타당성 점검, 그리고 질을 고양하고자 하는 기관의 노력 여부에 따라 결정된다. 평가인증제도의 성패는 어린이집이 지표 내용만큼 스스로 질을 향상시키고자 하는 의지가 있는가 하는 점에 달려 있다. 따라서 평가인증제도는 어린이집이 스스로의 강점과 약점을 파악하여 보육교직원의 보육서비스 수행에 관한 자신감을 고양할 뿐만 아니라, 기관의 약점을 개선하여 질을 고양하고자 하는 동기를 부여하기 위해 구성되고 지원된다. 평가인증제의 개념을 보다 구체적으로 살펴보면 다음과 같다.

첫째, 평가인증제는 국가가 인증자격을 부여하는 제도다. 평가인증제란 아직까지 한 번도 점검되지 않았던 보육현장을 일정한 지침을 기준으로 점검하는 제도다. 어린이집이 평가인증사무국에 평가인증 참여를 신청하면 참여를 신청한 어린이집은 스스로 자체 점검을 실시하게 되며, 평가인증사무국의 객관적이고 전문적인 평가를 거쳐 국가가 인증자격을 부여하는 제도다. 둘째, 어린이집의 자발적이고 적극적인 참여로 이루어지는 제도다. 어린이집 스스로 평가인증지표 및 지침서에 따라 점검하여 부족한 부분이 있다면 정비하고 준비하여 어린이집이 영유아들에게 전문적인 보호와 교육서비스를 제공할 수 있도록 한다.

(2) 목적

평가인증의 목적은 다음과 같이 정리할 수 있다.

- 영유아: 영유아가 안전하고 질 높은 보육서비스를 받을 권리를 보장하며, 건강하게 성장할 수 있는 환경 조성
- 부모: 보육서비스의 질적 수준에 대한 정보를 제공하여 합리적인 어린이집 선

택의 기준을 제공

- 보육교직원: 어린이집의 자발적 노력으로 보육서비스의 질적 수준을 높이고
자 준비하고 노력함으로써 전문성을 향상시킴
- 정부: 보육정책 수립의 주체인 정부가 보육현장을 효율적으로 지원하고 관리
하는 체계 확립

3) 어린이집 평가인증 운영체계와 절차

어린이집의 평가인증은 [그림 13-1]과 같은 세 단계를 거쳐 이루어진다(보건복
지부, 2014c).

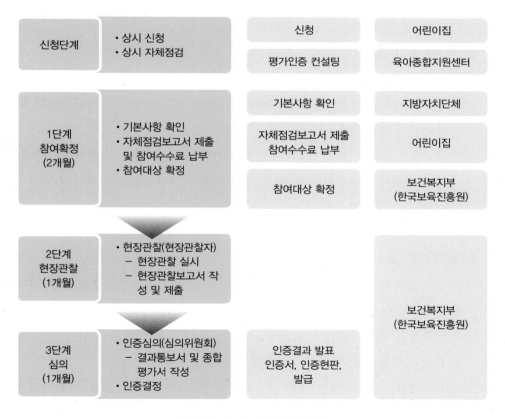

[그림 13-1] 평가인증 운영체계

(1) 1단계: 참여확정

다음과 같은 요건 중 어느 하나라도 충족하지 못할 경우 참여확정 대상에서 제외된다.

첫째, 평가인증 참여확정 마감일 기준으로 행정처분(「영유아보육법」 제45조 및 45조의2, 동법 제46조, 동법 제47조, 동법 제48조)이 종료된 어린이집, 동법 제40조제2호 및 제3호의 반환명령을 이행한 어린이집에 한함

둘째, 지방자치단체의 기본사항 확인 결과 필수항목을 모두 준수한 어린이집

셋째, 자체점검을 완료한 이후 자체점검보고서를 작성하여 제출한 어린이집

넷째, 신청 기간 중 상기 기본사항확인 및 자체점검보고서 관련 요건을 모두 충족할 경우 수수료를 납부하면 참여 대상으로 확정

(2) 2단계: 현장관찰

1 현장관찰자 파견

- 현장관찰자의 거주지와 어린이집의 소재지를 지역별로 교차하여 배치 파견
- 어린이집 1개소당 2인(99명 이하 어린이집) 또는 3인(100명 이상 어린이집)의 현장관찰자가 파견되며, 관찰은 1일간 실시
- 한국보육진흥원에서는 사전에 어린이집 각각에 대해 2주간의 관찰주간을 지정하여 어린이집에 통보하며, 해당 관찰주간 중 현장관찰일을 정하여 사전에 고지 없이 어린이집에 파견

2 현장관찰 실시

- 현장관찰자의 어린이집 도착 예정시간 08:30~09:30, 관찰종료예정 시간 16:30~17:30
- 현장관찰일에는 미임용 보육교직원을 확인하여 타 어린이집에 임용 중인 보육교직원(원장 포함)은 관찰 어린이집에 근무 또는 지원 불가
- 현장관찰자는 관찰어린이집의 보육교직원 및 영유아 재원 상황, 어린이집에서 제시한 하루 일과표와 실내배치도를 확인하여 관찰을 시작함
- 현장관찰은 하루 일과 전반에 걸쳐 관찰, 문서검토, 면담 등의 방법을 통해 진행

현장관찰일에 어린이집에서 준비해야 할 사항

- 일상적 일과 진행 및 현원 · 출석 기준 충족
  - 현장관찰주간에는 어린이집에 견학 등 행사가 없이 일상적 일과가 진행되어야 함
  - 관찰 당일에는 영유아 정원의 1/3 이상 현원으로 재원, 현원의 2/3 이상이 출석하여야 하며, 이 기준이 충족되지 않아 관찰이 불가능할 경우 참여 취소됨
- 현장관찰 시 준비 서류
  - 원아 명단, 실내외 배치도, 하루일과표, 우수사례 관련 문서와 평가인증 지표 관련 문서 등

---

③ 현장관찰 후 상호 확인

현장관찰 종료 전 어린이집의 원장과 현장관찰자는 평가인증에 영향을 미치는 항목에 대해 상호 확인한 후 '현장관찰 상호 확인서'에 서명한다. 상호 확인서 항목은 영유아정원/현원/출석 현황, 보육실 정보, 우수/부적절사례, 평가인증 관련 문서 구비 등이다.

(3) 3단계: 인증 심의 및 결정

심의는 학계전문가, 어린이집 보육교직원 및 육아종합지원센터장, 보육 담당공무원의 3인 1조로 구성된 심의위원회에서 조별로 진행된다. 어린이집에서 작성하여 제출한 자체점검보고서, 현장관찰자의 관찰보고서, 기본사항확인서 등을 개별 검토한 후 다음과 같은 심의 기준에 맞추어 심의위원회 의견서를 작성하고, 그 결과를 토대로 어린이집의 질적 개선 방향을 제시하는 종합평가서를 작성한다.

① 심의 기준

심의 자료	심의기준
기본사항확인서(10%) 자체점검보고서(10%) 현장관찰보고서(55%) 심의위원회 의견서(25%)	1. 어린이집의 특징과 장점 2. 평가인증지표에 따른 영역별 개선 노력 3. 보고서 등에 나타난 어린이집의 질적 수준 4. 우수사례 및 부적절사례 5. 보고서간의 대비 오차 - 자체점검보고서와 현장관찰보고서 총점 간 차이

● 우수사례 기준

연번	항목	확인 방법
1	1급 교사 비율 40인 이상: 50% 이상 39인 이하: 40% 이상	• 대상: 종일제 보육교사 • 보육교직원관리대장, 보육통합정보시스템 • 기준시점: 현장관찰 해당 월의 시작일부터 현장관찰일까지 지속적인 근무 여부 ※ 보조교사, 시간연장교사 제외. 특수교사 포함 ※ 산전 · 산후 휴가를 비롯한 육아휴직인 경우 근무교사로 인정 ※ 원장이 보육교사 겸직(담임)할 경우 1급 보육교사로 인정 ※ 휴원기간 동안의 경력, 재입사 전의 현 어린이집근무경력 제외
2	1년 이상 근무교사가 전체 교사의 70% 이상	• 대상: 종일제 보육교사 • 보육교직원관리대장, 보육통합정보시스템 • 기준시점: 현장관찰 월 기준 ※ 1번 기준과 동일
3	어린이 통학버스 신고운행	• 대상: 어린이집에서 운행하는 모든 차량(등원 · 하원용) • 어린이 통학버스 신고필증 • 어린이집에서 차량을 운행하지 않는 경우 우수사례임 ※ 신고하였으나, 신고필증을 교부받지 못한 경우 불인정
4	놀이시설 설치 검사 (40인 이상) 옥외놀이터 설치 (40인 이상~50인 미만)	• 놀이시설 설치검사필증(설치검사 후 2년 1회 정기 시설검사) ※ 어린이집 명이 변경된 경우, 변경된 어린이집으로 재발급 ※ 대체놀이터의 경우에도 어린이집에서 재정을 부담하여 놀이시설 설치검사 받는 경우, 인정 ※ 실시예정, 검사결과 불합격, 실시하였으나 검사필증이 나오지 않은 경우, 놀이시설이 없는 경우 불인정 • 40인 이상 50인 미만 어린이집, 2005년 이전 어린이집으로서 50인 이상 52인 미만 어린이집이 옥외놀이터를 설치한 경우 우수사례
5	취사부 임용 여부 (39인 이하)	• 보육교직원관리대장. 보육통합시스템 • 기준시점: 현장관찰 해당 월의 시작일부터 현장관찰일까지 지속적인 근무 여부
6	건강 주치의제	• 협약서(협약일자, 의료기관장의 직인 또는 자필서명) • 교육 및 협약사항 이행 증빙 자료(1건 이상) ※ 관찰 월 기준 1년 이내 / 협약서와 증빙자료 모두 충족시 우수사례 인정

(계속)

7	맞춤형 보육프로그램	• 대상: 아동의 부모가 모두 일을 하는 맞벌이 부모 • 부와 모 모두의 취업을 확인할 수 있는 자료, 맞벌이 부모 명단 • 기준시점: 현장관찰월 이전 3개월부터 현장관찰일까지 • 확인항목 4항목 중 3항목 이상 해당 시 인정	

① 보육시간 단축에 대한 요구를 받은 경험 없음	부모 확인
② 토요일 또는 휴일 보육 실시 여부	부모·문서 확인
③ 17시 이후 하원아동 대상 별도 프로그램 운영	문서 확인
④ 맞벌이 부모 대상 별도 교육자료 제공	

※ 맞벌이 부모 명단 중 10% 무작위 선정 후 유선으로 부모 확인(최대 5명)

● 부적절사례 기준

연번	항목	확인 방법
1	보육교직원의 근무 상황 부적절	• 보육교직원관리대장, 보육통합정보시스템 • 무자격, 미임용, 역할변경 및 미수행, 근무시간 미준수, 타 어린이집에 임용된 교직원(기타 보육교직원 포함)
2	반별 초과보육 허용 범위 초과	• 보육통합정보시스템 • 연령별 초과보육 허용범위 초과 여부 – 보육교사의 근무를 임의 변경하여 반별 초과보육 허용범위 초과 – 보육통합정보시스템에 반별 초과보육 허용범위를 초과하여 등록 및 운영 – 등록된 반 구성을 임의 변경하여 반별 초과보육 허용범위 초과
3	유통기한 경과 식자재	• 유통기한 경과 식자재 보관 유무 ※ 어린이집 내의 모든 공간에 있는 유통기한이 표시된 모든 음식(교사용 식자재, 수입식품도 포함) ※ 영유아가 섭취할 수 없는 커피, 건강기능식품은 제외
4	영유아 재원사항 부적절	• 보육통합정보시스템 • 미등록 영유아 재원, 등록된 반 구성 임의 변경, 퇴소 원아 등록 등
5	혼합반 구성 원칙 무시	• 보육통합정보시스템 • 운영이 불가능한 혼합반 구성 여부 – 만 0세와 만 2세 영아 / 만 2세 이하 영아와 만 3세 이상 유아 혼합반 운영 – 등록된 반 구성을 임의 변경하여 구성 원칙 무시한 혼합반 운영 – 각각 다른 혼합 연령의 2개 반을 임의로 통합반으로 운영

② 인증 결정

구 분	반영 비율
자체점검보고서	10%
기본사항확인서	10%
현장관찰보고서	55%
심의위원회 의견서	25%
총점	100%

인증 결과는 총점 및 영역별 기준 점수에 의해 결정되며, 총점 및 영역별 기준 점수는 2.25(3.00 만점), 75점(100점 만점)이다. 인증 결과는 다음과 같이 인증과 인증 유보로 구분한다.

- 인증: 총점 및 모든 영역의 점수가 기준 점수를 통과한 경우
- 인증 유보: 총점 및 영역별 점수가 기준 점수를 통과하지 못한 경우

인증 유보는 신규 인증을 받는 어린이집의 경우만 해당되며 결과가 인증 유보인 어린이집은 재참여가 가능하다. 그러나 재인증 어린이집이 총점 및 모든 영역의 점수가 기준 점수를 통과하지 못한 경우에는 불인증이 된다. 인증은 인증이 결정된 달의 익월 1일부터 3년간 유효하다.

4) 어린이집 평가인증 지표

평가인증 지표는 40인 이상, 39인 이하, 장애아전담 기관용으로 구분된다.

표 13-3 어린이집 평가인증 지표

영역	39인 이하	40인 이하	장애아전문
보육환경	가. 어린이집 환경(3항목) 나. 어린이집의 운영관리 　(3항목) 다. 보육인력(3항목) 라. 가족과의 협력(2항목)	가. 어린이집 환경(3항목) 나. 보육활동 자료(5항목) 다. 보육지원 환경(3항목)	가. 어린이집 환경(4항목) 나. 보육활동 자료(7항목) 다. 보육지원 환경(3항목)
운영관리		가. 어린이집의 운영관리 　(3항목) 나. 보육인력(3항목) 다. 가족과의 협력(4항목) 라. 지역사회와의 협조(2항목)	가. 어린이집의 운영관리 　(4항목) 나. 보육인력(3항목) 다. 가족과의 협력(4항목) 라. 지역사회와의 협조(2항목)
보육과정	가. 보육활동 계획과 구성 　(4항목) 나. 보육활동과 자료(7항목)	가. 보육활동 계획과 구성 　(4항목) 나. 보육활동(7항목)	가. 보육활동 계획과 구성 　(3항목) 나. 보육활동(8항목)
상호작용과 교수법	가. 일상적 양육(3항목) 나. 교사의 상호작용(6항목) 다. 급식과 간식(2항목)	가. 일상적 양육(3항목) 나. 교사의 상호작용(6항목) 다. 교수법(2항목)	가. 일상적 양육(3항목) 나. 교사의 상호작용(6항목) 다. 교수법(1항목)
건강과 영양	가. 청결과 위생(8항목) 나. 질병관리(2항목) 다. 급식과 간식(2항목)	가. 청결과 위생(8항목) 나. 질병관리(2항목) 다. 급식과 간식(2항목)	가. 청결과 위생(8항목) 나. 질병관리(3항목) 다. 급식과 간식(2항목)
안전	가. 실내·실외 시설의 안전 　(5항목) 나. 영유아의 안전보호 　(5항목)	가. 실내·실외 시설의 안전 　(5항목) 나. 영유아의 안전보호 　(5항목)	가. 실내·실외 시설의 안전 　(5항목) 나. 장애 영유아의 안전보호 　(5항목)

　어린이집 유형별 구체적인 지표는 매년 발간되는 평가인증 지표 책자를 참고하도록 한다(보건복지부, 2014b, 2014c). 확인 자료로 제시되어 있는 문서를 준비할 때는 평가인증 지표 책자 부록에 제시된 '어린이집 평가인증 문서 예시'를 참고하여 각 어린이집의 실정에 맞게 수정하여 사용할 수도 있다.

5) 영역별 평가초점 및 유의사항

　평가인증 준비 시에는 6개(40인 이상) 또는 5개(39인 이하) 영역별 다음과 같은 평가초점과 평가기준을 올바르게 이해하여야 효과적으로 준비할 수 있다. 보다 자세한 사항은 평가인증지표 책자(보건복지부, 2014b, 2014c)에 상세하게 소개되어 있으므로 반드시 참고하도록 한다.

(1) 보육환경 영역

1 평가초점

보육환경 영역에서는 쾌적한 어린이집 환경의 유지와 영유아 발달에 적합한 보육활동자료 구비, 보육인력의 전문성 강화를 지원하는 환경 구비에 초점을 두고 평가한다. 모든 보육실과 해당 공간이 평정 대상이 되며 이때 항목별로 가장 낮은 수준을 기준으로 해당 점수를 평정한다. 보육통합정보시스템에 등록된 반을 인가 공간 내에서 운영하지 않는 경우에는 해당 항목이 '미흡한' 수준으로 평정된다.

2 유의사항

보육실의 공간 배치 시 흥미영역이 모두 보육실 내(가정어린이집의 경우 어린이집 내)에 마련되어 있고 배치가 적절한지 확인해야 하며, 보육실 간 칸막이 등으로 구분되어 있고 흥미영역이 각각 나누어 있는 경우 또는 가정보육시설의 유희실과 보육실에 흥미영역이 나누어져 있는 경우에는 영유아가 활동(놀이)시간에 모든 흥미영역을 자유롭게 경험할 수 있도록 해야 한다.

(2) 운영관리 영역

1 평가초점

운영관리 영역에서는 어린이집의 체계적인 어린이집 운영 및 보육인력 관리, 가족과 지역사회와의 협력에 관한 내용에 초점을 두고, 어린이집의 운영방침, 보육교직원의 근로계약, 신입 원아 부모를 위한 오리엔테이션, 어린이집의 부모참여 등을 평가한다. 어린이집 전체를 대상으로 평정하며, 이때 항목별로 가장 낮은 수준을 기준으로 해당 점수를 평정한다.

2 유의사항

어린이집의 운영방침 및 정보 안내 시 운영방침의 필수 기재 사항으로 운영철학, 보육목표, 보육프로그램의 특성(보육방침), 보육시간, 보육료, 연령별 집단크기와 교사 수, 보육교직원 구성, 어린이집의 환경, 어린이집의 개방원칙 등을 포함하여야 한다. 원아에 대한 관리에 있어서 신입원아는 최소 1주일 이상 적응절차 실시하여야 하며, 모든 원아의 입소·퇴소 관리서류(보육통합정보시스템 출력물 가능), 생활기록부 등을 구비하고, 생활기록부의 신체 발달 상황 및 예방접종을 누적 기록 관리하도록 한다. 보육교직원의 근로계약서에는 임금, 소정근로시간, 휴일, 연차 유급휴가 등의 내용이 필수적으로 기재되어 있어야 한다.

39인 이하 어린이집 1영역 보육환경 및 운영관리 영역의 평가 초점

보육환경 및 운영관리 영역의 평가에서는 쾌적한 어린이집 환경, 어린이집의 운영관리, 보육인력에 대한 지원, 가족과의 협력에 초점을 두고, 영유아용 가구와 설비 및 어린이집의 공간배치, 어린이집의 운영방침, 보육교직원의 근로계약, 어린이집의 부모참여 등을 평가한다. 보육환경 영역은 모든 보육실과 해당 공간이 평정 대상이 되며 운영관리 영역은 어린이집 전체가 평정 대상이 된다. 보육통합정보시스템에 등록된 반을 인가 공간 내에서 운영하지 않는 경우에는 해당 항목이 '미흡한' 수준으로 평정되며, 항목별로 가장 낮은 수준을 기준으로 해당 점수를 평정한다.

---

(3) 보육과정 영역

1 평가초점

보육과정 영역에서는 보육활동 계획과 구성, 보육활동 운영에 초점을 두고, 보육계획안의 수립, 균형과 진행, 통합적 운영, 보육과정 평가 그리고 각 영역별 보육활동 운영 등을 평가한다. 보육과정 영역은 선정된 반의 관찰일 보육활동을 직접 관찰하고, 현장 관찰 월 3개월 전부터의 문서를 전체 반을 대상으로 평정하며, 이때 항목별로 가장 낮은 점수를 기준으로 해당 점수를 평정한다.

2 유의사항

보육일지 기록 시 보육계획안에 준하여 실제 진행된 활동 중심으로 실행 내용을 지속적으로 기록해야 한다. 보육계획안의 수립 시 혼합 연령반은 각 연령에 대한 수준을 고려하여 수립하여야 한다.

(4) 상호작용과 교수법 영역

1 평가초점

상호작용과 교수법 영역에서는 일상적 양육, 교사의 상호작용, 교수법에 초점을 두고 영유아의 식사, 간식, 낮잠 및 화장실 사용시 교사의 상호작용, 영유아를 존중하는 태도 및 영유아의 요구나 질문에 대한 반응, 다툼이나 문제 상황에서 교사의 개입, 보육활동에서 교수법의 효과적인 사용과 영유아의 호기심 장려 등을 평가한다. 이 영역은 선정된 관찰반을 중심으로 하루 일과 전체를 통해 평정하게 되고 점수 평정 시 낮은 수준의 보육실(내용, 대상)을 기준으로 점수를 부여하게 된다. 그러나 보육교직원이 욕을 하거나 체벌을 주고 벌을 세우는 등 치명적 사례가 관찰될 경우에는 관찰반이 아니더라도 평정 대상이 될 수 있다.

2 유의사항

관찰일 영유아들이 분쟁이나 문제행동을 했을 경우 영유아의 문제행동이 관찰 대상이 아니므로 당황하지 않도록 한다. 관찰은 교사가 그러한 상황에 대해 연령에 따라 적절한 방법으로 지도하는지에 초점을 두고 있으므로 이 점에 유념하도록 한다.

(5) 건강과 영양 영역

1 평가초점

건강과 영양 영역에서는 청결과 위생, 질병관리, 급식과 간식에 초점을 두고 어린이집 내의 각 공간의 청결과 위생, 영유아의 위생적 생활습관 지도, 몸이 아프거나 다친 영유아에 대한 적절한 대책 수립 여부, 영유아와 보육교직원의 건강관리, 그리고 영유아의 식사와 간식의 적절성 등을 평가한다. 이 영역은 어린이집 전체를 대상으로 평정하며, 이때 가장 낮은 수준을 기준으로 해당 점수를 평정한다.

2 유의사항

식자재 유통기한을 반드시 준수하여 관리해야 하는데, 어린이집에 있는 모든 식자재가 해당되므로 유념하도록 한다. 기저귀 갈이대를 별도로 마련하고, 기저귀 교체 시 매번 닦고 소독(별도 깔개 사용 시 매번 교체) 사용한 비품(기저귀 등)은 바로 처리하도록 한다. 비상약품은 유효기간을 확인한 후 유효기간이 지난 약품(차량 내 비상약품 포함)은 폐기한다.

(6) 안전 영역

1 평가초점

안전 영역에서는 실내외 시설의 안전과 영유아의 안전보호에 초점을 두고 보육실, 실내 및 실외 시설의 안전관리, 위험한 물건의 보관 등이 바람직하게 이루어지는지, 영유아가 안전하게 보호되어 인계되고 비상시 적절하게 대처할 수 있는지 등을 평가한다. 이 영역은 어린이집 전체를 대상으로 평정하며, 이때 항목별로 가장 낮은 수준을 기준으로 해당 점수를 평정한다.

2 유의사항

어린이집의 모든 위험한 물건은 영유아의 손에 닿지 않는 곳에 별도 보관하거나 손이 닿는 곳에 보관할 경우 잠금장치를 하여 보관한다. 영아반에서 특별히 주의해야 할 위험한 물건은 영아가 삼킬 수 있는 직경 3.5cm 이하 작은 크기의 물건이나 놀잇감(블록, 구슬, 뽕뽕이, 단추 등)이나 활동자료로 제공하거나 쉽게 열 수 있는 통 안에 들어 있는 작은 자연물(콩, 은행, 도토리 등) 이다.

6) 평가인증 어린이집 사후관리

(1) 사후관리의 필요성

어린이집이 평가인증을 받은 이후에도 보육서비스의 질적 수준을 잘 유지하고 향상할 수 있도록 하기 위한 방안으로 평가인증 사후관리가 다양한 형태로 진행되고 있다. 평가인증 어린이집의 원장이나 교사의 이직이나 원아 변동, 정원 변경, 소재지 변경 등 어린이집의 운영상의 변화가 발생할 경우 보육서비스의 질이 평가인증받을 당시와 동일하게 유지되고 있는지 담보할 수 없기 때문에 인증시설의 질 제고를 위한 체계적인 사후관리 시스템의 필요성이 제기되었다.

평가인증 관련 연구결과에 따르면, 평가인증제의 운영과정과 평가인증을 받은 어린이집의 사후유지관리를 알아본 결과, 평가인증 영역에 따라 평가인증을 받은 시점의 수준으로 잘 유지되고 있는 부분이 50% 이상이기는 하나 어린이집마다 일부 평가항목이 평가인증 신청 이전 단계로 돌아가는 경우가 있어 평가인증을 받은 이후 사후 유지관리를 위한 대책이 필요하며(김동례, 2007), 최근 정부에서는 인증시설의 질적 수준 유지 및 향상을 위하여 사후관리를 보다 더 강화하고 있는 추세이다.

(2) 사후관리 유형
1 연차별 자체점검 및 보고서 제출

평가인증 어린이집은 인증기간 동안 자체점검위원회를 구성하여 매년 평가인증 지표를 토대로 자체점검을 실시한 후 연차별 자체점검보고서를 작성하여 정해진 기간 내에 어린이집지원시스템 내 평가인증 메뉴에 입력 · 제출한다. 연차별 자체점검은 처음 인증을 받았던 시기처럼 전 교직원이 업무를 분담하여 해당 지표를 토대로 실제적인 점검을 실시하도록 하고, 잘하고 있는 부분과 개선할 부분을 확인한 후 개선을 하고 보고서를 제출하는 것이다. 연차별 자체점검 및 보고서 제출은 상반기 · 하반기로 나누어 한국보육진흥원에서 관리하고 있는데, 인증발표 시기가 1월부터 6월 사이인 경우는 익년 5월 1일부터 6월 15일까지 제출하여야 하며, 7월부터 12월 사이인 경우는 익년 11월 1일부터 12월 15일까지 제출하여야 한다.

2 원장 및 교직원 변동에 따른 사후관리
● 평가인증 어린이집 신임 원장 교육

평가인증 어린이집의 원장이 교체된 경우(이를 신임 원장이라 칭함), 신임 원장은 보건복지부(한국보육진흥원)에서 실시하는 신임 원장 교육을 다음과 같이 반드시 이수하여야 한다. 원장이 교체된 시점(임면 보고일 기준)부터 연속하여 개최된 3회차 교육 중 1회 교육을 이수하여야 하며, 교육을 이수하지 않은 경우 확인방문을 실시하여 인증유지 여부를 결정할 수 있다.

● 평가인증 관련 보육교직원 교육 정보 제공

보건복지부(한국보육진흥원)는 어린이집 보육교직원의 잦은 이동 등 보육현장의 특성을 고려하여 평가인증지표 관련 지식과 정보를 교육(온라인 포함) 등을 통해 제공하고 있으니 보육교직원은 이러한 자료를 충분히 활용하도록 한다.

③ 확인점검

● 확인점검이란

평가인증 어린이집의 질적 수준이 지속적으로 유지·개선되도록 지원하기 위해 현재 인증 유지 중인 어린이집 중 무작위로 선정된 일부 어린이집을 방문하여 인증 당시의 품질 수준이 유지되고 있는지 확인하는 제도다. 2012년도에 시범 사업으로 시작되었고, 2013년부터 본 사업으로 진행하고 있다.

● 진행 방법

확인점검은 시도별 인증유지 중인 어린이집의 분포율을 고려하여 전국을 7개 권역으로 구분하고, 권역별로 연간 점검 시기를 정하여 해당 권역 내 인증어린이집 전체에 대해 점검 내용에 대해 공지한 후 진행하게 된다. 점검은 지역별로 예고된 기간 중 점검자 2인이 파견되어 평가인증과 같은 과정을 거쳐 이루어진다. 방문 일자를 사전에 예고하지 않고 방문 당일 날 점검자가 어린이집에 '확인점검 대상 안내 공문'을 전달한다. 확인점검은 오전 9:00~9:30에 시작하여 16:30~17:30분에 점검 완료한다. 확인자는 확인점검 어린이집의 보육교직원 및 영유아 재원 사항, 하루 일과표, 실내·실외 배치도를 확인한 후 점검을 실시한다.

● 확인점검 항목

확인점검 항목은 평가인증 획득 당시의 필수항목과 부적절사례 5항목, 운영형태별 평가인증 지표 전 항목(40인 이상: 70항목, 39인 이하: 55항목, 장애아전문: 75항목)이다.

● 확인점검 시 어린이집에서 제시해야 할 문서

확인점검 당일 어린이집에서는 평가인증 해당 항목의 평정문서, 원아명단, 하루 일과표, 실내·실외 배치도, 원장 및 보육교사 자격증 사본, 임면사항 관련 확인 서류를 제시해야 한다.

● 결과 반영 방법

확인점검을 실시한 후에는 결과통보서와 개선사항 안내서를 어린이집에 업무연락으로 통보하고 있으며, 결과 반영 방법은 다음과 같다.

– 최초 확인점검 점수가 98점 이상이면서 필수항목 준수 및 부적절사례 미발생인 경우, 당초 인증 기간 종료일로부터 유효기간 1년 연장

– 최초 확인점검 점수가 95점 이상에서 98점 미만이면서 필수항목 준수 및 부적절 사례 미발생인 경우, 당초 인증 기간 종료일로부터 유효기간 6개월 연장

– 최초 확인점검 점수가 75점 이상에서 80점 미만일 경우, 보육컨설팅 제공하여 품질관리 지원. 80점 이상, 95점 미만일 경우라도 희망하는 어린이집에 대해 보육컨설팅을 제공

– 최초 확인점검 점수가 75점 미만이거나 필수항목 미준수 또는 어린이집의 점검 거부 등으로 확인점검이 진행되지 않았을 경우, 보육컨설팅을 제공한 후 일정 기간 재확인 점검을 실시. 확인점검 점수가 75점 미만이거나 필수항목 미준수 또는 어린이집의 점검 거부 등으로 확인점검이 진행되지 않을 경우 당초 인증유효 기간에서 6개월 감축

● 결과통보 방법

점검 실시 후 평가인증 심의위원회를 거쳐 최종 결과가 결정되며, 확인점검 실시 익월 중순 이후부터 어린이집 지원 시스템 등을 통해 어린이집에 개별 통보된다.

 참고문헌

강문희, 윤애희, 이경희, 정정옥(2007). 유치원·보육시설 운영관리. 학지사.

고문숙 외(2011). 보육과정. 양서원.

교육과학기술부(2014). 교원자격검정실무편람. 교육과학기술부.

교육과학기술부, 경기도교육청(2013). 2013 유치원 교무행정업무 매뉴얼.

교육과학기술부, 보건복지부(2013). 3-5세 누리과정 해설서. 교육과학기술부·보건복지부.

교육부(1998). 유치원교육과정 해설. 교육부.

교육시설재난공제회(2007). 교육시설 재난관리 행동 매뉴얼. (주)광고연합.

교육인적자원부(2007). 교육시설 재난관리 행동 매뉴얼. 교육인적자원부.

국무조정실 국무총리비서실(2014). 2014년 2월 12일자 보도자료.

국민건강보험공단 대전지역본부(2014). 2014년 영유아 건강검진 안내문.

김동례(2007). 보육시설 종사자가 인식한 평가인증제의 운영과정과 사후유지관리에 관한
　　　연구. 전남대학교 대학원 박사학위 청구논문.

김연진, 박해미, 연미희, 최은숙, 한은경 외(2013). 유아교육개론. 태영출판사.

김연진, 이상희, 김종일(2013). 유아교육기관운영관리(개정판). 서울: 태영출판사.

김영명(2006). 보육시설평가인증 쉽게 준비하기. 창지사.

김옥련(1993). 유치원 경영관리. 교육과학사.

김은설, 최진, 조혜주, 김경미(2009). 육아지원 부모교육·참여 활성화방안 연구. 육아정책연
　　　구소.

김정원 외(2005). 영유아를 위한 교재·교구 연구 및 지도법. 양서원.

김혜경 외(2002). 효과적인 영아보육을 위한 지침서: 제2권 영아반 운영의 실제. 다음세대.

김혜경(2002). 영유아 교육기관의 개원과 운영. 창지사.

박세랑(2006). 반성적 교수활동을 통한 만 3세 기본생활습관 형성 과정 탐색. 중앙대학교
　　　교육대학원 석사학위 청구논문.

박현정(2011). 보육시설 부모교육에 대한 학부모의 인식. 광주교육대학교 대학원 석사학
　　　위 청구논문.

보건복지부(2000). 보육사업의 이해와 시설 설립. 보건복지부.

보건복지부(2013a). 보육통계. 보건복지부.

보건복지부(2013b). 제3차 어린이집 표준보육과정 교사용 해설서. 보건복지부.

보건복지부(2013c). 제3차 어린이집 표준보육과정 교사용 지침서. 보건복지부.

보건복지부(2013d). 어린이집 표준보육과정에 기초한 영아보육프로그램 0세 1권. 보건복지부.

보건복지부(2013e). 어린이집 표준보육과정에 기초한 영아보육프로그램 1세 1권. 보건복지부.

보건복지부(2013f). 어린이집 표준보육과정에 기초한 영아보육프로그램 2세 3권. 보건복지부.

보건복지부(2014a). 보육사업안내. 보건복지부.

보건복지부(2014b). 2013 어린이집 평가인증 안내: 39인 이하 어린이집. 보건복지부.

보건복지부(2014c). 2013 어린이집 평가인증 안내: 40인 이상 어린이집. 보건복지부.

보건복지가족부(2009). 보육시설 설치 가이드. 보건복지가족부.

보건복지부, 교육과학기술부(2013a). 연령별 누리과정 지도서. 보건복지부 · 교육과학기술부.

보건복지부, 교육과학기술부(2013b). 연령별 누리과정 교사용 지도서. 보건복지부 · 교육과학기술부.

보건복지부, 중앙보육정보센터(2013a). 2013년 어린이집 운영서식 및 문서자료집. 중앙보육정보센터.

보건복지부, 중앙보육정보센터(2013b). 2013년 설치운영컨설팅 매뉴얼. 중앙보육정보센터.

보건복지부, 중앙보육정보센터(2013c). 제3차 어린이집 표준보육과정에 기초한 연령별 보육프로그램의 활용. 중앙보육정보센터.

보건복지부, 중앙보육정보센터(2013d). 어린이집 표준보육과정 및 0~2세 영아보육프로그램의 이해. 중앙보육정보센터.

보건복지부, 중앙육아종합센터(2014a). 2014년 어린이집 운영서식 및 문서자료집. 중앙육아종합지원센터.

보건복지부, 중앙육아종합지원센터(2014b). 보육과정 컨설팅 매뉴얼. 중앙육아종합지원센터.

보건복지부, 한국보육진흥원(2012). 공공형 어린이집 운영가이드북. 한국보육진흥원.

서영숙, 김경혜(2003). 영유아보육론. 양서원.

서울특별시교육청(2013). 사립유치원 설립인가 공통 심사기준 붙임자료.

성영혜, 이상희(2007). 유아교육기관 운영관리. 동문사.

신동주(1999). 실외환경 구성지침. 교육과학사.

여성가족부(2005). 2005 보육시설평가인증지침서: 21인 이상 보육시설. 여성가족부.

육아정책연구소(2012). 유치원 급식 운영 관리 지침서. 육아정책연구소.

이순례, 이현옥, 박희숙(2012). 초임교사를 위한 영유아교육기관의 운영관리. 공동체.

이연숙(1997). 어린이집 실내환경 디자인 지침. 교육과학사.

이영석, 박재환, 김경종(1985). 유아교육개론. 창지사.

이윤경 외(2013). 유아교육개론(제3판). 창지사.

인천광역시교육청 고시 제2012-28호.

인천광역시유아교육진흥원(2014). 2014년도 유치원 평가 편람.

인천광역시 남부교육지원청(2014). 황사·미세먼지 대비 예방·대응.

인천광역시 동구보건소(2014). 2014년 영유아 건강검진 안내문.

임재택(2001). 유아교육기관 운영관리. 양서원.

임채식, 이경희, 임은숙, 김연희(2013). 유아를 위한 학교현장실습. 교육아카데미.

전남련, 김재환, 권경미(2007). 보육학개론. 학현사.

전남보육정보센터(2013). 2013 어린이집을 위한 재무회계규칙. 전남보육정보센터.

정옥분, 정순화(2010). 부모교육. 학지사.

정정옥(2011). 보육시설과 운영관리. 교육아카데미.

정정옥, 김광자(2011). 최신보육학개론. 교육아카데미.

정정옥, 김광자(2012). 어린이집 운영과 관리. 양서원.

중앙보육정보센터(2006). 평가인증조력프로그램. 중앙보육정보센터.

평가인증사무국(2009). 키움 Vol 3. 보육시설평가인증사무국.

한국보육시설연합회(2010). 보육시설장·교사 윤리강령 개발 연구. 한국보육시설연합회.

한국보육진흥원(2011). 보육교사 승급교육교재. 한국보육진흥원.

한국보육진흥원(2013a). 보육교직원 자격기준 변경사항 안내. 한국보육진흥원.

한국보육진흥원(2013b). 어린이집 원장 사전직무교육. 한국보육진흥원.

한국보육진흥원(2013c). 2013년 어린이집 평가인증 운영체계 안내. 한국보육진흥원.

황해익(2009). 유아교육평가의 이해. 정민사.

황윤세, 임미혜, 이혜원(2011). 유아교육기관 및 보육시설 운영관리. 공동체.

Balsco, P. M.(2001). *Early intervention services for infants, toddler, and their families*. Boston: Allyn & Bacon.

Click, P.(2000). *Administration of schools for young children* (5th ed.). New York: Delmar, Thomson Learning.

Decker, C. A. & Decker, J. R.(1992). *Planning and administering early childhood programs* (5th ed.). New York: MacMillan Publishing Co.

Guiio, D. F.(1994). Assessment and Evaluation in Early Childhood Education. New

York: Teschers College, Columbia University.

Henninger, M. L.(1994). Planning for outdoor play. *Young Children, 49*(4), 10−15.

Hildebrand, V.(1993). *Management of child development centers*. NewYork: MacMillan Publishing Co.

Kostelink, M. J.(1997). Space to learn and grow: Indoor environment in early childhood education. 어린이와 환경 (pp. 173−197). 삼성복지재단 제5회 학술대회자료집. (www. kcpi.or.kr)

NAEYC and National Association of Early Childhood Specialists in State Departments of Education(1992). Guidelines for appropriate curriculum oontent and assessment in programs serving children ages 3 through 8. In S. Bredekamp & T. Rosegrant (Eds.), *Reaching potentials: Appropriate curriculum and assessment for young children* (pp. 9−27). Washington DC: National Association for the Education of Young Children.

Tyler, B. J.(1979). *Early childhood program management: People and procedures*. Columbus: Merrill publishing Company.

서울시강서교육지원청 홈페이지 http://www.gsedu.seoul.kr
서울시교육청 홈페이지 http://www.sen.go.kr
중앙보육정보센터 홈페이지 http://www.educare.or.kr

 저자소개

이경희
(Lee Kyunghee)

서울여자대학교 대학원 아동학과 졸업(문학박사)

현: 인천재능대학교 유아교육과 교수
　　인천재능대학교 부속유치원 원장

　저서: 유아창작교육, 유아교육개론(공저), 보육실습(공저), 학교현장실습(공저) 등 다수

정정옥
(Chung Chungok)

서울여자대학교 대학원 아동학과 졸업(문학박사)
서울여자대학교, 호서대학교, 단국대학교 의과대학, 선문대학교 대학원 출강
호서대학교 부설 어린이집 원장

현: 호서대학교 부설 보육교사교육원 주임교수
　　천안시육아종합지원센터 센터장

저서: 보육시설과 운영관리, 영유아안전교육(공저), 영유아건강교육(공저),
　　　보육학개론(공저), 영유아 놀이지도(공저) 등 다수

영유아교육기관 운영관리

Management of Kindergarten and Child Care Center

2014년 8월 5일 1판 1쇄 인쇄
2014년 8월 10일 1판 1쇄 발행

지은이 • 이경희 · 정정옥
펴낸이 • 김진환
펴낸곳 • (주) **학지사**
　　　　121-838 서울특별시 마포구 양화로 15길 20 마인드월드빌딩
대표전화 • 02)330-5114　　팩스 • 02)324-2345
등록번호 • 제313-2006-000265호

홈페이지 • http://www.hakjisa.co.kr
커뮤니티 • http://cafe.naver.com/hakjisa

ISBN 978-89-997-0456-7 93370
Copyright ⓒ 2014 by Hakjisa Publisher, Inc.

정가 20,000원

인터넷 학술논문 원문 서비스 **뉴논문** www.newnonmun.com

이 도서의 국립중앙도서관 출판시도서목록(CIP)은 서지정보유통지원시스템
홈페이지(http://seoji.nl.go.kr)와 국가자료공동목록시스템(http://www.
nl.go.kr/kolisnet)에서 이용하실 수 있습니다.
(CIP제어번호: CIP2014022335)